■2025年度高等学校受験用

日本大学豊山高等学校

収録内容一覧

★この問題集は以下の収録内容となっています。また、編集の都合上、解説、解答用紙を省略させていただいている場合もございますのでご了承ください。

（○印は収録、一印は未収録）

入試問題の収録内容			解説	解答	解答用紙
2024年度	推薦	英語・数学・国語	—	○	○
	一般	英語・数学・国語	○	○	○
2023年度	推薦	英語・数学・国語	—	○	○
	一般	英語・数学・国語	○	○	○
2022年度	推薦	英語・数学・国語	—	○	○
	一般	英語・数学・国語	○	○	○
2021年度	推薦	英語・数学・国語	—	○	○
	一般	英語・数学・国語	○	○	○
2020年度	推薦	英語・数学・国語	—	○	○
	一般	英語・数学・国語	○	○	○

★当問題集のバックナンバーは在庫がございません。あらかじめご了承ください。

リスニングテストの音声は、下記のIDとアクセスコードにより当社ホームページ
https://www.koenokyoikusha.co.jp/pages/cddata/listening で聴くことができます。
（実際の入試で使用された音声です）
ユーザー名：koe　アクセスコード（パスワード）：52349　使用期限：2025年3月末日

※ユーザー名・アクセスコードの使用期限以降は音声が予告なく削除される場合がございます。あらかじめご了承ください。

●凡例●

【英語】

≪解答≫

〔　〕　①別解
②置き換え可能な語句（なお下線は置き換える箇所が2語以上の場合）
(例) I am〔I'm〕glad〔happy〕to～

（　）　省略可能な言葉

≪解説≫

1，2…　本文の段落（ただし本文が会話文の場合は話者の１つの発言）

〔　〕　置き換え可能な語句（なお〔　〕の前の下線は置き換える箇所が２語以上の場合）

（　）　①省略が可能な言葉
(例)「(数が) いくつかの」
②単語・代名詞の意味
(例)「彼（＝警察官）が叫んだ」
③言い換え可能な言葉
(例)「いやなにおいがするなべにはふたをするべきだ（＝くさいものにはふたをしろ）」

// 　訳文と解説の区切り

cf.　比較・参照

≒　ほぼ同じ意味

【数学】

≪解答≫

〔　〕　別解

≪解説≫

（　）　補足的指示
(例)（右図１参照）など

〔　〕　①公式の文字部分
(例)〔長方形の面積〕＝〔縦〕×〔横〕
②面積・体積を表す場合
(例)〔立方体ABCDEFGH〕

∴　ゆえに

≒　約、およそ

【社会】

≪解答≫

〔　〕　別解

（　）　省略可能な語

＿＿　使用を指示された語句

≪解説≫

〔　〕　別称・略称
(例) 政府開発援助〔ODA〕

（　）　①年号
(例) 壬申の乱が起きた（672年）。
②意味・補足的説明
(例) 資本収支（海外への投資など）

【理科】

≪解答≫

〔　〕　別解

（　）　省略可能な語

＿＿　使用を指示された語句

≪解説≫

〔　〕　公式の文字部分

（　）　①単位
②補足的説明
③同義・言い換え可能な言葉
(例) カエルの子（オタマジャクシ）

≒　約、およそ

【国語】

≪解答≫

〔　〕　別解

（　）　省略してもよい言葉

＿＿　使用を指示された語句

≪解説≫

〈　〉　課題文中の空所部分（現代語訳・通釈・書き下し文）

（　）　①引用文の指示語の内容
(例)「それ（＝過去の経験）が　～」
②選択肢の正誤を示す場合
(例)（ア，ウ…×）
③現代語訳で主語などを補った部分
(例)（女は）出てきた。

／　漢詩の書き下し文・現代語訳の改行部分

日本大学豊山高等学校

所在地	〒112-0012 東京都文京区大塚5-40-10
電　話	03-3943-2161
ホームページ	https://www.buzan.hs.nihon-u.ac.jp/
交通案内	東京メトロ有楽町線 護国寺駅１番出口より徒歩約１分

普通科

男子

くわしい情報は
ホームページへ

応募状況

年度	募集数	受験数	合格数	倍率
2024	推薦 120名 一般 120名	211名 215名	157名 141名	1.3倍 1.5倍
2023	推薦 120名 一般 120名	224名 227名	152名 122名	1.5倍 1.9倍
2022	推薦 120名 一般 120名	250名 254名	158名 129名	1.6倍 2.0倍

試験科目　(2025年度入試〈予定〉)

推薦・特別推薦(学業)：適性検査(国語・英語・数学合わせて)

特別推薦(スポーツ)：実技

一般：国語・英語(リスニングを含む)・数学

※スポーツコースのみ実技あり

校訓

強く　正しく　大らかに

教育方針

日本大学の教育理念「自主創造」に基づき,「自ら学び」「自ら考え」「自ら道をひらく」能力を身につけた人材の育成を目標とする。

コース編成

難関大学合格を目指してワンランク上の授業を展開する「特進コース」, 日本大学進学に対応した「進学コース」, 文武両道の「スポーツコース」の３コースを設置している。

編集部注─本書の内容は2024年5月現在のものであり, 変更されている場合があります。正確な情報は, 学校のホームページ等で必ずご確認ください。

教育の特長

男子教育

自分らしいペースでの成長を見守り, 等身大の自分で生活でき, 個性や能力を思う存分伸ばせる環境を整えている。

高大連携教育

法学部・経済学部などの講義を受講でき, その学部に進学した際, 単位認定される。また, 法学部・文理学部主催の模擬授業体験もある。

グローバル教育

海外修学旅行, カナダ語学研修(希望者)をはじめ, 日常的にネイティブ講師と会話する環境が整っている。日本大学付属校生対象のケンブリッジ研修では, 他の付属高校生と交流を持つことができる。

キャリア教育

卒業生講演会や社会人セミナー, キャリア＆分野選択ガイダンス, 日本大学学部説明会などを行い, 将来の目標を明確にさせ, 進路選択につなげている。

進路

日本大学への推薦は, 基礎学力選抜, 付属特別選抜, 国公立併願方式がある。

◎日本大学進学者数(2024年３月卒業生)

法学部	87	スポーツ科学部	8
文理学部	42	理工学部	103
経済学部	52	生産工学部	25
商学部	24	歯学部	1
芸術学部	12	松戸歯学部	2
国際関係学部	1	生物資源科学部	35
危機管理学部	6	薬学部	6

出題傾向と今後への対策

出題内容

	2024	2023	2022
大問数	8	8	8
小問数	40	40	40
リスニング	○	○	○

◎大問８題，小問数40問である。出題構成は，放送問題１題，長文読解３題，対話文完成１題，書き換えもしくは適語(句)選択１題，整序結合１題，和文英訳の適語補充１題である。

2024年度の出題状況

1 放送問題
2 対話文完成―適文選択
3 適語(句)選択・語形変化
4 和文英訳―適語補充
5 整序結合
6 長文読解―適語選択―説明文
7 長文読解―適文選択―エッセー
8 長文読解総合―説明文

解答形式

2024年度	記　述（○）／マーク／併　用

出題傾向

長文は短めのものが多く，内容もさほど難しくない読みやすいものが選ばれている。設問は内容の理解を問うもののほか，適語選択と適文選択が頻出である。対話文完成は基本的な口語表現を問う形式である。整序結合は日本文つきで，基本的な構文を問うもので英文を書く形式。放送問題は例年５問出題されている。

今後への対策

毎日の勉強で積み上げた基礎学力があれば解ける問題ばかりである。まずは教科書で単語や熟語，文法を復習し，何度も音読しよう。重要構文はノートにまとめ手書きして覚えよう。放送問題はラジオなどの講座を利用し毎日英語を聞こう。口語表現の習得は対話文完成の対策にも有効だ。仕上げに過去問題集で形式や時間配分を確認。

◆◆◆◆◆ 英語出題分野一覧表 ◆◆◆◆◆

分野			2022	2023	2024	2025 予想※
音声	放送問題		●	●	●	◎
	単語の発音・アクセント					
	文の区切り・強勢・抑揚					
語彙・文法	単語の意味・綴り・関連知識					
	適語(句)選択・補充		●	●	●	◎
	書き換え・同意文完成					
	語形変化				●	△
	用法選択		●			△
	正誤問題・誤文訂正					
	その他					
作文	整序結合		●	●	●	◎
	日本語英訳	適語(句)・適文選択				
		部分・完全記述	●	●	●	◎
	条件作文					
	テーマ作文					
会話文	適文選択		●	●	●	◎
	適語(句)選択・補充					
	その他					
長文読解	内容把握	主題・表題				
		内容真偽	●	●	●	◎
		内容一致・要約文完成				
		文脈・要旨把握				
		英問英答				
	適語(句)選択・補充		■	■	■	◎
	適文選択・補充		●	●	●	◎
	文(章)整序					
	英文・語句解釈(指示語など)			●	●	◎
	その他					

●印：１～５問出題，■印：６～10問出題，★印：11問以上出題。
※予想欄　◎印：出題されると思われるもの。　△印：出題されるかもしれないもの。

出題傾向と今後への対策

出題内容

2024年度　作　証　グ

大問６題，21問の出題。1は因数分解を含めた計算問題５問。2は方程式の計算や数量を計算するものなどで，計４問。3は場合の数，確率，図形で，計４問。4は関数で，放物線と直線に関するもの。２つの線分の長さの和が最小になるときや，三角形の面積が等しくなるときなどについて問うものが出題されている。5は平面図形で，正六角形について問うもの。6は空間図形で，立方体の４つの頂点を結んでできる正四面体について問うもの。

2023年度　作　証　グ

大問６題，21問の出題。1～3は小問集合で，計13問。1は計算を主とする問題５問，2は方程式，等式変形，データの活用など４問，3は関数，確率，平面図形など４問の出題。4は関数で，放物線と直線に関するもの。面積が等しくなるときの点の座標などが問われている。5は空間図形で，円錐を切断してできた立体と，その立体の内部に接する球について問うもの。6は平面図形で，台形を利用した問題。線分の長さの比を求めるものが３問出題されている。

作…作図問題　証…証明問題　グ…グラフ作成問題

解答形式

2024年度　記　述／マーク／併　用

出題傾向

大問５～６題で，20問前後の出題。1は計算問題が４～５問。2，3は各分野から基礎知識を問うもので，合わせて８問前後。4以降は，関数，図形がほぼ必出。年度により規則性に関する問題などが出題されることもある。基礎～標準レベルで，数学的な思考を問うものも含まれたりするが，決して難問ではない。

今後への対策

教科書の章末問題や練習問題をひと通り解いて，基礎事項を確認しよう。解けない問題は教科書で再確認を。基礎を確認したら問題演習をして問題に慣れていこう。初めは基礎を定着させるために基本問題集で，その後標準レベルの問題集を用いて演習を積み，いろいろな解法や考え方をマスターしていこう。

◆◆◆◆◆ 数学出題分野一覧表 ◆◆◆◆◆

分野	年度	2022	2023	2024	2025 予想※
数と式	計算，因数分解	★	★	★	◎
	数の性質，数の表し方	●			△
	文字式の利用，等式変形		●		△
	方程式の解法，解の利用	■	■	■	◎
	方程式の応用				
関数	比例・反比例，一次関数		●		△
	関数 $y=ax^2$ とその他の関数	★	★	★	◎
	関数の利用，図形の移動と関数	■			△
図形	（平面）計量	■	★	★	◎
	（平面）証明，作図				
	（平面）その他				
	（空間）計量	★	■	■	◎
	（空間）頂点・辺・面，展開図				
	（空間）その他				
データの活用	場合の数，確率	●	●	■	◎
	データの分析・活用，標本調査	●	●		◎
その他	不等式				
	特殊・新傾向問題など				
	融合問題				

●印：１問出題，■印：２問出題，★印：３問以上出題。
※予想欄　◎印：出題されると思われるもの。　△印：出題されるかもしれないもの。

出題傾向と今後への対策

出題内容

2024年度

- 国語の知識
- 二 論説文
- 三 小説

課題文
二関口洋平『「イクメン」を疑え！』
三瀬尾まいこ『卵の緒』

2023年度

- 国語の知識
- 二 論説文
- 三 小説

課題文
二工藤尚悟『私たちのサステイナビリティ』
三小野寺史宜『ホケツ！』

2022年度

- 国語の知識
- 二 論説文
- 三 小説

課題文
二田代三良『高校生になったら』
三阿部暁子『パラ・スター〈Side 百花〉』

解答形式

2024年度	記　述／マーク／併　用（記述）

出題傾向

設問は，国語の知識の問題に７～８問，読解問題にそれぞれ７～10問付されている。また，各読解問題には，35～50字程度の記述式解答の設問が，２～３問含まれている。課題文は，内容的には読みやすいものが選ばれているが，分量がやや多く，比較的新しい作品からの出題が多い。国語の知識の問題には，短めの古文の文章も出されている。

今後への対策

読解問題については，記述式の解答もあるので，文章を正確に読む力だけでなく，読んだ内容を的確に表現する力も必要である。毎日，基礎学力養成用の問題集をこなしていくのがよいだろう。また，国語の知識については，漢字，語句関連，文法，敬語，文学史と出題範囲が広いので，分野ごとに整理して復習するとよい。

◆◆◆◆◆ 国語出題分野一覧表 ◆◆◆◆◆

分野		年度	2022	2023	2024	2025 予想※
現代文	論説文 説明文	主題・要旨	●	●	●	◎
		文脈・接続語・指示語・段落関係	●	●	●	◎
		文章内容	●	●	●	◎
		表現		●		△
	随筆 日記 手紙	主題・要旨				
		文脈・接続語・指示語・段落関係				
		文章内容				
		表現				
		心情				
	小説	主題・要旨	●		●	◎
		文脈・接続語・指示語・段落関係	●			△
		文章内容	●	●	●	◎
		表現		●	●	◎
		心情	●	●		◎
		状況・情景				
韻文	詩	内容理解				
		形式・技法				
	俳句 和歌 短歌	内容理解				
		技法				
古典	古文	古語・内容理解・現代語訳	●	●	●	◎
		古典の知識・古典文法	●	●		◎
	漢文	(漢詩を含む)	●	●	●	◎
国語の知識	漢字 語句	漢字	●	●	●	◎
		語句・四字熟語	●	●	●	◎
		慣用句・ことわざ・故事成語				
		熟語の構成・漢字の知識				
	文法	品詞				
		ことばの単位・文の組み立て				
		敬語・表現技法	●			△
	文学史		●			△
作文・文章の構成・資料						
その他						

※予想欄　◎印：出題されると思われるもの。　△印：出題されるかもしれないもの。

合格を勝ち取るための

本書の使い方

本書に掲載されている過去問をご覧になって，「難しそう」と感じたかもしれません。でも，大丈夫。ほとんどの受験生が同じように感じるのです。高校入試の出題範囲は中学校の定期テストに比べて広いですし，残りの中学校生活で学ぶはずの，まだ習っていない内容からも出題されているかもしれません。

ですから，初めて本書に取り組む際には，点数を気にする必要はありません。点数は本番で取れればいいのです。

過去問で重要なのは「間違えること」です。自分の弱点を知るために，過去問に取り組むのです。当然，間違った問題をそのままにしておいては意味がありません。

本書には，長年にわたって高校受験に関わってきたベテランスタッフによる詳細な解説がついています。間違えた問題は重点的に解説を読み，何度も解きなおしてください。時にはもう一度，教科書で復習するのもよいでしょう。

別冊として，抜き取って使える解答用紙を収録しました。表示してあるように拡大コピーをとれば，実際の入試と同じ条件で，何度でも過去問に取り組むことができます。特に記述問題では解答欄の大きさがヒントになる場合があります。そうした，本番で使える受験テクニックの練習ができるのも，本書の強みです。

前のページにある「出題傾向と今後への対策」もよく読んで，本校の出題傾向に慣れておきましょう。

2024年度 日本大学豊山高等学校(推薦)

【英　語】（数学・国語と合わせて70分）〈満点：40点〉

〔注意〕　特にスペルに関して，はっきり読み取れる文字で書くこと。

1　次の英文の（　　）に入る最も適切なものを，１～４から１つ選び，番号で答えなさい。

(1) This box is (　　) heavy, so I can't carry it.
1. to　2. too　3. in　4. of

(2) There is (　　) milk in the glass.
1. a　2. many　3. few　4. little

(3) Please tell me (　　) call you. — On Sunday morning.
1. where　2. where to　3. when　4. when to

(4) (　　) a nice person!
1. Who　2. Why　3. What　4. How

(5) Don't (　　) shy on the stage.
1. be　2. do　3. is　4. are

(6) (　　) in the park in the morning is one of my favorite things.
1. Run　2. Running　3. Runs　4. Ran

2 次の日本文の意味に合うように，空所に指定された文字で始まる適切な１語を書きなさい。ただし，（ ）内に与えられた文字で始め，**解答は単語のつづりをすべて書きなさい**。

（1） 田中先生，質問があります。
Mr. Tanaka, I have a（ q ）.

（2） 私は明日ニュージーランドに向けて出発します。
I will（ l ）for New Zealand tomorrow.

（3） 美しい花をありがとうございます。
Thank you for the（ b ）flowers.

（4） 私たちのレストランではこの料理が特に人気です。
This dish is（ e ）popular at our restaurant.

3 次の各組の（A），（B）がほぼ同じ内容を表すように，（ ）に適切な語を１語ずつ入れなさい。

（1） （A） I want to be a singer.
（B） I（ ）that I will be a singer.

（2） （A） He can play soccer very well.
（B） He is a very good soccer（ ）.

（3） （A） Ms. Yamada said to me, "Come to the teachers' room."
（B） Ms. Yamada（ ）me to come to the teachers' room.

（4） （A） My sister is so kind that a lot of people like her.
（B） A lot of people like my sister（ ）she is very kind.

4 次の英文を読んで，あとの設問に答えなさい。

You can see *braille in many places around you, like stations, post offices, and so on. At the library, you can also find a newspaper written in braille. Braille *consists of *raised *dots that are also a kind of *alphabet. *Blind people can know what something is or what there is, and of course, they can read as we read letters.

Braille was invented by a French blind man, Louis Braille. The word "braille" comes from his name. When Braille was three years old, he played with ①**(tool / used / father / a / his / that)** in his work, and Braille *accidentally hurt one eye with it. He became blind in that eye. Two years later, Braille's other eye went blind. Though he was blind, he studied hard and entered a school in his village. He learned a lot of things at that school. When he became ten, he started to learn at a special school for blind people in a city.

At the school, students used a kind of *printing using *embossed letters. The embossed printing used ordinary letters of alphabet, but it was hard for blind students to read. Students needed so much time to understand what was written, so Braille wanted to create letters blind people could read more easily.

In 1821, Charles Barbier came to Braille's school and introduced a type of lettering called "Night Writing." It was used by the *military to communicate at night. Night Writing consisted of 12 dots, and was simpler than embossed letters, so it was introduced at Braille's school. Braille also studied it. However, it had a big problem. Blind people could not use it for math or music, though at that time, it was relatively easy for blind people to get jobs related to music.

In 1825, Braille changed Barbier's Night Writing system from 12 dots to 6 dots. Braille's dot letters have been used since then. Braille died in 1852, and Braille's creation was accepted in France in 1854. [②]

*braille「点字」 *consist of ～「～からなる」
*raised「突き出た」 *dot「点」
*alphabet「アルファベット」 *blind「目が見えない」
*accidentally「たまたま」 *printing「印刷物」
*embossed「浮き出した」 *military「軍」

(1) 下線部①を文脈が通るように正しく並べかえなさい。なお，解答用紙には**答えの箇所のみ記入すること**。

(2) 本文中の ② に，意味がつながるように次の1～3の英文を適切な順序に並べかえ，番号で答えなさい。

1. For example, it was brought to Japan in 1887, and translated into Japanese.
2. Since then, braille has been used around Japan.
3. Also, braille was introduced around the world after that.

(3) 次の問いに対して，最も適切な答えを下から1つ選び，番号で答えなさい。

Which is true about Louis Braille?

1. He was not blind until he was six years old.
2. He studied at a school at his village even though he couldn't see.
3. He invented embossed lettering after he entered a school in a city.
4. Two years after braille began to be used, he died.

(4) 本文の内容と一致しているものを下から1つ選び，番号で答えなさい。

1. People in the military used only embossed letters at night.
2. Braille taught Charles Barbier Night Writing at school in a city in 1821.
3. Blind people could enjoy listening to music thanks to Night Writing.
4. The number of dots in the letters Braille invented is less than that used in Night Writing.

【数　学】（英語・国語と合わせて70分）〈満点：40点〉

〔注意〕 1．定規，コンパス，分度器，計算機などを使用してはいけません。
2．答えが分数のときは，約分して最も簡単な形で答えなさい。
3．根号の中はできるだけ小さい自然数になおしなさい。

1 次の問いに答えよ。

(1) $9-\frac{8}{7}\div\left(-\frac{2}{5}\right)^2$ を計算せよ。

(2) $(6ab)^2\times(-a^2b)^3\div4a^3b^2$ を計算せよ。

(3) $\frac{10}{\sqrt{2}}+\sqrt{32}$ を計算せよ。

(4) $a^2-3a-4b^2-6b$ を因数分解せよ。

2 次の問いに答えよ。

(1) 比例式 $(5x-7):(3x+1)=4:5$ を満たす x の値を求めよ。

(2) 2次方程式 $2x^2-5x+1=0$ を解け。

(3) 大小2つのさいころを投げ，大きいさいころの出た目の数を a，小さいさいころの出た目の数を b とするとき，$2a+b$ の値が素数となる確率を求めよ。

(4) 右のデータは，生徒 18 人のハンドボール投げの記録である。このデータを正しく箱ひげ図に表したものを，次の**ア**～**エ**から1つ選び，記号で答えよ。

14	15	16	17	18	18
19	20	20	22	22	23
23	24	25	26	27	29

（m）

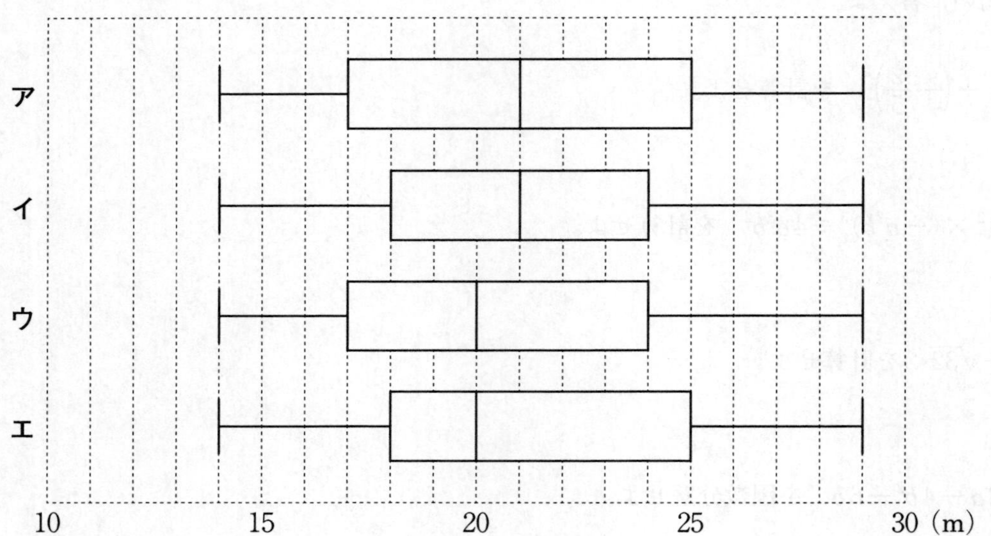

3 下の図のように，関数 $y=-\frac{1}{4}x^2$ のグラフ上に4点A，B，C，Dをとり，四角形ABCDをつくる。点Aの x 座標は -6，点Bの x 座標は4である。辺CDは x 軸に平行で，その長さは4である。このとき，次の問いに答えよ。

(1) 点Dの座標を求めよ。

(2) 2点A，Bを通る直線の式を求めよ。

(3) 直線AB上の x 座標が点Bの x 座標より大きい部分に点Pをとる。四角形ABCDと△APDの面積が等しくなるとき，点Pの座標を求めよ。

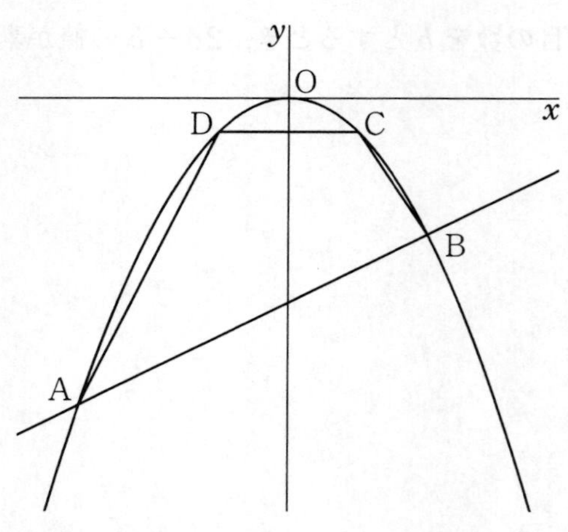

4 下の図のように，ＡＢ＝6，ＡＤ＝10，ＢＣ＝2，∠ＡＢＣ＝90°，ＡＤ∥ＢＣの台形ＡＢＣＤを底面とし，高さが6である四角柱ＡＢＣＤ－ＥＦＧＨがある。このとき，次の問いに答えよ。

(1) 四角柱ＡＢＣＤ－ＥＦＧＨの表面積を求めよ。

(2) △ＢＧＤの面積を求めよ。

(3) 点Ｃと△ＢＧＤとの距離を求めよ。

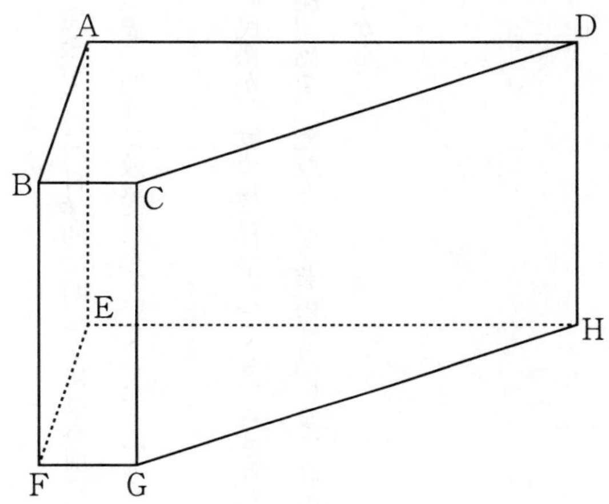

問6　――線④「宮田登は、上のように日野啓三の小説をあげた後に、江戸時代の鯰絵をもち出す」とありますが、宮田登が鯰絵の話をもち出したのはなぜですか。その理由として最も適切なものを次から選び、記号で答えなさい。

ア　鯰絵には、江戸の民衆が、鯰の引き起こす地震によって都市が滅びる不安感を、多くの鯰絵を見ることで解消しようとしたことが表れているから。

イ　鯰絵には、江戸の民衆が、鯰の物音と地震による都市の破滅を結びつけて、都市の終末の到来への不安を指摘したことが表れているから。

ウ　鯰絵には、江戸の民衆が、自然科学的に明らかになる前に、鯰のたてる物音と地震の関連に敏感に気づいていたということが表れているから。

エ　鯰絵には、江戸の民衆が、鯰の物音によってもたらされた都市の破滅という絶望感を、鯰絵という芸術作品にまで高めたことが表れているから。

問7　――線⑤「人間をイメージにおいて位置づける」とありますが、これは藤岡喜愛のどのような考えによるものですか。□にあてはまる内容を、本文中から二十字以内で書き抜きなさい。

＊眼の前の事物だけでなく、□という考え。

問8　本文の内容に合っているものを次から一つ選び、記号で答えなさい。

ア　「チェア・マン」に代わって「チェア・パーソン」という言いかたがされるようになったのは、男女差別をなくすためではない。

イ　音は人間にとって大切なものであり、無意識のうちに音の影響を受けて作られた人格は、社会生活を営む中で他人にも影響しうる。

ウ　居住空間の第一条件に耳を立てることで、人間にとって音が基本であるとわかるとともに、目からの情報の大切さを再認識できる。

エ　「パーソン」を意識して音を中心とした都市を作り出すことは、各人に充足感をもたらすとともに大都市への不安を軽減させる。

問1　本文中からは、次の一文が抜けています。入る場所として最も適切なものを本文中の【　1　】〜【　4　】から選び、算用数字で答えなさい。

不快音から耳をふさぐことはできない。

問2　A 〜 C に入る言葉の組み合わせとして最も適切なものを次から選び、記号で答えなさい。

ア　A　だから　　B　つまり　　C　また
イ　A　そして　　B　しかし　　C　だから
ウ　A　つまり　　B　だから　　C　たとえば
エ　A　また　　　B　さて　　　C　しかし

問3　――線①「そもそもパーソンというのは、とてもよいことばなのだ」とありますが、なぜですか。その理由として最も適切なものを次から選び、記号で答えなさい。

ア　音を意味する「ソン」が含まれているので、会話することが人間の生活にとって不可欠だとわかることばであるから。
イ　単なる「人間の生きている体」という意味はもたず、「人格」のように、主として人間の内面を指すことばであるから。
ウ　「それを通して音が響く」という原義があり、それぞれの人間の本質を見抜き、内面をとらえることばであるから。
エ　日本語に言い換えて「人となり」とすることで、人間の内面が作り上げた人物像を表現できることばであるから。

問4　――線②「音の生き物人間」とありますが、これは人間がどのような存在であることを述べた言葉ですか。本文中から十字で書き抜きなさい。

問5　――線③「都市の美観」とありますが、筆者は「美観」の条件として、どのようなことを挙げていますか。答えなさい。

係を精神人類学の上からも、示唆する説がある。【　4　】

精神人類学というユニークな立場に立つ藤岡喜愛（ふじおかよしなる）はイメージについて、すぐれた観察を記している（『イメージと人間　精神人類学の視野』ＮＨＫブックス、一九七四年）。

藤岡喜愛は「ヒトとなり（パーソナリティー）」という独自の表記を用いる。つまり人間の中心を上述のパーソンにおくのだが、さてそのヒトとなりについて、たとえば「ヒトとなりは、イメージの世界そのものである」というほどに、⑤人間をイメージにおいて位置づける。

藤岡喜愛のいうところに耳を傾けると、わたしたちの日常生活は、眼（め）の前の事物に対する行動だけからなり立つのではない。大切なことはむしろ眼の前に見えていないことだ、という。つまりイメージが行動を指導し規定していると考える。

そのイメージとは何か。視覚的イメージはもちろんだが、他に五感に訴えるさまざまなものが知覚を形づくり、イメージとなって蓄えられる。

たとえば「高原を吹きわたる風の音。ベートーヴェンの第五交響曲の有名なメロディー。夏の日の蒸し暑さ。冷たい陶器の肌ざわり。母の懐のぬくもりと感触。乳のにおい。レモンのかおり」など。

これらの「記憶」によって「イメージは変形し、運動し、想像活動を生みだす」。

このように藤岡喜愛はヒトとなり（パーソナリティー）をイメージの世界そのものととらえ、イメージも五感全体にわたるものとしてとらえるのだから、聴覚だけを重要視するわけではない。

［ C ］、人間をヒトとなり（パーソナリティー）ととらえ、まるごとそれをイメージと考える、この卓抜な思考の中で都市を考えるなら、これまた都市は高原の風の音や第五のメロディー、はては乳のにおいやレモンのかおりをもったものでなければ、ヒトとなり（パーソナリティー）には適合しないこととなる。

そしてとりわけて「パーソン」を考えると、イメージの中でも音のイメージを欠くことができなくなる。

音を中心とするイメージによって作り出される都市、それこそがパーソナルな充足をもつ都市なのである。

（『日本の文化構造』中西進）

＊OED…世界的に高い評価を受けているイギリスの"Oxford English Dictionary"（オックスフォード英語辞典）の略称。

＊アレゴリー…ある意味を別の物事に託して表すこと。比喩の一種。

＊鯰絵…江戸時代に流行した、地底にすむ大鯰が地震を起こすという民間信仰を主題にした絵の総称。

主人公は最後に「埋め立て地の一画で逆さ吊(づ)りになって死を遂げる」。

「その背後に夢かうつつか浮かびでる焼跡の情景、裸の木々の幹、燃えている市街電車といったシーンが、主人公の死のイメージに重ね合わせられ、やがて大都市は終末を遂げる」。

このアレゴリー*は、あるいは常識的であるかもしれない。多かれ少なかれ、誰の目にも近代文明の絶望的な終焉(しゅうえん)が見えている。まるで水虫のように、うようよと繁殖していって緑を食べつくし、地球の表皮にはびこる人間。絶望的な自己嫌悪(けんお)は現代人の誰しもが持っているだろう。

だから万人が等しく都市の救済を考えるが、さてそのときに、それでは町並みをこざっぱりと整え、けばけばしいペンキ塗りを統制し、ネオンサインを禁止して、③都市の美観を考えるだけでよいであろうか。

かりにこの常識的なやり方を認めたとしても、それでは「美観」の「美」とは何かが、考えられなければなるまい。

この美は見た目の美ではない。快い音に支えられてはじめて、人間(パーソン)にとっての美となるものだ。

風景は音に換算されなければならない。リズムのある風景のなかで体感は風景と呼吸を合わせることができ、住民の体の響き合いが街を作り出す。聴覚上に換算しうる風景でなければ、美観とはいえないはずである。

じつは④宮田登は、上のように日野啓三の小説をあげた後に、江戸時代の鯰絵(なまずえ)*をもち出す。江戸時代の大都市が終末になるという潜在的な不安感が起り、それが鯰絵を出現させた。鯰がさわいで地震が起る。地震によって都市が滅びる。そうなるかもしれないという不安を、江戸の民衆は鯰絵に託したのである。

もちろん鯰は比喩にすぎない。地下の動物がたてるぶきみなひびきは、滅びるしかない大都市への不安が聞きとめたものだ。人間(パーソン)はぶきみな音に敏感である。【 3 】

鯰がさわぐのは地震の前兆だという。これを自然科学的に解明することは、あるいは可能かもしれないが、いまはむしろそれが必要ではなく、異常な鯰の生態から、近づいてくる恐怖の不穏な音響を聞きとめたのだという心意が大切であろう。

宮田登が都市の民俗として重視するのも、大都市という絶望を予見させるものがはらみもつ不安を、鯰の姿をかりて、民衆がいちはやく指摘したことであった。不協和音をたててさわぐ鯰の物音をかりて。

こうして、江戸の民衆は大都市の破滅の風景を、予兆としての音によって表現したのだとわたしは思うが、そうした風景と音との関

人間が健康に生きているということは、快いリズムの中にあるということだ。人間は音によって生かされ、肉体を通して体の音を響かせ、他人と音を合わせて社会生活を営む。

人間は自分では意識しないにもかかわらず、宇宙から響いてくる、遠い太鼓のような自然からの音の共鳴体であるらしい。リズミカルな体の動きは、もっとも十分な共鳴体でいるということだろう。

この宇宙の音とは、風や雨という自然のもつ音である。小鳥のさえずりやけものたちの鳴き声でもある。すぐれた詩人は、落花が空気の中で立てる音さえも、聞くことができた。そうなれば、もう宇宙の音とは地球の自転の音だとさえいうことができるだろう。

それがうまく人格を作り上げられるかどうかは、うまく肉体が共鳴できるかどうかできまる。音はとんでもない悪魔である場合も、あるだろう。誰の責任でもない。ちょっとした食い違いが、人格を歪(ゆが)めてゆくに違いない。

そしてまた、音によって作り上げられた人格は、音を響かせるように、他人に示される。りっぱな人格は快いリズムをもって他の人々を酔わせ、リズムの中に同化してしまわずにはいないだろう。反対に好ましくない人格は、ぎしぎしと不協和音をたてるに違いない。【 1 】

いや、ささいすぎて、誤解されるかもしれないが、人間はどんな発声をする場合でも、リズムをもっているという。作曲家の間宮芳生(まみやみちお)さんからそう聞いた。

そう聞いてから注意していると、なるほど新幹線の中の案内放送もワゴンのサービス嬢も、それぞれにリズムをもって発声している。デパートの館内放送もそうだし、テレビのアナウンサーも、けっして棒読みはしていない。人間は、知らずしらずのうちに、快い音の連続を求めているのである。【 2 】

②音の生き物人間。それを的確にいい表したことばが、パーソンであった。

[B]、それほどに人間にとって音が基本のものであれば、人間の居住空間も音をもっとも基本にすえて考えなければならない。もちろん目も大切だが、ひとまず目をつぶって、居住空間の第一条件に耳を立ててみよう。

たとえば、すぐれた民俗学者の宮田登(みやたのぼる)は都市について、こんなことをいっている(『怖さはどこからくるのか』筑摩(ちくま)書房(しょぼう)、一九九一年)。日野啓三(ひのけいぞう)の小説『夢の島』など一連の小説には都市が作りだすモチーフが語られているとして、都市は「高度に発達した都市工学や建築工学の技術によって彩られる華麗さとうらはらに、精神的にはひどく脆(もろ)く稀薄(きはく)な印象をあたえる」という。

二　次の文章を読んで、後の問いに答えなさい。（出題の都合上、本文の一部を変えています）

最近は男女差別が特に注目されて、ことばづかいも慎重になった。そこで、いままで会議で「チェア・マン」といっていたものを改めて「チェア・パーソン」ということが多い。女性が議長を務めることも多いから、そのほうが、たしかに適切であろう。

しかし、何も男女差をなくすためにだけ、パーソンの方がよいのではない。①そもそもパーソンというのは、とてもよいことばなのだ。

パーソン（person）はフランス語ではペルソン（personne）という。ペルソナ（persona）とも親戚のことばである。

ところがこれらのソン・ソナというのは、あの音楽のソナタと同じ根っこを持ち、音を意味する。だからペルソン・パーソンとは「それを通して音が響く」というのが、そもそもの意味である。パーソンという英語はもう日本語の中にも入っていて、「人間」ぐらいに理解されているが、本来は何と、音を響かせる物なのだ。

おもしろいと思うが、さらに辞書のいうところを聞いてみると、「人間の生きている体」（OED）*といった説明がついている。単に肉体だけではなく、生きいきとしているところに、このことばの中心がある。どうやら肉体を生きいきとさせるものは音にあるらしい。

［A］、ペルソンには「人格」という訳語もついている。よく「面とペルソナ」という対立で語られるように、ペルソナ（ペルソン）は人間の内面を主としてでき上がる人格、人物といったものを現すことばである。

それでは、これを日本語——しかも人格とか人物とかという中国から借りたことばではない、純粋のやまとことばで言い換えると、何といえばよいのだろう。

一人ひとりのパーソンの特性を示すパーソナリティに「人となり」という日本語をあたえる場合がある。「あの人は、穏やかな人となりだ」といった場合の「人となり」である。

なるほどこれも注意深い訳だろう。心の内面、精神が作り上げた人物像が浮かんでくる。

およそパーソンという人間のとらえ方は、こうした、それぞれの内面が反映する姿を大切にしたものであった。

そんな人間像は、複雑で多面的な人間をとらえるうえで、もっとも本質的ではないだろうか。この、もっとも本質的な人間とは、「それを通して音が響くもの」なのだった。

この考えは、人間にとって音というものがいかに大切であるかを、いやというほど物語っているであろう。

二〇二四年度
日本大学豊山高等学校（推薦）

【国　語】（英語・数学と合わせて七〇分）〈満点：四〇点〉

〔注意〕解答する際、句読点や記号なども一字と数えること。

一　次の問いに答えなさい。

問1　次の――線を漢字で書きなさい。

カンゴ学校に通う。

問2　次の――線の読み方をひらがなで書きなさい。

自分の権利を他人に譲る。

問3　――線の中で活用形が他と異なるものを一つ選び、記号で答えなさい。

ア　駅前で人から道を尋ねられた。
イ　満腹になるまでご飯を食べたい。
ウ　夏休みは毎日図書館に通った。
エ　本を読んで感想を話し合う。

問4　次の□に入る漢字を後から一つ選び、記号で答えなさい。

□が熟すのを待って始動する予定だ。

ア　時　　イ　期　　ウ　間　　エ　機

問5　作品の成立した時代が古いものから新しいものへと正しく並んでいるものを次から一つ選び、記号で答えなさい。

ア　『方丈記』→『雨月物語』→『土佐日記』
イ　『方丈記』→『土佐日記』→『雨月物語』
ウ　『土佐日記』→『雨月物語』→『方丈記』
エ　『土佐日記』→『方丈記』→『雨月物語』

英語解答

1 (1) 2 (2) 4 (3) 4 (4) 3
(5) 1 (6) 2

2 (1) question (2) leave
(3) beautiful (4) especially

3 (1) hope (2) player (3) told
(4) because

4 (1) a tool that his father used
(2) 3→1→2 (3) 2 (4) 4

数学解答

1 (1) $\frac{13}{7}$ (2) $-9a^5b^3$ (3) $9\sqrt{2}$
(4) $(a+2b)(a-2b-3)$

2 (1) $x=3$ (2) $x=\frac{5\pm\sqrt{17}}{4}$
(3) $\frac{13}{36}$ (4) イ

3 (1) $(-2,\ -1)$ (2) $y=\frac{1}{2}x-6$
(3) $(6,\ -3)$

4 (1) 240 (2) $6\sqrt{35}$ (3) $\frac{6\sqrt{35}}{35}$

国語解答

一 問1 看護　問2 ゆず　問3 ア
問4 エ　問5 エ
問6 イ

二 問1 3　問2 エ　問3 ウ
問4 自然からの音の共鳴体
問5 （見た目の美ではなく，）聴覚上に換算しうるということ。
問7 ［眼の前の事物だけでなく，］イメージが行動を指導し規定している［という考え。］
問8 イ

2024年度 日本大学豊山高等学校

【英　語】（50分）〈満点：100点〉

〔注意〕 1．特に英語のスペルに関して，ブロック体ではっきり読み取れる文字で書くこと。

2．1 はリスニングテストです。放送をよく聴いて，それぞれの設問の選択肢から解答を選び，その番号を解答用紙に記入しなさい。なお，放送される内容は，メモをとってもかまいません。

■リスニングテストの音声は，当社ホームページで聴くことができます。(実際の入試で使用された音声です)再生に必要なユーザー名とアクセスコードは「収録内容一覧」のページに掲載しています。

1 【リスニングテスト】

これから，5つの文章を放送します。それぞれの文章のあとに質問が放送されます。その質問に対する答えとして最も適切なものを，1～4の中から1つ選び，番号で答えなさい。文章と質問は2度ずつ読まれます。放送される内容は，メモをとってもかまいません。

(1) 1．Painting.　2．Dancing.　3．Photography.　4．Playing the guitar.

(2) 1．She will watch a basketball game.
2．She will join a clean-up activity for the first time.
3．She will play basketball with her brother.
4．She hasn't decided anything yet.

(3) 1．The cost.　2．The timetable.
3．The weather forecast.　4．The menu.

(4) 1．10 minutes.　2．30 minutes.　3．1 hour.　4．Tom will be in time.

(5) 1．He will take her to the Japanese coffee shop.
2．He will cook Washoku.
3．He will practice cooking tempura and sushi.
4．He will visit Mary's house.

※<リスニングテスト放送原稿>は英語の問題の終わりに付けてあります。

2 次の対話文を完成させるために( )に入る最も適切なものを，1～4から1つ選び，番号で答えなさい。

(1) A : Have you finished your homework yet?
B : (　　　　)
A : What? You are reading a book now!
B : Reading this book is my homework.
1．No, I don't have my homework today.
2．Yes, this book is very interesting.
3．Yes, I have already done it.
4．No, I haven't yet, so I'm doing it now.

(2) A : Can I take your order?
B : Sure. I'd like a dish that is not too spicy.
A : (　　　　) It has a mild flavor.
B : Sounds good. Is it served with rice?

A： Yes, it comes with steamed rice.
1．I'd like something spicy.　　2．How about the grilled chicken？
3．I'll ask our chef.　　4．I'm not hungry.

(3) A： I heard your cousins are coming to visit tomorrow.
B： Yes, that's right. We're planning to show them around the city.
A：(　　　　)
B： No. Unfortunately, it will be closed tomorrow, so we'll visit Ueno Zoo！
1．Are they coming from the countryside？
2．Do they like their own city？
3．What do they do for their living？
4．Will you take them to Tokyo Skytree？

(4) A： Have you tried the new cafe downtown？
B： Not yet.
A：(　　　　) I heard their coffee is amazing.
B： Sounds exciting！
1．Let's try it soon！　　2．I don't like coffee.
3．I've been busy recently.　　4．I prefer tea.

(5) A： What are you looking for？
B： The book I bought yesterday. I think I put it on my desk.
A： You put too many things on your desk. (　　　　)
B： Yes, I will. But I want to find the book before doing that.
1．Why don't you find the book here？
2．Why don't you clean up your desk first？
3．Shall we bring back the book here？
4．Do you know my book？

3 次の英文の(　)に入る最も適切なものを，1～4から1つ選び，番号で答えなさい。

(1) Jim and I (　　) good at math.
1．are　2．am　3．is　4．be

(2) This coffee is (　　) than the one I had yesterday.
1．good　2．better　3．best　4．well

(3) I have two daughters. One lives in Tokyo, and (　　) lives in Paris.
1．another　2．others　3．the others　4．the other

(4) She (　　) a book since this morning.
1．read　2．has been reading　3．reads　4．was reading

(5) My brother wants to buy a new car (　　) in England.
1．make　2．made　3．making　4．to make

4 次の日本文の意味に合うように，空所に指定された文字で始まる適切な1語を書きなさい。ただし，(　)内に与えられた文字で始め，**解答は単語のつづりをすべて書きなさい**。

(1) 私たちは新しくできたイタリアンレストランで夕食を取ることにしました。
We decided to have dinner at a new Italian (r　　).

(2) 彼はこの冬に外国に引っ越した。

He moved to a (f　　) country this winter.

(3) 私のメールを受け取りましたか。

Did you (r　　) my e-mail ?

(4) 彼らはその問題について議論しなくてはならない。

They must (d　　) the problem.

(5) 前に出てきてください。

Please come to the (f　　).

5 次の日本文の意味を表すように(　)内の語(句)を並べかえ，英文を完成させなさい。なお，文頭にくるものも小文字にしてある。

(1) 英語は私がとても好きな教科です。

English (very much / I / the subject / is / like).

(2) 京都には何度行ったことがありますか。

(many / have / times / you / how) been to Kyoto ?

(3) この赤ちゃんはすぐに話せるようになるでしょう。

This baby (talk / able / will / to / be) soon.

(4) 私は彼らに笑われました。

I (at / by / laughed / them/ was).

(5) マナブはその知らせを聞いて喜んだ。

(Manabu / news / happy / the / made).

6 次の英文の意味が通るように(A)～(E)に入る最も適切なものを【語群】から１つずつ選び，番号で答えなさい。ただし，それぞれ１度しか使えないものとする。

A bus is full of passengers coming home from work or shopping. They all look (A). One by one they sit down, (B) to have a seat on the now crowded bus. Of course, it is just hard luck for the passengers who have to stand.

That was the scene one evening on a bus in a (C) city. One of the unlucky standing passengers was a young mother. She *held on to a seat back with one hand. She carried her young baby in her other arm. No one was expecting what happened next.

The bus driver could see everything in his mirror. He could not believe that no one was going to offer the woman their (D) seat. So, he stood up. And everyone noticed it. In a (E) voice, he offered the mother his seat. The passengers realized that they could not go anywhere without the driver. Another young woman soon stood up and let the mother sit down.

Next time you get on a crowded bus, don't rush to find an empty seat. First, ask yourself if someone else needs a seat more than you.

*hold on to ～ 「～につかまる」

【語群】

1．tired　2．loud　3．own　4．busy　5．happy

7 次の英文の(A)～(E)に入る最も適切なものを，1～5から1つずつ選び，番号で答えなさい。ただし，それぞれ1度しか使えないものとする。

Sometimes the differences between Japanese and English are funny, and so we think, (A). Just with words about the body, there are interesting differences.

I have a friend who started working as a translator. We often help each other because her native language is Japanese and mine is English. (B). She couldn't image a man cupping her head in his hands. I thought the problem might be the word *cup* used as a *verb, but it wasn't. She could easily imagine making your hands into the shape of a cup, and filling your hands with water. No, that wasn't the problem. The problem was the word *head*.

That's when we both discovered Japanese and American heads are not the same! I also remembered something I often hear friends at the gym say: "*Atama wo arau.*" This had always sounded strange to me, because an English speaker would never say, (C). We would say, (D). In fact, the image of washing your head is pretty funny. In English, the *head* includes everything above the neck. Another English expression makes this clear: "She has a good head on her shoulders." This suggests a person who is smart. Once my friend understood "*head*" means the round ball above a person's shoulders, she could understand the expression, "His hands cupped her head."

Then there's *ashi*. (E). Of course feet and legs can't speak, but when I use *ashi* to mean "foot," I always feel like I'm doing some kind of *injustice to legs.

We can learn a lot about culture from all kinds of words, or we can just be *entertained by them. Either way, it's certainly true that words express a lot of things.

＊verb 「動詞」　＊injustice 「不当な扱い，不公平」　＊entertain 「楽しませる」

1. "I'm going to wash my hair"
2. It seems difficult to me that legs and feet have to share this word in Japanese, while in English they have their own separate identities
3. "I'm going to wash my head"
4. "Wow! Language really is culture"
5. Recently, she asked me about an expression in a romance novel, "His hands cupped her head"

8 次の英文を読んで，あとの問いに答えなさい。

Brazil has it all. Sun, sea, beautiful beaches, and exciting cities, too. It is the home of Carnival, of samba music and dance, and of the 2014 World Cup 2016 and Olympics. At 8.5 million square kilometers, Brazil is a huge country in South America and the fifth (①) country in the world.

Most of the north of the country is *rainforest, but in the northeast, there is a desert: very little rain falls here, and there are only very small trees and plants. Brazil has the biggest *wetland in the world and nearly 7,500 kilometers of coast, with many beautiful islands. So across Brazil, you can see many different kinds of places.

Brazil is a country of different people, too. About 200 million people live there today, and their *ancestors came from many places: from other countries in South America, and from Europe, Africa, Asia, and the Middle East. Because of ②<u>this</u>, Brazil has many kinds of music, foods and festivals from around the world. There are different languages, too, but everyone speaks

Portuguese.

Brazil is a beautiful and interesting country, and it is not like any other place. *This is why more than five million people visit every year — and why more and more people want to learn about this amazing country!

You can see unusual animals and plants all around Brazil. Brazil has more *species than any country in the world. Many beautiful birds live here, like hummingbirds, the world's smallest birds — they are only a few centimeters long. Brazil is home to one of the world's (③) birds, too: the rhea. Rheas are more than 1.5 meters tall and they cannot fly. They are endangered — there are not many alive today — because Carnival costumes were often made from their feathers. But now, people want to protect these birds.

Over 30% of all animal species in the world live in the Amazon Rainforest, and different animals live in different places in the forest. Birds and monkeys live up in the tallest trees, and animals like snakes and sloths live in smaller ones. Sloths are like monkeys, but they have small ears, and they are only half a meter tall. Sloths move very, very slowly, so small animals and plants can live and grow on them!

A lot of visitors to Brazil want to see jaguars. These beautiful big cats live in the rainforests and wetlands, and the *indigenous people tell many stories about them. Jaguars are endangered, (④) you cannot often see them, but some of the biggest jaguars in the world live in the Pantanal.

The Brazilian tapir is endangered, too. This interesting animal lives in the rainforest, and it is one meter tall. It has a long nose, and it can pick up fruit and leaves with its nose and put them in its mouth.

You can find the world's biggest snake, the green anaconda, in rivers, forests, and wetlands. Anacondas like to wait in the water, and catch animals when they come to drink. They usually eat smaller animals like fish and birds, but some anacondas are nine meters long, and they can eat a tapir or a jaguar!

Everyone knows about piranhas, and these fish live in the rivers of Brazil. They are not very big, but they have a big mouth and a lot of teeth. Piranhas eat fish and other animals, and in some stories and films, they eat people. But in the real world, people more often catch piranhas and eat *them*!

Pink river dolphins live in the Amazon River, and indigenous people tell stories about them. At night, they say, the pink dolphins change into men and visit villages near the river. Then, when the day comes, they change into dolphins again and go back to the water.

In many places around the world, plants and animals are endangered because they are losing their homes — and this is very true in Brazil. Here, forests are becoming smaller: people are cutting down trees because they need wood, or because they want new farms. There are 100,000 square kilometers of Atlantic Forest on the coast of Brazil today, but 500 years ago the forest was ten times bigger. People are cutting down trees in the Amazon Rainforest, too: it is 20% smaller today than it was forty years ago. But now, more and more people want to protect animals and their homes.

*rainforest 「熱帯雨林」　*wetland 「湿地」　*ancestors 「祖先」
*This is why 「こういうわけで」　*species 「種」　*indigenous 「先住民族の」

(1) 空所①，③には共通した１語が入る。その１語を本文中より抜き出して答えなさい。

(2) 下線部②が指している内容はどれか，番号で答えなさい。

1．ブラジルは国の面積が非常に広大であるということ。

2．サンバやお祭りの多くがブラジル発祥のものだということ。
3．ブラジルに住む人々の祖先が世界の様々な国々から来たということ。
4．ブラジルの人たちはポルトガル語を話すということ。

(3) 空所④に入る最も適切なものを，番号で答えなさい。

1．but　　2．if　　3．though　　4．so

(4) 本文の内容として正しいものを２つ選び，番号で答えなさい。

1．There are fewer trees in the Amazon now because of humans.
2．Piranhas usually eat fish and other animals, but they often eat humans in the real world.
3．Sloths, like monkeys and birds, live in the tallest trees.
4．More than five million people in Brazil go abroad to study unusual animals and plants every year.
5．The dolphins turn into humans and continue to live in the village.
6．Animals and plants are endangered not only in Brazil but also in other many countries.

＜リスニングテスト放送原稿＞

1　【リスニングテスト】

(1) Emily has loved drawing since she was a child and has won awards in several art contests. However, she has recently wanted to begin a new form of art. She decided to join a photography class after being invited by her friend Alex. They're planning to go out together to take photos next week.

Q： What new form of art does Emily want to try？

(2) Julia is interested in solving environmental problems and regularly takes part in park clean-up activities. There is a clean-up this weekend, but she also wants to watch a basketball game. She wants to enjoy both the clean-up and the game, because she will be the leader of the clean-up this weekend, and her brother will play in the basketball game.

Q： What is Julia planning to do this weekend？

(3) Alice is planning to visit her friend's house on the weekend. She checked the weather forecast and decided to go on Saturday, because it will be sunny. Since her friend's house is within walking distance, Alice is looking forward to enjoying a pleasant walk.

Q： What did Alice check before making her plans？

(4) Tom is going to see his girlfriend at Central Station at noon, but he overslept because he studied hard last night. In order to arrive in time, he had to get on the train by 11:40. But now it's 11:50. It takes 20 minutes to get to Central Station by train.

Q： How long will his girlfriend probably have to wait for Tom？

(5) Mary is one of Takashi's friends. She is coming to Takashi's house next Sunday. Takashi wanted to take her to the most famous Japanese restaurant because she likes *Washoku* very much, but it is closed on Sundays. So, he decided to cook tempura and sushi for her. Now, he is practicing cooking them.

Q： What will Takashi do next Sunday？

【数　学】　(50分)　〈満点：100点〉

〔注意〕　1．定規，コンパス，分度器，計算機などを使用してはいけません。

2．答えが分数のときは，約分して最も簡単な形で答えなさい。

3．根号の中はできるだけ小さい自然数になおしなさい。

1　次の問いに答えよ。

(1)　$-10+(-3)^2-3^2\div(-1)$ を計算せよ。

(2)　$\dfrac{(\sqrt{6}-\sqrt{2})^2}{\sqrt{3}}-\dfrac{(\sqrt{6}+\sqrt{2})^2}{\sqrt{12}}$ を計算せよ。

(3)　$\dfrac{2x+3y}{3}-\dfrac{x-2y}{4}$ を計算せよ。

(4)　$\left(-\dfrac{4}{3}x^3y^2\right)^2\div\left(-\dfrac{3}{2}x^2y^3\right)^3\times\left(-\dfrac{9}{8}x^3y^5\right)$ を計算せよ。

(5)　$3(x+1)(x-2)-x(x-2)$ を因数分解せよ。

2　次の問いに答えよ。

(1)　連立方程式 $\begin{cases} x:(y+2)=2:5 \\ \dfrac{3}{2}x+\dfrac{4}{3}=\dfrac{y}{9}+4 \end{cases}$ を解け。

(2)　方程式 $(2x+1)(x-3)=x+1$ を解け。

(3)　$x=\dfrac{\sqrt{5}-1}{2}$，$y=\dfrac{\sqrt{5}+1}{2}$ のとき，$x^2y^2-x^2y-xy^2$ の値を求めよ。

(4)　あるクラスの生徒40人が国語と数学の小テストを受けた。国語の小テストの合格者は18人，数学の小テストの合格者は27人であった。このとき，どちらも合格した生徒の人数として考えられる最も多い人数から最も少ない人数を引いた人数を求めよ。

3 次の問いに答えよ。

(1) 下の図の四国の各県を，赤，青，黄，黒の４色全てを使って塗り分けるとき，色の塗り方は全部で何通りあるか答えよ。

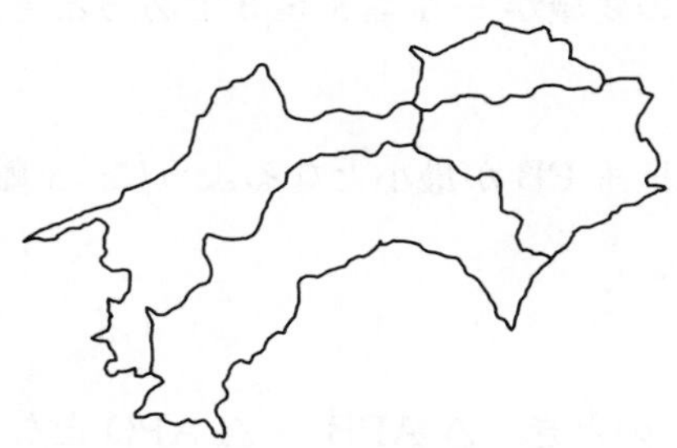

(2) 下の図のように，１次関数 $y = 2x + 1$ と $y = -x + 7$ のグラフがある。大小２つのさいころを投げて，大きいさいころの出た目の数を a，小さいさいころの出た目の数を b とし，(a, b) を座標とする点Ｐをとる。このとき，点Ｐが四角形 ABOCの周および内部にある確率を求めよ。

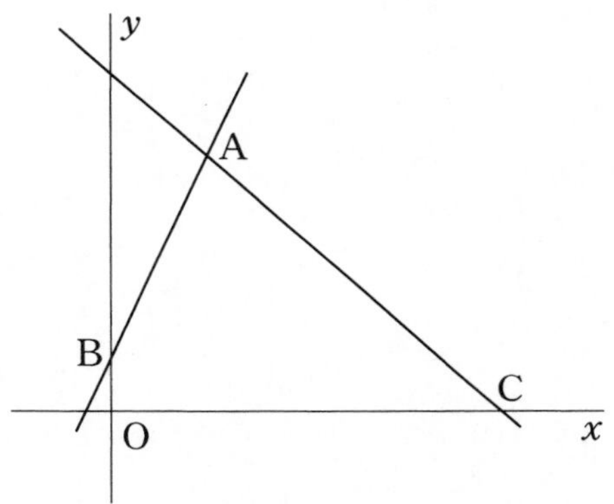

(3) 下の図において，直線 ℓ は点Ａを接点とする円Ｏの接線で，$\angle \mathrm{BAC} = 56^\circ$，$\angle \mathrm{ABC} = 52^\circ$ である。また，AD は $\angle \mathrm{BAC}$ の二等分線であり，$\angle \mathrm{DEC} = \dfrac{1}{2} \angle \mathrm{BAC}$ である。このとき，次の問いに答えよ。

① $\angle \mathrm{DAE}$ の大きさを求めよ。

② $\angle \mathrm{CDE}$ の大きさを求めよ。

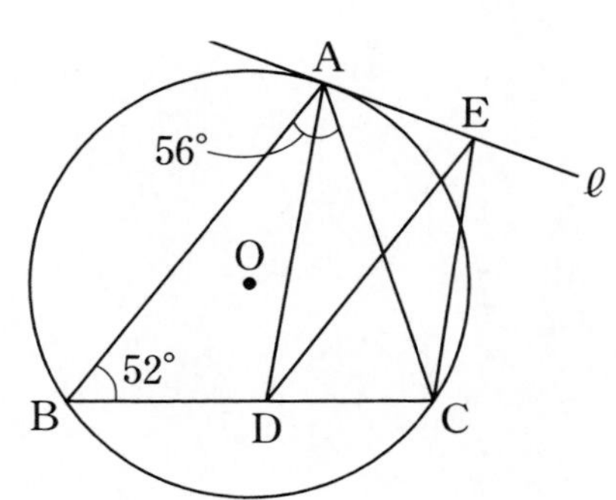

4 放物線 $y=x^2$ 上に2点A，Bがあり，x 座標はそれぞれ -1，3である。このとき，次の問いに答えよ。

(1) x の変域が $-1 \leqq x \leqq 3$ であるとき，y の変域を求めよ。

(2) AP＋PBが最小となるように，x 軸上に点Pをとる。このとき，点Pの座標を求めよ。

(3) (2)のとき，△APB＝△APQとなるように，y 軸上に点Qをとる。このとき，点Qの座標を求めよ。

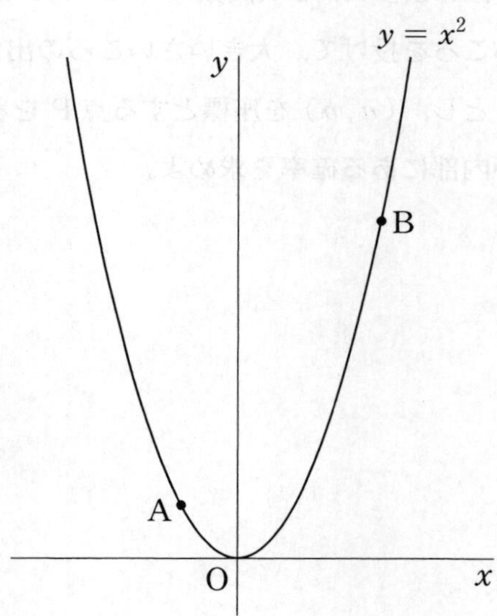

5 下の図は，一辺の長さが $6\sqrt{3}$ cm の正六角形 ABCDEF である。四角形 ABEF の内部に点 P をとり，点 P を通り対角線 BE に垂直な直線をひく。この直線と辺 AF，対角線 BE との交点をそれぞれ Q，R とする。また，△APF の面積を $24\sqrt{3}$ cm^2 とするとき，次の問いに答えよ。

(1) QR の長さを求めよ。

(2) △BEP の面積を求めよ。

(3) 対角線 BE 上に PG // FE となる点 G をとる。△PEF の面積が $30\sqrt{3}$ cm^2 となるとき，BG の長さを求めよ。

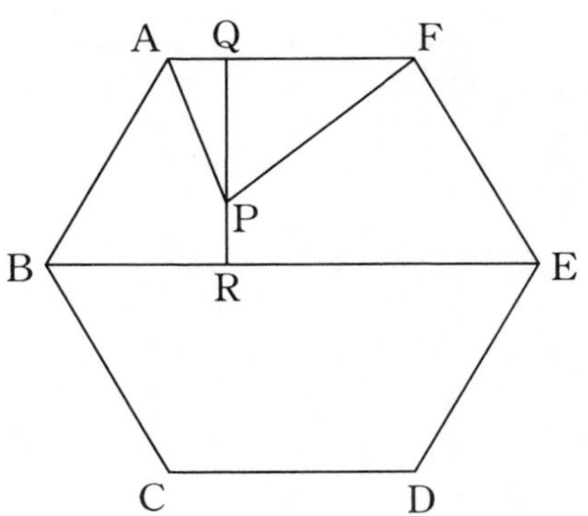

6 下の図のように，1 辺が 12 cm の立方体 ABCD-EFGH の 4 つの頂点を結び，正四面体 ACFH をつくる。次に，辺 AH，AF，AC，CH，CF の中点をそれぞれ P，Q，R，S，T とし，立体 PQR-STC をつくる。このとき，次の問いに答えよ。

(1) 正四面体 ACFH の体積を求めよ。

(2) 立体 PQR-STC の体積を求めよ。

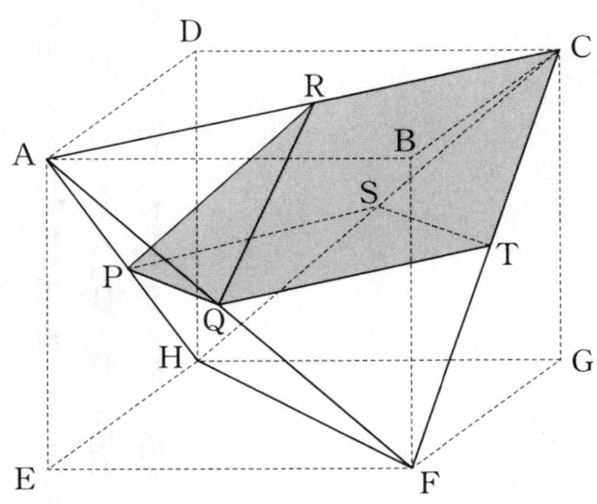

問7　本文の表現についての説明として、最も適切なものを次から選び、記号で答えなさい。

ア　登場人物同士の会話を中心に描き出し、地の文による説明を極力省くことで、人間の尊厳に関わる重いテーマを読者にとらえやすくしている。

イ　ココアや目玉焼きなど暮らしの中にありふれているものを物語の重要なシーンに配置することで、読者に懐かしさを感じさせている。

ウ　会話文以外でも難解な語をつかわず、わかりやすいことばを重ねることで、この物語が育生の視点で語られていることを印象づけている。

エ　比較的短めな言葉を登場人物にテンポ良く語らせることで、無駄を省いた内省的で美しい文体となっている。

問8　本文の内容に合致するものとして、最も適切なものを次から選び、記号で答えなさい。

ア　母とは血の繋がりを感じていなかった少年育生が、母の再婚をきっかけとして自らの出生について知ることで、今まで母が自分に見せてこなかった本当の愛を知る。

イ　自分は捨て子なのかもしれないと感じていた少年育生が、自分の出生を知り、血の繋がりがない家族たちとかかわっていく中で絆というものの本質を実感する。

ウ　卵から生まれたと母親に言い聞かされていた少年育生が、母や新たに義父となった朝ちゃんとともに、育子の誕生をきっかけとして新しい家族の形を模索する。

エ　母の愛情を感じられず疎外感を抱えていた少年育生が、朝ちゃんや何一つ繋がりのない妹の育子と関わっていくうちに、家族の絆を感じられることの幸福を見出す。

問1　この小説のタイトルとして最も適切なものを次から選び、記号で答えなさい。

ア　卵の朝　　　イ　卵の緒

ウ　卵の殻　　　エ　卵気質

問2　――部①「ちょっと意地悪かな」とありますが、「意地悪」とはこの場合どのようなことですか。最も適切なものを次から選び、記号で答えなさい。

ア　今度生まれてくる弟か妹も、自分の時と同じように卵で産んでほしいと冗談めかして本音を言うこと。

イ　自分の出生について頑なに教えようとしない母への仕返しとして邪険に扱うこと。

ウ　僕のときとは違う方法で赤ちゃんを産もうとしている母親に対して感情的になって一方的に責めること。

エ　僕の弟か妹をおなかから産もうとしている母親に対して嫌味ともとられかねない言動をしたこと。

問3　――部②「そんな心意気じゃこんなおいしいココアいれられないわ」とありますが、母さんが考える育生の「心意気」として最も適切なものを次から選び、記号で答えなさい。

ア　誰かのためと考え自ら率先して行動し、丁寧にかつ楽しみながらその行為を行うこと。

イ　自分の目的遂行のために迎合しながら行動し、計画的に親切心をもってその行為を行うこと。

ウ　損得を顧みず打算的なことを排除しながら行動し、周囲の人の心を和やかにしようとその行為を行うこと。

エ　他者に配慮しながらおしつけがましくならぬよう行動し、目的達成を喜びとしてその行為を行うこと。

問4　――部③「そんなのじゃなかったの」とありますが、どういうことですか。六十字以内で説明しなさい。

問5　[A]に入る言葉として最も適切なものを次から選び、記号で答えなさい。

ア　コンスタント　　　イ　オペレーション

ウ　コントラスト　　　エ　ダイバーシティ

問6　――部④「おかしな提案」とありますが、この場合の提案とはどのようなことですか。二十字以内で説明しなさい。

優しかった。ちゃんと交代でお風呂にも入れた。ただ、お風呂から上がると育太郎は顔が消えてしまうから、いつも朝ちゃんが顔を描きなおさなくてはいけなかった。朝ちゃんもだんだん絵が上手くなってきて、育太郎は日に日に男前になった。

次第に僕は面倒くさいけど、育太郎がかわいくて仕方なくなってきた。

ある日、夕飯の後、お風呂に入れようと、籠を覗くと、育太郎がいなくなっていた。

僕は「育太郎が消えたよ」と叫びながら、洗い物をしている朝ちゃんのところに飛んでいった。

「育太郎？ さっき食べたじゃない」と朝ちゃんは暢気な口調で言った。

「何言ってるの？ 育太郎がいなくなっちゃったんだよ」

「だから、育生食べただろう。目玉焼き。あれ、育太郎だよ」

僕は怒るより悲しくなるより、ただびっくりした。おなかの中に育太郎がいると思うと、気分が悪くなった。

「明日、育生の本当の弟が生まれるんだよ」と言うと、朝ちゃんは僕の頭をくしゃくしゃに撫でた。「食べたってことは、おまえ誰よりも育太郎と仲良しだ」

僕は中学生になった。少し賢くなった僕は、人間が卵からは生まれないことを知っている。そして、親子の絆はへその緒でも卵の殻でもないこともわかった。それはもっと、掴みどころがなくてとても確かなもの。だいたい大切なものはみんなそうだ。そして、僕は何一つ繋がりのない妹、育子ととても仲が良い。

（瀬尾まいこ氏の文章）

＊朝ちゃん……朝井秀祐。母親の再婚相手。

ていた。
母さんは僕の泣き顔をいたずらっぽく笑うと、
「想像して。たった十八の女の子が一目見た他人の子どもが欲しくて大学辞めて、死ぬのをわかっている男の人と結婚するのよ。そういう無謀なことができるのは尋常じゃなく愛しているからよ。あなたをね。これからもこの気持ちは変わらないわ」
と僕の耳元で言った。
僕は何か言おうとしたけど適当な言葉が浮かばなかった。ただわかったって頷いた。

「よし育生、予行練習をしよう」
母さんが出産のために入院した日、朝ちゃんが言った。
「赤ちゃんの面倒をみるのは難しいらしいから練習しておかないとね。育生だって初めてだろう？」
そう言いながら、朝ちゃんは冷蔵庫から卵を取り出してきた。
「何するの？」という僕の質問には答えず、朝ちゃんは、
「妹、弟、どっちが欲しい？」
と訊(き)いた。
「弟」
僕は朝ちゃんが何を始めるのか疑問に思いながらも即答した。妹だったら一緒に遊べないし、きっと泣いてばかりで面白くない。
「よし、男だったら凛々(りり)しくしないとな」

朝ちゃんは卵にマジックで何やら描き始めると、あっという間に仕上げて僕に見せた。
「どうだ男前だろう」
朝ちゃんの手の中の卵には目と口と眉(まゆ)がある。眉が太いし、一応男の子の顔みたいだ。
「鼻がないよ」
僕が言うと朝ちゃんは卵に黒まるを一つ書き加えた。
「それどうするの？」
「これ？　母さんが赤ちゃんを産むまでこの卵で練習すんのさ。赤ちゃん扱うのって大変だろ？　ちょうど赤ちゃんと卵は同じくらい壊れやすいから、卵で練習するのが一番」
僕は④<u>おかしな提案</u>だと思いながらも、卵と赤ちゃんが同じくらい壊れやすいっていうのにはなんとなく納得できた。
「育生の弟だから、名前は育太郎だな」
と朝ちゃんは顔を描いた卵の裏に、育太郎と書いた。
「育太郎？」
「いい名前だろ。本物の育太郎が生まれるまで、二人でこの卵の面倒をみなくちゃ。これから忙しくなるよ」
卵の育太郎の世話をするのは、結構大変だった。割れないように、布をいっぱい敷いた籠(かご)に入れて、いつも傍に置いた。昼間は朝ちゃんが会社に連れていった。電車の中が一番大変らしい。丁寧に扱わないとすぐ割れちゃうから、僕も朝ちゃんも、育太郎にすごく

会いをしたの」
「人生最大？」
母さんの言葉はいつも大げさで僕をどきどきさせる。
「そう。後にも先にもあんな出会いをしたことはなかった」
母さんは静かにココアのカップをテーブルに置くとにこりと笑った。
「先生の子どもよ。私の目の前に現れた先生の子どものかわいさっていったら、すごいものがあったの。一歳少しの赤ちゃんって誰が見ても単純にかわいいものだけど、彼の子どもは格別だった。ほっぺはピンク、染められたように赤い唇、黒目の大きな瞳(ひとみ)、とにかくその子どもは私のハートをぐっと捕えて離さなかった。最初、母さんはそんなにかわいく思えるのは好きな人の子どもだからだと思った。赤ちゃんというものを前にしたら誰でも持つ母性本能みたいなものかもしれないとも思った。でもね、③そんなのじゃなかったの。彼の家へ向かう車の助手席で、その子を抱いて強く思った。この子が欲しいって。衝動、本能、そういう類(たぐ)いの激しさで。水分や食べ物が必要なように、私はその子を欲しいと思った。彼に引かれた時よりも激しく強く彼の子に引かれた。彼は『それは、死を目前にした俺の隣にいるから、生きることの塊でしかない赤ん坊が輝いて見えるだけだよ』っていかにも教授らしいことを言ってた。確かに『死』を抱えて静かに凪(な)いだ先生と、『生』のためだけの行動しか知らない育生の　A　は素晴らしかったけど、そういう理屈じゃないのよ。こんなに何かをいとしいと思ったのは初めてだった」
母さんは一息でそこまで話しきると僕のほうを向いた。母さんの話は難しい言葉も時々出てきて僕はすぐに掴(つか)めなかった。でも、その分ゆっくりとても正確に僕に伝わった。
「それが僕なの？」
母さんはそっと頷(うなず)いた。
「そして、母さんはあなたを手に入れたの。たくさんの人の反対を押し切って、自分の全てをなげうって。育生を自分の子どもにするために、大学を辞めて強引に彼と結婚した。誰も祝福してくれなかったし、どうなるのかさっぱりわからなかった。でも、すごく幸せだった。あんなに激しく行動したのも、あんなに強く何かを欲しいと思ったのも最初で最後」
「先生は？　先生はどうなったの？」
僕は自分の父さんであろう人の存在が気になった。
「もちろん死んだわよ。宣言どおり私と結婚してすぐに。長い話になったけど、結論は母さんと育生は血が繋がっていないということと。そして、母さんは誰よりあなたを好きだってこと」
母さんはいつものテキパキした口調に戻ってそう言った。
僕はたった一瞬の間に自分に関するいろんなことを知ってしまった。なぜか大きな驚きはなかった。ただ、不思議なことに僕は泣いていた。母さんがかわいそうだからじゃなく、父さんが死んじゃったからでもない。理由はわからない。僕の目から涙がぽたぽた落ち

とはない』って告げたの。愛の告白よ。そして、先生にも聞いたの。『先生は？　私以上に愛した人がいた？』って。そしたら先生は『第一、君をそれほど愛しているわけではないんだけど、もちろんいたよ』って答えた。そう、先生は結婚してたのよ。その一年前まで」

「すごいねえ」

僕は何がすごいのかわからなかったけど、そう言った。

「そうすごいのよ。でも、奥さんは子どもを産んだ時に死んじゃったんだって。先生は一人で子どもを育ててたの。だから、君の相手してる暇はないって。子どもを一人残して死ぬわけにはいかないから、自分が死ぬ前に良識のある大人の女と結婚しないといけないって先生は言ってたわ。すごい計画でしょ。相手の女の人にしたら先生が死んだ後、自分と血の繋がってない子どもを一人で育てなくちゃいけないんだからかわいそうな話だけど、子どものことを考えれば、それがベストでしょ。だから、母さんは先生のことを愛しながらも、他の人との結婚を応援しようって思った。その時母さんはまだ十八だったし、先生が残していく子どもを育てる気はまったくなかったから。先生のことを愛してはいたけど、彼のために自分の人生を変えるほど愛は深くなかったのね」

母さんはそこまで話すと「ここからが面白くなるのよ」と言いながら腰を上げようとした。

「僕がいれてくる」

最近毎日飲んでいるココアをいれに行くのだとわかったから、僕が台所に向かった。鍋を火にかけてココアの粉と砂糖をよく練りながら牛乳で伸ばしていく。お湯を入れるだけのココアもあるけど、こうして作ったココアは全然味が違う。僕はこの作業が好きだった。甘いココアの香りは僕をすごく落ち着かせてくれる。僕がココアの入ったカップを両手に戻ってくると母さんが微笑んだ。

「前に言ったっけ？　育生は私が知っている中で一番優しい男の子だって」

「ただ話の続きを早く聞きたかったんだよ」

「ふふ。うそばっかり。②そんな心意気じゃこんなおいしいココアいれられないわ」

母さんはそう言ってココアをゆっくり口にした。

「どこまで話したっけ？」

「先生が子どものために大人の女の人と結婚するってところ」

僕はココアが体の奥までゆっくり染みていくのを感じながら話の続きを待った。

「そう、子どもね。先生と結婚できないのは置いといて、先生に子どもがいるって知ったからにはその子どもを見たくなったの。好きな人のこととなるとなんでも知っておきたくなるでしょ。母さんが一生懸命お願いすると、先生はぶつぶつ言いながら子どものお迎えに私が付いていくのを許してくれたわ。基本的にものを断るということができない人だったから。……そしてそこで私は人生最大の出

の。出席も取らないしテストもしないことを彼が最初の授業で公言していたから、もともと生徒は百人近くいたんだけど、どんどん減っていって、そのうち授業に出席するのは母さんを含めて二、三人になったわ」

「本当は母さんってまじめなんだね」

僕が本気で感心すると母さんは笑った。

「他の授業はしょっちゅうサボってた。私はただ彼から発せられるまるで抑揚のない言葉を聞くことや、九十分の授業の間ほとんど変わらない彼の表情を眺めるのが好きだったの。ふふふ。おかしいでしょ。ところが、ある日先生が前回とまったく同じ授業を始めたの。いくらなんでもふざけてるでしょう。さすがの母さんもいい加減さに参ったわ。で、彼の研究室に抗議に行ったの。どうしてちゃんと授業しないのかって。実際のところはただ先生と近づきたかっただけなんだけど。そしたら先生はなんて言ったと思う？　びっくりよ。先生ったら、僕はもう半年の命なんだって言うの。だから気力が出ない、何もやる気がしないんだって」

「病気だったの？」

僕が聞くと、母さんはきっぱり首を振った。

「いいえ。先生はいたって健康だったわ。病院でも何も異常は認められなかった。でもね、彼は本気で言ってた。半年より先の自分の姿がどうがんばっても思い描けないって。将来の自分がまるでイメージできないって。だからきっと死ぬんだろうって。おかしな話でしょ。全然理屈が通ってない。でも、母さんも彼の言うとおりだと思った。この人は死ぬって。そして、それを知って、どうして自分が先生を好きになったのかもわかったの。母さんはそういう彼の何もかも捨て去ったようなところに引かれてたのよ。まあ、それはともかく彼と過ごせる期限が半年って明らかになってしまったからには、私は彼を愛さずにいられなかった。大急ぎでね。そりゃあ、猛烈アタックよ。自分よりずっと若い女子大生に迫られたら、男なら誰だってＯＫするだろうと思ったんだけど、甘かった。先生はほとんど相手にはしてくれなかったわ」

「ふられちゃったの？」

僕が言うと母さんは、

「まさか。母さんがふられるわけないでしょ」

と笑った。

「じゃあ、恋人になったの？」

母さんはそれには答えなかった。

「ある日ね、研究室で先生の髪を切ってあげていたの。あんまり短いのは、彼のやる気のなさに合わないけど、いくらなんでも伸びすぎていたから。素人に髪を切ってもらうなんて初めてだと言いながらも彼もさほど嫌がる風はなかったわ。植木屋の娘だからはさみを使うのは上手なのよね。だらしなく伸びた先生の髪の毛にはさみを入れると、蒸し暑い六月の研究室なのに柔らかい髪はさらさらと床に落ちて、それがすごくすてきで、先生に『こんなに人を愛したこ

三 次の文章を読んで、後の問いに答えなさい。

しばらくして、僕がすっかり朝井育生になった頃、母さんのおなかが少し大きくなり始めた。僕に弟か妹ができるらしい。

「あれ、今度は卵で産まないの？」

①ちょっと意地悪かなと思いながら僕が言うと、

「同じことを二度したって仕方ないでしょ。育生は卵だったから、今度はおなかから産むわ」って母さんは言った。

僕は捨て子なのだろうか、今度生まれてくる子どもと僕は兄弟なのだろうか。僕にはややこしいことが増えた。でも、*朝ちゃんというまったくの他人と暮らしている僕は、家族というものにとても寛大になっていた。

「すごく面白い話してあげよっか」

どんより暗い雨の日の夕方、母さんが切り出した。今年はいつもより夏の勢いが弱く、まだ十月なのに雨が降ると肌寒かった。

「何？」

「まあどうぞ座って」

母さんは僕に隣に座るように促して、自分はソファの隅に移動した。

「何の話？」

母さんは自分から話をすると申し出たくせに、僕が横に座ると重々しい顔をした。

「早く教えてよ」

「うん」

母さんは顔を上げて天井を見つめた。母さんには珍しく言葉をさがしてるようだ。

「もう、早く」

僕がせかすと母さんは「せっかちな男はもてないわよ」と僕の髪の毛をくしゃくしゃに撫でた。

「この話をするのは最初で最後。たぶん育生以外には話さない」

母さんは深刻な顔をして声を潜めて言ったすぐ後に、にやりと笑った。「って言っても出来そこないの昼ドラみたいな話なんだけどもね」って。僕は母さんの定まらずすぐ変わる表情を見ながら話を待った。

「母さんはその昔女子大生だったの。それはそれはかわいくてね。ま、母さんのかわいさはあんまり本題とは関係ないんだけど。とにかく母さんは大学に入った。そしてすぐ恋に落ちたの。入学して十日も経たないうちによ。すごいでしょ。新記録だったわ。相手は十六歳年上の先生。ちっともハンサムではなかったし、優しくもなければ男らしくもなかった。なのに、母さんは彼に一目で引かれて、少しでも多く彼の顔を見ていたい。彼の時間を共有したいって思ったの」

「すごくいい先生だったんだ」

僕が言うと母さんが首を振った。

「全然。彼の授業は最悪だった。その先生ときたら、まるでやる気がなくて、いつもただ適当に教科書を流し読みしているだけだった

問7　――線部⑥「現在の日本における家族政策は少子化対策に偏りすぎていて、貧困問題を軽視している」とありますが、これを説明したものとして最も適当なものを次から選び、記号で答えなさい。

ア　子どもが産まれることについての対策ばかりで、低所得層の人々が安定した家庭を持つための十分な政策が取られていないこと。

イ　近年の日本では「イクメン」の議論ばかりが注目されていて、出産後の女性の社会復帰には焦点が当てられていないこと。

ウ　育児が仕事の役に立つかどうかについての議論は、社会的弱者である貧困家庭にとってはほとんど意味を持っていないこと。

エ　実際に政策を決めているのは一部の富裕層であるため、低所得層の生活の実態や要求などを全く把握していないこと。

問8　本文の内容に合致するものとして最も適当なものを次から選び、記号で答えなさい。

ア　上野千鶴子が指摘している通り、労働条件の改善を勝ち取るためには労働者の横のつながりだけでなく、労働組合を骨抜きにする必要がある。

イ　近年の「イクメン」本の筆者たちの問題点は、家庭と仕事との葛藤をマイルドな形で解決しようとして課題解決を先送りにすることである。

ウ　育児支援は重要なことであり、育児に関する情報を必要としているのはエリート層の男性ばかりではなく、低所得層の男性にこそ必要である。

エ　低所得層の父親が子育てをしやすいような環境を整えるために必要なものは、構造的な支援ではなく個人が獲得できるビジネススキルである。

問1　――線部①「育時連の主張は2010年以降の『イクメン』の言説とは大きく異なる部分も多い」とありますが、それぞれの主張の違いを八十字以内で説明しなさい。

問2　A・Bに入る語の組み合わせとして、最も適当なものを次から選び、記号で答えなさい。

ア　A　だから　　B　例えば
イ　A　あるいは　B　ゆえに
ウ　A　しかし　　B　さて
エ　A　ところが　B　そして

問3　――線部②「育児とは資本主義的な社会へのアンチテーゼ」とありますが、これを言い換えた箇所を本文から十八字で探し、書き抜きなさい。

問4　――線部③「特定の父親」とはどのような父親ですか。具体的に説明したものとして最も適当なものを次から選び、記号で答えなさい。

ア　家庭と仕事の葛藤を解決しようとする父親。
イ　ホワイトカラーのエリート層に属する父親。
ウ　労働組合の活動に積極的に参加する父親。
エ　育児と仕事の両立に対し興味がない父親。

問5　――線部④「この意見に対して反対が多かった～のは、意外なことに若年／壮年の非大卒女性である」とありますが、なぜですか。その理由を説明しなさい。

問6　――線部⑤「『どうすれば父親が仕事と育児を両立できるか』という問いは、低所得層の家庭にとっても意義深いはずである」とありますが、なぜですか。この理由を具体的に説明したものとして最も適当なものを次から選び、記号で答えなさい。

ア　貧困専業主婦の8割の人が、労働による対価を得たいと感じているから。
イ　父親が育児に参加することによって、母親も働く機会を得られるから。
ウ　低所得層の父親が育児をすることで、ビジネススキルを取得できるから。
エ　貧困である家庭が本当に必要としているのは、構造的な支援だから。

イプには注意が必要である。けれども、貧困専業主婦の2―3割が働けていないことを不本意に感じているという現状に鑑(かんが)みるならば、⑤「どうすれば父親が仕事と育児を両立できるか」という問いは、低所得層の家庭にとっても意義深いはずである。

低所得層の父親が子育てをしやすいような環境を整えるためには、何が必要なのだろうか。近年の「イクメン」本のなかで強調されていたのは育児を通じて個人が獲得することができるビジネススキルであり人的資本であったが、低所得層の男性が必要としているのはより構造的な支援であるはずだ。

非正規労働者の男性が安定した家庭を持てるようになるためには、どうすればよいだろう？　30―40代の低所得層男性の7割がそもそも結婚できないという現実を変えるためには何ができる？　DVに苦しんで離婚を選択する女性の数を減らすには？　リモートワークができないエッセンシャル・ワーカーの男性には子育てができないのだろうか？

「イクメン」を増やすためには、これらの疑問についても真剣に考える必要がある。男性の育児の問題の一部は、非大卒男性／女性の貧困問題でもあるはずなのだ。しかしながら、近年の日本における「イクメン」についての議論からはそうした観点が抜け落ちている。また、同様に、⑥現在の日本における家族政策は少子化対策に偏りすぎていて、貧困問題を軽視している。結局のところ、育児は仕事の役に立つかもしれないし、役に立たないかもしれない。けれども、それは大きな問題ではない。「役に立たない」と見なされる弱者をサポートすることが、フェミニズムの使命なのだから。

（『「イクメン」を疑え！』関口洋平）

＊顛末…事の初めから終わりまでの経過。
＊言説…意見を言ったり、物事を説明したりすること。
＊アンチテーゼ…対立する理論。
＊虚像…ある人や物の本当の姿とは異なる、他によってつくられたイメージ。
＊ホワイトカラー…事務労働者。ブルーカラーが肉体系の労働者であるのに対し、ホワイトカラーは頭脳系の労働者のこと。
＊ラディカル…過激なさま。
＊矮小化…こぢんまりとすること。
＊セグメント…階層や区分のこと。

う。

ただ、それでもと私は考えてしまう。どうして「すべての父親」に開かれていたはずの理想が、③「特定の父親」にのみ手の届くような理念として矮*小化されてしまったのだろうか？

【中略】

「貧困専業主婦」と「イクメン」

「イクメン」の言説がエリート層の男性を主なターゲットにしていることを、本章では説明してきた。けれども、育児に関する情報を必要としているのはエリート層の男性ばかりではないはずだ。育児支援は低所得者層の父親にとってこそ重要であるとも言えるはずである。

『日本の分断　切り離される非大卒若者（レッグス）たち』のなかで、学歴という要素によって日本社会が分断されつつあることを社会学者の吉川徹（きっかわとおる）は論じている。吉川はこの本のなかで大規模調査の結果を分析しつつ、大卒男性／女性と非大卒男性／女性が置かれている状況を比較検討している。本章の議論にとって興味深いのは、「夫が妻と同じくらい家事や育児をするのはあたりまえのことだ」という意見に対する反応である。

④この意見に対して反対が多かった（吉川の言葉を借りれば、「イクメン否定派」ということになる）のは、意外なことに若年／壮年の非大卒女性である。逆に、イクメンに最も肯定的なグループが、若年の大卒男性だ。本章が議論してきたことをふまえれば、この調査結果が示唆（しさ）しているのは、高学歴男性をターゲットとする「イクメン」の言説がその目的を果たしてきたということなのかもしれない。吉川はこう述べている。

「イクメンをめぐるキャンペーンは知らずしらずのうちに若年高学歴男性をターゲットに見立て、夫婦の形態としては大卒同類婚（大卒の学歴を持つ男女どうしの結婚）を想定し、彼らの家事・育児支援を奨励するものとなっている」

それにしても、どうして非大卒女性に「イクメン否定派」が多いのだろうか？「専業主婦やパート主婦、あるいは家事手伝いなどが多いこれらのセグ*メントでは、家事・育児が彼女たちのアイデンティティの源泉となっており、この役割を堅持したいという気持ちが強くなっている」というのが、吉川の分析である。

吉川の議論の裏付けとなるように思われるのが、２０１９年に労働経済学者の周燕飛（しゅうえんぴ）が発表した『貧困専業主婦』という本である。専業主婦の大半は高収入男性の妻であるという固定観念に反して、周が分析したデータによれば、専業主婦の実に8人にひとりが貧困世帯に分類されるのだという。

「貧困専業主婦」とは、「高学歴のイクメン」を裏返したイメージなのかもしれない。もちろん、これまでの議論で何度も確認したように、低所得層の男性が「無責任な父親」であるというステレオタ

らしをしてるんじゃあないかとほのかに思えてくるから不思議なのだ」

何しろ、ストライキという形で会社と対決しながら育児を続けているのだ。覚悟が違う。家庭がしっかり回るのであれば、仕事は多少犠牲になってもかまわないという決意がたじりの言動からは感じられる。

少し大げさな言い方をすれば、たじりのような「育時連」の父親たちにとって、②育児とは資本主義的な社会へのアンチテーゼ*でもあった。『男と女で「半分こ」イズム』のなかで、上野千鶴子は育時連の男たちをこのように分析している。

「ちょうど女が育児を錦の御旗にしたように、彼らも『子どものため』を男社会からオリるパスポートにして、ほんとは『自分のため』に生きたいのだ」

たじりたちにとって、家族を優先することは、資本主義的な競争原理に支配された「男社会」を批判することでもあったのだ。

上野は近年、Webメディア『日経xwoman』の記事のなかでも、育時連について触れている。そこで上野が指摘しているとおり、たじりたちの対決的な姿勢を陰で支えていたのは、労働組合の存在であった。当然のことではあるが、たじりの指名ストは、組合の支持があったからこそ成功したのである。新自由主義の浸透とともに労働組合は骨抜きにされていくが、育時連の活動が示しているように、この時代には労働者の横のつながりが存在していた。［B］、そのようなつながりこそが、育児時間や育児休暇といった形で、労働条件の改善を勝ち取るための原動力となっていたのである。

ここまでの議論を整理しておこう。育時連に代表される20世紀後半の父親たちにとって育児とは「競争からオリる」ためのものでもあった。対照的に、「イクメン」という虚像*のなかで、育児とは「競争を勝ち抜く」ためのものとして位置づけられていく。その変化は、本章で分析してきた本の読者層の違いにも反映されている。育時連の本がすべての男性に開かれているのに対して、「イクメン」本の多くは、ホワイトカラー*のエリート層を想定読者としている。そして、そのような変化を生み出す要因となったのは、新自由主義的な文化の浸透である。育時連の時代には当然視されていた仕事と育児の二項対立は、人的資本の理論により解体されていった。また、組合という組織をベースにした育時連の活動がラディカル*な「労働運動」の一端だったのに対して、近年の（しばしば「ワーク・ライフ・コンサルタント」と呼ばれる）「イクメン」本の筆者たちは、家庭と仕事の葛藤をよりマイルドな形で解決しようとしている。

私はなにも、「昔はよかった」と言いたいわけではない。育児に励みながら会社でも頑張りたいと思う人がいてもよいと思うし（私もそのひとりである）、ワーク・ライフ・コンサルタントたちに学ぶべきこともたくさんある。彼らがいなければ、育児と仕事を両立させようと頑張る父親たちの肩身はもっと狭くなっていたことだろ

あった。
　そこでたじりが考案した解決策が、「育児時間ストライキ」である。労働組合と相談のうえ、たじりは指名ストを行った。子どもを保育園に送るために毎日30分から1時間、ストライキという形で会社に遅刻したのである。ストを始めた当初は労務担当者などからの嫌がらせが絶えなかったというが、この生活を4年間続けたというのだから只事（ただごと）ではない。たじりの育児時間ストライキの顛末（てんまつ）＊は新聞やテレビなど、さまざまな媒体で報じられた。ストライキを始めて以降4年間で、たじりは50件近くの取材を受けたという。
　たじりの粘り強い運動に応え、１９９９年にエッソ石油は「保育園送迎時間制度」を創設した。女性のみならず、事情によっては男性社員にも保育園などへの送迎目的での労働時間の短縮を認めたのである。延長保育やフレックス・タイム、育児休業といった制度が矢継ぎ早に整備されるにつれて育児時間の重要性は相対的に低下していったものの、90年代前半にはさまざまな自治体や企業において男性にも育児時間を認める動きが広がった。たじりをはじめとする育時連の問題提起は、一定の成果を生み出したのである。
　では、育時連は「イクメン」のパイオニアなのだろうか？　広い意味ではそう言っても差し支えないのだが、①育時連の主張は２０１０年以降の「イクメン」の言説＊とは大きく異なる部分も多い。なかでも本章の議論にとって重要なのは、仕事に対する方向性の違いである。

　先述したように、近年における「イクメン」の言説では、「育児をする父親は出世する」ことがしばしば強調されてきた。［Ａ］、たじりや育時連の主張のなかに、そのような見解はまったく見当たらない――それどころか、彼らはしばしば、「会社からオリる」ことを読者に勧めている――先述した渥美の「イクメン」本の分類に従えば、彼らは「不思議系」ということになるのだろうか？
　たとえば、１９８９年に育時連が出版した『男と女で［半分こ］イズム　主夫でもなく、主婦でもなく』を見てみよう。巻末のＱ＆Ａコーナーに寄せられた「育児時間なんかとったら出世コースにのれない」のではないかという懸念（けねん）に対して、育時連の創設者であるますのきよし（増野潔）は、こう応答している。
「おちこぼれてハッピーに生きようぜ」
　育児と出世が必ずしも矛盾するわけではないと断る一方で、会社よりも生活を優先するべきだとますのは断言する。実際、この本のなかでは会社よりも育児を優先して仕事を辞めた男たちの事例がいくつも紹介されている。エリート男性のみならず、主夫や保育士などさまざまな立場の男性の生き方が、この本からは垣間（かいま）見えてくる。
　たじりもまた、自分が「出世コース」から降りていることをはっきりと述べている。
「このごろは出世していく友人をみても、お先にどうぞ。いちいち落ちこんでいた以前とはだいぶちがう。なんだか私の方が豊かな暮

① ——線「たれならん」とありますが、このように思ったのは誰ですか、次の中から選びなさい。

ア　下野武正　　イ　舎人

ウ　法性寺殿　　エ　ののしる者

② この文章の内容の説明として最も適切なものを次から選び、記号で答えなさい。

ア　大雨の日に、武正が主君の家を守るため大声を出し働いていた。その姿を見た主君が驚いて馬を褒美に与えた。

イ　大雨の日に、武正が主君の家の周りで派手な装いで暴れていた。その姿を見た主君は心配になり馬を与えた。

ウ　大雨の日に、武正は京中の壊れた家を確認する仕事をしていた。その姿を見た主君は一緒に馬に乗って視察した。

エ　大雨の日に、武正は京中で暴れている人を見つけ戦った。その姿を見た主君は馬に乗って逃げた。

問6　次の漢文を書き下し文にしなさい。

権（けん）遣（つか）ハス二使（つかひ）ヲ於魏ニ一。

＊権…呉の君主孫権のこと。

二　次の文章を読んで、後の問いに答えなさい。（出題の都合上、本文の一部を変えています）

「イクメン」誕生前夜の父親たち

ここまで本章では、2010年以降に日本で刊行された「イクメン」本において、育児が人的資本の一環として位置づけられてきたことを論じてきた。ところが、歴史的に言えば、父親の育児がビジネススキルと関連づけられるようになったのは、ごく最近のことである。

「イクメン」という言葉が誕生するはるか前から、積極的に子育てを行う父親は脚光を浴びていた。なかでも大きな注目を集めたのは、1980年に結成された「男も女も育児時間を！連絡会」（通称「育時連」）だ。育時連は全国各地で集会やシンポジウムを開催し、育児と仕事を両立させようとする男性たちを草の根的に支援した。彼らの具体的な目標のひとつは、労働基準法で1歳未満の子どもを育てる女性にしか認められていない育児時間（一日2回、合計1時間まで）を、男性も取得できるようにすることであった。

育時連の活動のなかで中心的な役割を果たした人物のひとりが、たじりけんじ（田尻研治）である。たじりはエッソ石油に勤務する技術者であった。1985年に長女が誕生し保育園に入園したとき、たじりは同系列の会社で働く妻と話し合い、保育園への送迎を夫婦で分担することにした。たじりは朝の担当となったが、当時は延長保育が一般的ではなかった時代なので、保育園の送迎時間が会社の就業時間とどうしても重なってしまう。たじりは会社と交渉（こうしょう）を続けたが、子育ては個人の問題であるというのが会社の見解で

二〇二四年度 日本大学豊山高等学校

【国　語】〈五〇分〉〈満点：一〇〇点〉

〔注意〕解答する際、句読点なども一字と数えること。

一　次の問いに答えなさい。

問1　――線を漢字に直しなさい。ただし、送りがなの必要なものは、それも含めて書きなさい。

① 自分の行いをカエリミル。

② キセイ品を使わず、最初から自分で作成した。

問2　――線の漢字の読みを、ひらがなで書きなさい。

① 探していた眼鏡が頭の上にあり、まさに灯台下暗しである。

② 有名作家の作風とその変遷を調べ、レポートにまとめる。

問3　次の文に間違って使われている同じ読みの漢字が一字ある。上に誤字を、下に正しい漢字を書きなさい。

新規事業の提案を受けたが、慎重に進めたいのでその案件の回答の期限を伸ばすことにした。

問4　次の空欄の中で動物が入る四字熟語を選び、あてはまる漢字を書きなさい。

ア　有□無□　種種雑多な取るに足りない人や物のたとえ

イ　□頭□尾　初めから終わりまで変わらないこと

ウ　□然自若　落ち着き払って物事に動じない様子

エ　深山□谷　人里離れた静かな山や谷

問5　次の文章を読み、後の問いに答えなさい。

これも今は昔、下野武正という*舎人(とねり)は、法性寺殿(ほっしょうじ)に*候(さぶらひ)けり。ある折、大風、大雨降りて、京中の家みな壊れ破れけるに、*殿下、*近衛殿(このゑどの)におはしましけるに、南面の方に、ののしる者の声しけり。たれならんとおぼしめして見せ給(たまふ)に、武正、*赤香の上下に蓑笠を着て、蓑の上に縄を帯にして、檜笠の上をまた*頤(おとがひ)に縄にてからげつけて、鹿杖をつきて、走りまはりておこなふなりけり。大かた、その姿おびただしく、似るべき物なし。殿、南面へ出でて、御簾(みす)より御覧ずるに、あさましくおぼしめして、御馬をなん賜びけり。

（『宇治拾遺物語』）

*舎人…天皇や皇族などに近く仕えて雑事を管理した者。
*候けり…仕えるという意。
*殿下…法性寺殿と同じ。
*近衛殿…法性寺殿の住んでいる場所。
*赤香の上下に～鹿杖をつきて…武正の身に着けていたものの説明。
*頤…下あご。

英語解答

1 (1) 3　(2) 4　(3) 3　(4) 1
(5) 2

2 (1) 4　(2) 2　(3) 4　(4) 1
(5) 2

3 (1) 1　(2) 2　(3) 4　(4) 2
(5) 2

4 (1) restaurant　(2) foreign
(3) receive　(4) discuss〔debate〕
(5) front

5 (1) is the subject I like very much
(2) How many times have you
(3) will be able to talk
(4) was laughed at by them
(5) The news made Manabu happy

6 A 1　B 5　C 4　D 3
E 2

7 A 4　B 5　C 3　D 1
E 2

8 (1) biggest　(2) 3　(3) 4
(4) 1, 6

1〔放送問題〕解説省略

2〔対話文完成─適文選択〕

(1)A：宿題はもう終わったの？／B：いや，まだ終わっていないから，今やっているところさ。／A：えっ？　あなた，今，本を読んでいるじゃない！／B：この本を読むのが宿題なんだよ。∥この後に続くやりとりから，Bは今，読書の宿題をしていることがわかる。

(2)A：ご注文をお受けしましょうか？／B：お願いします。辛すぎない料理がいいのですが。／A：チキングリルはいかがでしょうか？　まろやかな風味ですよ。／B：いいですね。ライスはつきますか？／A：はい，蒸したライスがつきます。∥辛すぎない料理がいいという客に対する店員の言葉。客はこの後 Sounds good.「いいですね」と言っているので，店員は何か料理を提案したのだとわかる。How about ～？は「～はどうですか」と‘提案’を表す表現

(3)A：明日，いとこたちが遊びに来るそうだね。／B：うん，そうなの。街を案内する計画を立てているんだ。／A：東京スカイツリーに連れていくの？／B：いいえ，あいにく明日は営業していないから，上野動物園に連れていくわ！∥この後のBの発言にある it が何を指しているかを考える。

(4)A：街の中心にできたカフェには行ってみた？／B：いや，まだ行ってないよ。／A：近いうちに行ってみようよ！　そこのコーヒーはすごくおいしいらしいんだ。／B：楽しみだね！∥最後のやりとりから，2人ともオープンしたてのカフェに行きたいと思っていることがわかる。

(5)A：何を捜してるの？／B：昨日買った本だよ。机の上に置いたと思うんだけど。／A：あなたは机の上に物を置きすぎなのよ。まずは机を片付けたら？／B：うん，そうするよ。でも，その前に本を見つけたいんだ。∥この直前でAはBに「机の上に物を置きすぎ」と言っているので，机の片付けを提案したと考えられる。Why don't you ～？は「～してはどうですか」と‘提案’を表す表現。

3〔適語選択・語形変化〕

(1)主語の Jim and I は複数。選択肢の中で複数の主語を直接受ける be動詞は are だけ。　be good at ～「～が得意である」　「ジムと僕は数学が得意だ」

(2)‘比較級＋than ～’「～より…」　good/well－better－best　「このコーヒーは私が昨日飲んだものよりおいしい」

(3)2つあるもののうちの1つを one で表した場合，もう1つは the other となる。　「私には娘が2人いる。1人は東京に住んでいて，もう1人はパリで暮らしている」

(4) since this morning「今朝からずっと」とあるので，‘過去のある時点から現在まで続く動作’を表す現在完了進行形(have/has been ～ing)にする。 「彼女は今朝からずっと本を読んでいる」

(5)「車はつくられる」という関係になるので過去分詞を選ぶ。made in England「イギリスでつくられた」が前の名詞 a new car を修飾する過去分詞の形容詞的用法。 「私の兄〔弟〕はイギリス製の新しい車を買いたい」

4〔和文英訳―適語補充〕

(1) restaurant「レストラン」　(2) foreign「外国の」　(3) receive「～を受け取る」

(4) discuss「～について議論する」　debate「～を討論する」　(5) front「前，前方」

5〔整序結合〕

(1)「私がとても好きな教科」は the subject I like very much とまとめられる。これは目的格の関係代名詞が省略された‘名詞＋主語＋動詞…’の形。

(2)「何度」は How many times。これを文頭に置き，‘have/has＋主語＋過去分詞…?’という現在完了形の疑問文を続ける。

(3) will be able to ～で「～できるようになるだろう」という意味。

(4) laugh at ～で「～を笑う」。この受け身形は，be laughed at by ～「～に笑われる」となる。このように動詞句の受け身形は，過去分詞の後ろにその動詞句を構成する語(句)をそのままの順で置き，その後に「～によって」の by を置く。

(5)‘make＋人＋形容詞’で「～を…(の状態)にする」という意味を表す。

6〔長文読解―適語選択―説明文〕

≪全訳≫❶仕事や買い物帰りの乗客でバスは満員だ。乗客は皆，疲れているように見える。彼らは1人ずつ座り，混雑したバスの座席を確保してうれしく思っている。もちろん，立っていなければならない乗客にとっては不運としか言いようがない。❷それはにぎやかな街におけるある晩のバスの中での光景だった。立っている不運な乗客の1人は若い母親だった。彼女は片手で座席の背もたれにつかまった。もう片方の腕には幼い赤ん坊を抱えていた。次に何が起こるかは誰も予想していなかった。❸バスの運転手はミラーで全てを見ることができた。彼は誰もその母親に彼ら自身の座席を譲ろうとしなかったことが信じられなかった。そこで運転手は立ち上がった。すると誰もがそれに気づいた。彼は大きな声でその母親に彼の座席を譲った。乗客たちは運転手がいなければどこにも行けないことに気づいた。別の若い女性がすぐに立ち上がり，その母親を座らせた。❹次に混雑したバスに乗るときは，空席を見つけようと急いではいけない。まず，あなたより座席を必要としている人が他にいるかどうか自分自身に尋ねることだ。

＜解説＞A．仕事や買い物帰りにバスを利用する乗客の様子を考える。look tired は‘look＋形容詞’「～(の状態)に見える」の形。　B．混雑しているバスの中で座席を確保できた乗客の気持ちを表す語が入る。(be) happy to ～で「～してうれしい」。ここでは happy の前に being が省略されていると考えられる。　C．busy には「(場所が)にぎやかな，人が多い」という意味がある。

D．‘～'s own …’で「～自身の…」という意味。　E．in a ～ voice で「～な声で」という意味。

7〔長文読解―適文選択―エッセー〕

≪全訳≫❶日本語と英語の違いはときにおもしろく，だから私たちは「A<u>そうだ！　言葉は文化だ</u>」と思う。体に関する言葉だけでも，興味深い違いがある。❷私には翻訳者として働き始めた友人がいる。彼女の母国語は日本語で，私の母国語は英語なので，私たちはよく助け合っている。B<u>最近，彼女は恋愛小説の中にある「His hands cupped her head」という表現について私に尋ねた</u>。彼女は男性が女性の頭を両手で包み込むのを想像できなかったのだ。私は，問題は動詞として使われている *cup* という単語かもしれないと思ったが，そうではなかった。彼女は手をカップの形にして，両手を水で満たすのは容易に想像できた。そう，それが問題ではなかったのだ。問題は*head*という単語だった。❸そのとき，私たちは２人とも日本とアメリカの頭が同じではないことに気がついたのだ！　また，私は友人がよくジムで言う言葉も思い出した。それは「頭を洗う」だ。この言葉はいつも私には奇妙に聞こえていた，というのは，英語を母語として話す人は決して C「I'm going to wash my head(私は頭を洗う)」とは言わないからだ。私たちは，D「I'm going to wash my hair(私は髪を洗う)」と言うのだ。実際のところ，頭を洗うというイメージはかなりおかしい。英語では，*head*は首から上の全てを表す。別の英語の表現がこのことを明らかにしている。それは「She has a good head on her shoulders(彼女は賢明である)」だ。この表現は賢い人を示している。私の友人は*head*が人の肩から上の丸い部分を意味するのだと理解すると，彼女は「His hands cupped her head(彼の両手が彼女の顔を包んだ)」という表現を理解できた。❹また「あし」という単語がある。E英語ではlegs「脚」とfeet「足」がそれぞれ別の独自のものを表すのに，日本語ではlegsとfeetの両方にこの単語を使わなければならないのは，私には難しく思える。もちろんfeetとlegsは話すことはできないが，foot「足」を意味するために「あし」を使うとき，私はいつも自分がlegs「脚」に対して何か不当な扱いをしているような気がしてならない。❺私たちはあらゆる種類の言葉から文化についてたくさんのことを学んだり，言葉をただ楽しんだりすることができる。いずれにせよ，言葉が多くのことを表現していることは確かである。

＜解説＞A．言葉の違いは文化の違いといえるので，「言語は文化だ」と考えるということ。　B．続く内容から，His hands cupped her headという表現に関する話題が始まったのだとわかる。

C・D．英語のheadと日本語の「頭」の意味の違いについて述べている場面。この後にあるheadは「首から上の全てを表す」という説明から判断できる。　E．「あし」について述べた段落である。

8〔長文読解総合―説明文〕

≪全訳≫❶ブラジルには全てがある。太陽，海，美しいビーチ，そして人々をわくわくさせる都市もある。ブラジルはカーニバル，サンバ音楽とダンスの本場であり，2014年のワールドカップと2016年のオリンピックが開催された場所でもある。850万平方キロメートルという広大な面積を誇るブラジルは，南米にあり，世界で５番目に大きな国である。❷国の北部の大部分は熱帯雨林だが，北東部には砂漠があり，そこでは雨はほとんど降らず，背丈の低い木と植物しかない。ブラジルは世界最大の湿地帯と，7500キロに及ぶ海岸線，そして美しい島がたくさんある。つまり，ブラジル全体では，さまざまな場所を見ることができるのだ。❸ブラジルはさまざまな人々が暮らす国でもある。現在およそ２億人がそこで暮らしているが，彼らの祖先はさまざまなところ，南米の他の国々やヨーロッパ，アフリカ，アジア，中東などからやってきた。そのため，ブラジルには世界中の音楽，食べ物，そして祭りがたくさんある。さまざまな言語もあるが，誰もが話すのはポルトガル語だ。❹ブラジルは美しく興味深い国であり，他のどの国とも違う。こういうわけで，毎年ブラジルを訪れる人々の数は500万人を超え，ますます多くの人々がこの驚くべき国について知りたがっているのだ。❺ブラジルの至るところで珍しい動物や植物を目にすることができる。ブラジルには世界のどの国よりも多くの種が生息している。世界最小の鳥であるハチドリなど，多くの美しい鳥がここには生息する。ハチドリの体長はわずか数センチしかない。ブラジルは世界最大の鳥の１つであるレアの生息する場所でもある。レアの体長は1.5メートルを超え，飛ぶことはできない。レアは絶滅の危機に瀕しており，現在生息している数は多くはない。その理由は，カーニバルの衣装はレアの羽でつくられることがよくあるからである。しかし現在，人々はこの鳥を保護したいと思っている。❻世界の全動物種の30パーセント以上がアマゾンの熱帯雨林に生息し，森のさまざまな場所でさまざまな動物が暮らしている。鳥やサルは高い木の上で生活し，ヘビやナマケモノのような動物は小さな木で暮らしている。ナマケモノはサルに似ているが，耳が小さく，体長はわずか50

センチほどだ。ナマケモノはとてもゆっくりと動くので，小さな動物や植物はナマケモノの体の上で生きて成長することができる。❼ブラジルを訪れる多くの人たちがジャガーを見たいと思っている。この美しい大きな猫は熱帯雨林と湿地帯に生息し，先住民族はジャガーにまつわる多くの話を語る。ジャガーは絶滅の危機に瀕しているので，めったに見ることはできないが，パンタナルには世界最大のジャガーが生息している。❽ブラジルバクも絶滅の危機に瀕している。この興味深い動物は熱帯雨林に生息し，体長は1メートルある。鼻が長く，果物や葉っぱを鼻でつまんで口に入れることができる。❾世界最大のヘビであるオオアナコンダは川や森や湿地帯で見ることができる。アナコンダは水中で待つことが好きで，動物が水を飲みに来るときに捕まえる。通常は魚や鳥のような比較的小さい動物を食べるが，体長が9メートルにもなるアナコンダもいて，バクやジャガーを食べてしまうこともある。❿ピラニアについては誰もが知っており，この魚はブラジルの川に生息している。あまり大きくはないが，大きな口があり歯がたくさんある。ピラニアは魚や他の動物を食べ，物語や映画では人間を食べている。しかし現実の世界では，人間がピラニアを捕まえて食べることの方が多い。⓫アマゾンカワイルカはアマゾン川に生息し，先住民族はそれにまつわる話をする。彼らは，アマゾンカワイルカは夜になると人間に姿を変え，川の近くの村を訪れると言う。そして昼になると，アマゾンカワイルカは再びイルカに姿を変えて川に戻るのだと。⓬世界中の多くの場所で，動植物はすみかを失っているために絶滅の危機に瀕しており，これはまさにブラジルに当てはまる。ここでは，森は小さくなりつつあり，それは材木が必要だから，あるいは新しい農場が欲しいからという理由で，人々が木を伐採しているということだ。現在，ブラジルの海岸には10万平方キロメートルの大西洋岸森林があるが，500年前には森の面積はその10倍だった。人々はアマゾンの熱帯雨林でも木々を伐採しており，現在は40年前より20パーセントも減少している。しかし現在，ますます多くの人が動物や彼らのすみかを守りたいと思っている。

(1)<適語補充>①は‘the＋序数＋最上級＋名詞’「～番目に…な―」の形。850万平方キロメートルという広大な面積を誇るブラジルは，世界で5番目に大きい国である。③は‘one of the＋最上級＋複数名詞’「最も～な…の1つ〔1人〕」の形。続く文の体長1.5メートルを超えるという内容から，レアという鳥は「世界最大の鳥の1つ」とわかる。biggest は第2段落第2文などにある。

(2)<指示語>Because of ～は「～が理由で，～により」という意味。this が原因で「ブラジルには世界中の音楽，食べ物，そして祭りがたくさんある」という結果になるということから，this が指すのは前文の祖先が世界中からやってきたという内容だとわかる。

(3)<適語選択>空所前の「ジャガーは絶滅の危機に瀕している」と，空所後に続く「ジャガーをめったに見ることができない」は‘原因’→‘結果’の関係になっている。この関係をつなぐのは so「だから」である。

(4)<内容真偽>1.「人間が原因で，現在アマゾンの木の数が減少している」…○　最終段落第2文の内容に一致する。　2.「ピラニアはたいてい魚や他の動物を食べるが，現実の世界ではしばしば人間を食べる」…×　第10段落参照。実際は，人間がピラニアを食べることの方が多い。　3.「ナマケモノは，サルや鳥のように高い木で生活している」…×　第6段落第2文参照。ナマケモノは小さな木で生活している。　4.「ブラジルでは500万人以上が，珍しい動物や植物を研究するために毎年外国に行く」…×　第4段落参照。500万人以上というのは毎年ブラジルを訪れる人の数。　5.「イルカは人間に姿を変え，村に住み続ける」…×　第11段落参照。アマゾンカワイルカにまつわる言い伝えでは，人間に姿を変えたイルカは，昼になるとイルカに戻って川に帰る。　6.「動植物はブラジルだけでなく，他の多くの国でも絶滅の危機に瀕している」…○　最終段落第1文に一致する。

2024年度／日本大学豊山高等学校

数学解答

1 (1) 8 (2) $\dfrac{4\sqrt{3}-18}{3}$ (3) $\dfrac{5x+18y}{12}$ (4) $\dfrac{16}{27}x^3$

(5) $(x-2)(2x+3)$

2 (1) $x=2,\ y=3$ (2) $x=\dfrac{3\pm\sqrt{17}}{2}$

(3) $1-\sqrt{5}$ (4) 13人

3 (1) 24通り (2) $\dfrac{1}{2}$

(3) ① 80° ② 52°

4 (1) $0\leqq y\leqq 9$ (2) $\left(-\dfrac{3}{5},\ 0\right)$

(3) $\left(0,\ \dfrac{33}{2}\right)$, $\left(0,\ -\dfrac{39}{2}\right)$

5 (1) 9cm (2) $6\sqrt{3}$ cm² (3) $\dfrac{16\sqrt{3}}{3}$cm

6 (1) 576cm³ (2) 216cm³

1〔独立小問集合題〕

(1)<数の計算>与式 $=-10+9-9\div(-1)=-10+9-(-9)=-10+9+9=8$

(2)<数の計算>与式 $=\dfrac{6-2\sqrt{6\times2}+2}{\sqrt{3}}-\dfrac{6+2\sqrt{6\times2}+2}{\sqrt{2^2\times3}}=\dfrac{8-2\sqrt{2^2\times3}}{\sqrt{3}}-\dfrac{8+2\sqrt{2^2\times3}}{2\sqrt{3}}=\dfrac{8-2\times2\sqrt{3}}{\sqrt{3}}$ $-\dfrac{8+2\times2\sqrt{3}}{2\sqrt{3}}=\dfrac{8-4\sqrt{3}}{\sqrt{3}}-\dfrac{8+4\sqrt{3}}{2\sqrt{3}}=\dfrac{8-4\sqrt{3}}{\sqrt{3}}-\dfrac{4+2\sqrt{3}}{\sqrt{3}}=\dfrac{(8-4\sqrt{3})-(4+2\sqrt{3})}{\sqrt{3}}=$ $\dfrac{8-4\sqrt{3}-4-2\sqrt{3}}{\sqrt{3}}=\dfrac{4-6\sqrt{3}}{\sqrt{3}}=\dfrac{(4-6\sqrt{3})\times\sqrt{3}}{\sqrt{3}\times\sqrt{3}}=\dfrac{4\sqrt{3}-6\times3}{3}=\dfrac{4\sqrt{3}-18}{3}$

(3)<式の計算>与式 $=\dfrac{4(2x+3y)-3(x-2y)}{12}=\dfrac{8x+12y-3x+6y}{12}=\dfrac{5x+18y}{12}$

(4)<式の計算>与式 $=\dfrac{16}{9}x^6y^4\div\left(-\dfrac{27}{8}x^6y^9\right)\times\left(-\dfrac{9}{8}x^3y^5\right)=\dfrac{16x^6y^4}{9}\times\left(-\dfrac{8}{27x^6y^9}\right)\times\left(-\dfrac{9x^3y^5}{8}\right)=$ $\dfrac{16x^6y^4\times8\times9x^3y^5}{9\times27x^6y^9\times8}=\dfrac{16}{27}x^3$

(5)<式の計算―因数分解> $x-2=A$ とおくと，与式 $=3(x+1)A-xA=A\{3(x+1)-x\}=A(3x+3-x)$ $=A(2x+3)$ となる。A をもとに戻して，与式 $=(x-2)(2x+3)$ である。

2〔独立小問集合題〕

(1)<連立方程式> $x:(y+2)=2:5$……①，$\dfrac{3}{2}x+\dfrac{4}{3}=\dfrac{y}{9}+4$……②とする。①より，$x\times5=(y+2)\times2$，$5x=2y+4$，$5x-2y=4$……①′ ②×18より，$27x+24=2y+72$，$27x-2y=48$……②′ ②′−①′より，$27x-5x=48-4$，$22x=44$ ∴$x=2$ これを①′に代入して，$5\times2-2y=4$，$10-2y=4$，$-2y=-6$ ∴$y=3$

(2)<二次方程式> $2x^2-6x+x-3=x+1$，$2x^2-6x-4=0$，$x^2-3x-2=0$ となるので，解の公式を用いて，$x=\dfrac{-(-3)\pm\sqrt{(-3)^2-4\times1\times(-2)}}{2\times1}=\dfrac{3\pm\sqrt{17}}{2}$ となる。

(3)<数の計算>与式 $=(xy)^2-xy(x+y)$ と変形する。$xy=\dfrac{\sqrt{5}-1}{2}\times\dfrac{\sqrt{5}+1}{2}=\dfrac{5-1}{4}=\dfrac{4}{4}=1$，$x+y=$ $\dfrac{\sqrt{5}-1}{2}+\dfrac{\sqrt{5}+1}{2}=\dfrac{2\sqrt{5}}{2}=\sqrt{5}$ だから，与式 $=1^2-1\times\sqrt{5}=1-\sqrt{5}$ となる。

(4)<数量の計算>国語の合格者が18人，数学の合格者が27人だから，どちらも合格した生徒の人数として考えられる最も多い人数は，国語の合格者18人が数学も合格したときの18人である。また，クラスの生徒が40人より，国語を合格しなかった生徒は $40-18=22$(人)である。どちらも合格した生徒が最も少なくなるのは，数学の合格者27人のうち，22人が国語を合格しなかった生徒の場合である。このとき，どちらも合格した生徒の人数は $27-22=5$(人)となる。よって，求める人数は，$18-5=13$(人)である。

3 〔独立小問集合題〕

(1)<場合の数>四国の4県は，香川県，徳島県，愛媛県，高知県である。この4県を赤，青，黄，黒の4色全てを使って塗り分けるので，香川県の塗り方は4通りあり，そのそれぞれについて，徳島県の塗り方は，残りが3色より3通りあり，愛媛県の塗り方は，残りが2色より2通り，高知県の塗り方は最後の1色より1通りある。よって，色の塗り方は，$4\times3\times2\times1=24$(通り)ある。

(2)<確率―さいころ>さいころの目の出方は6通りあるから，大小2つのさいころを投げるとき，目の出方は全部で$6\times6=36$(通り)あり，P(a, b)も36通りある。右図1で，点Aは2直線$y=2x+1$，$y=-x+7$の交点より，$2x+1=-x+7$，$3x=6$，$x=2$となり，$y=2\times2+1$，$y=5$となるので，A(2, 5)である。また，直線$y=2x+1$上でx座標が1の点は，$y=2\times1+1=3$より，点(1, 3)である。直線$y=-x+7$上でx座標が3，4，5，6の点は，$y=-3+7=4$，$y=-4+7=3$，$y=-5+7=2$，$y=-6+7=1$より，それぞれ，点(3, 4)，点(4, 3)，点(5, 2)，点(6, 1)である。よって，点Pが四角形ABOCの周および内部にあるのは，x座標が1の点は(1, 1)，(1, 2)，(1, 3)の3通り，x座標が2の点は(2, 1)，(2, 2)，……，(2, 5)の5通り，x座標が3の点は(3, 1)，(3, 2)，(3, 3)，(3, 4)の4通り，x座標が4の点は(4, 1)，(4, 2)，(4, 3)の3通り，x座標が5の点は(5, 1)，(5, 2)の2通り，x座標が6の点は(6, 1)の1通りあり，$3+5+4+3+2+1=18$(通り)ある。したがって，求める確率は$\frac{18}{36}=\frac{1}{2}$である。

図1

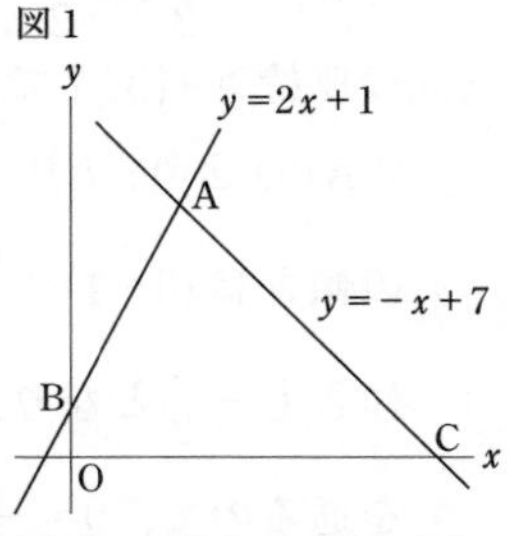

(3)<平面図形―角度>①右図2で，∠DAE＝∠DAC＋∠CAEである。線分ADは∠BACの二等分線であるから，$\angle DAC=\frac{1}{2}\angle BAC=\frac{1}{2}\times56^\circ=28^\circ$となる。また，円Oの直径AFを引いて，2点B，Fを結ぶと，∠ABF＝90°となり，∠FBC＝∠ABF－∠ABC＝90°－52°＝38°となる。$\overset{\frown}{FC}$に対する円周角より，∠FAC＝∠FBC＝38°である。直線lは点Aで円Oに接しているから，∠FAE＝90°であり，∠CAE＝∠FAE－∠FAC＝90°－38°＝52°となる。よって，∠DAE＝28°＋52°＝80°である。　②図2で，①より∠DAC＝28°であり，$\angle DEC=\frac{1}{2}\angle BAC=\frac{1}{2}\times56^\circ=28^\circ$だから，∠DAC＝∠DECとなる。よって，4点A，D，C，Eは同一円周上にあるから，$\overset{\frown}{CE}$に対する円周角より，∠CDE＝∠CAE＝52°である。

図2

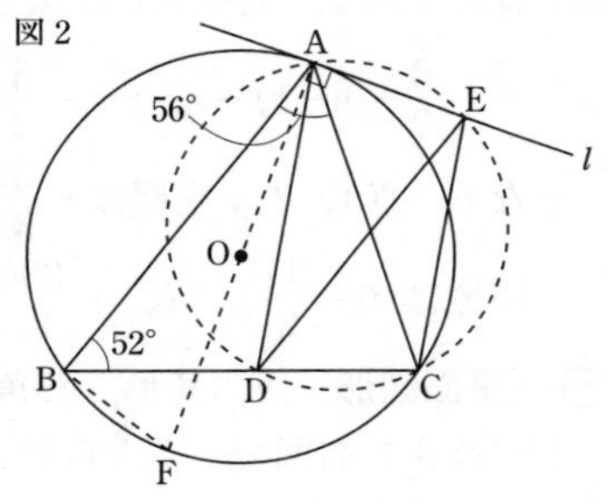

4 〔関数―関数$y=ax^2$と一次関数のグラフ〕

(1)<変域>関数$y=x^2$は，比例定数が正なので，xの絶対値が大きくなるとyの値も大きくなる。よって，xの変域が$-1\leqq x\leqq3$より，xの絶対値が最小の$x=0$のときyの値は最小，xの絶対値が最大の$x=3$のときyの値は最大となる。$x=0$のとき$y=0$，$x=3$のとき$y=3^2=9$だから，yの変域は，$0\leqq y\leqq9$となる。

(2)<座標>点Aは放物線$y=x^2$上にあり，x座標が－1だから，$y=(-1)^2=1$より，A(－1, 1)である。また，(1)より，$x=3$のとき$y=9$だから，点Bのx座標が3より，B(3, 9)である。右図1で，点Aとx軸について対称な点をA′とすると，A′(－1, －1)である。点Pはx軸上にあるので，AP＝A′Pであり，AP＋PB＝A′P＋PBとなる。よって，AP＋PBが最小になるとき，A′P＋PBも最小となるので，このとき，3点A′，P，Bは一直線上にあり，

図1

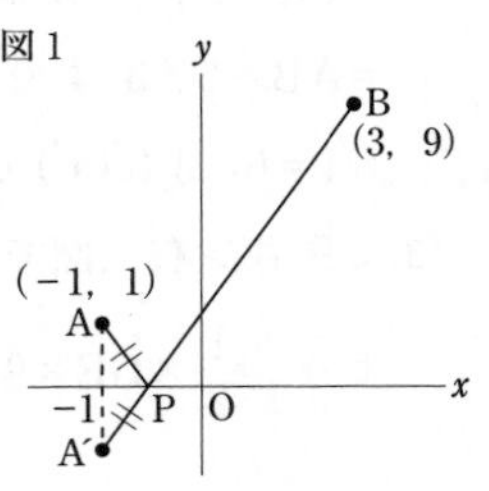

点Pは直線A′Bとx軸の交点になる。2点A′，Bを通る直線の傾きは，$\frac{9-(-1)}{3-(-1)}=\frac{5}{2}$だから，その式は$y=\frac{5}{2}x+b$とおける。点A′を通るので，$-1=\frac{5}{2}\times(-1)+b$，$b=\frac{3}{2}$となり，直線A′Bの式は$y=\frac{5}{2}x+\frac{3}{2}$である。点Pは直線$y=\frac{5}{2}x+\frac{3}{2}$と$x$軸の交点となるから，$y=0$を代入して，$0=\frac{5}{2}x+\frac{3}{2}$より，$-\frac{5}{2}x=\frac{3}{2}$，$x=-\frac{3}{5}$となる。したがって，$\mathrm{P}\left(-\frac{3}{5},\ 0\right)$である。

(3)＜座標＞右図2で，点Qが直線APより上側にあるとき，△APB＝△APQより，AP∥QBとなる。A(−1，1)，$\mathrm{P}\left(-\frac{3}{5},\ 0\right)$より，直線APの傾きは$(0-1)\div\left\{-\frac{3}{5}-(-1)\right\}=-1\div\frac{2}{5}=-\frac{5}{2}$だから，直線QBの傾きも$-\frac{5}{2}$となり，直線QBの式は$y=-\frac{5}{2}x+q$とおける。B(3，9)を通るので，$9=-\frac{5}{2}\times3+q$，$q=\frac{33}{2}$となり，$\mathrm{Q}\left(0,\ \frac{33}{2}\right)$である。次に，点Qが直線APより下側にあるときの点QをQ′，直線APとy軸の交点をRとし，2点Q，Q′から直線APに垂線QH，Q′H′を引く。△APQ＝△APQ′なので，APを底辺と見たときの高さは等しく，QH＝Q′H′である。∠QHR＝∠Q′H′R＝90°であり，QH∥H′Q′より，∠RQH＝∠RQ′H′だから，△QHR≡△Q′H′Rとなる。よって，QR＝Q′Rである。直線APは傾きが$-\frac{5}{2}$だから，その式は$y=-\frac{5}{2}x+r$とおけ，点Aを通ることより，$1=-\frac{5}{2}\times(-1)+r$，$r=-\frac{3}{2}$となり，$\mathrm{R}\left(0,\ -\frac{3}{2}\right)$である。これより，$\mathrm{Q'R}=\mathrm{QR}=\frac{33}{2}-\left(-\frac{3}{2}\right)=18$となり，点Q′の$y$座標は$-\frac{3}{2}-18=-\frac{39}{2}$となるので，$\mathrm{Q'}\left(0,\ -\frac{39}{2}\right)$である。以上より，求める点Qの座標は$\left(0,\ \frac{33}{2}\right)$，$\left(0,\ -\frac{39}{2}\right)$である。

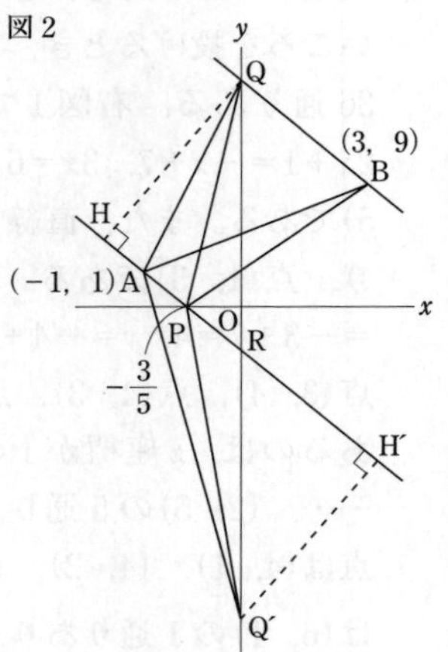

5〔平面図形—正六角形，三角形〕

(1)＜長さ＞右図で，正六角形ABCDEFは，対角線AD，BE，CFで6つの合同な正三角形に分けられるので，対角線の交点をOとすると，△OAB，△OBC，△OCD，△ODE，△OEF，△OFAは合同な正三角形となり，∠FEO＝60°である。点Fから対角線BEに垂線FHを引くと，△EFHは3辺の比が$1:2:\sqrt{3}$の直角三角形となるから，$\mathrm{FH}=\frac{\sqrt{3}}{2}\mathrm{FE}=\frac{\sqrt{3}}{2}\times6\sqrt{3}=9$となる。また，QF∥RH，∠QRH＝90°だから，四角形QRHFは長方形であり，QR＝FH＝9(cm)である。

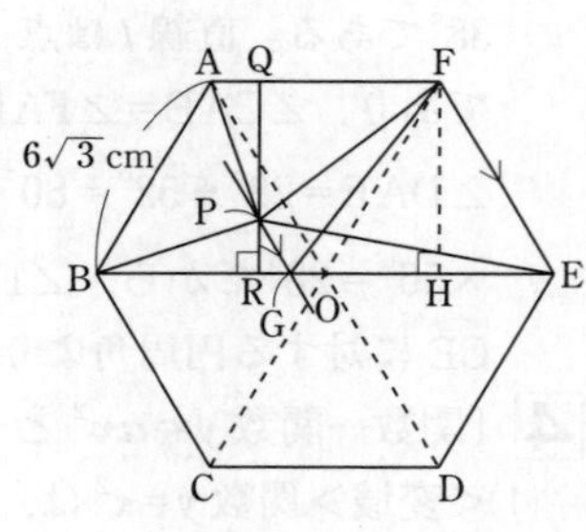

(2)＜面積＞右上図で，PQ⊥AFだから，$\triangle\mathrm{APF}=24\sqrt{3}$より，$\frac{1}{2}\times\mathrm{AF}\times\mathrm{PQ}=24\sqrt{3}$となり，$\frac{1}{2}\times6\sqrt{3}\times\mathrm{PQ}=24\sqrt{3}$が成り立つ。これよりPQ＝8となるので，PR＝QR−PQ＝9−8＝1である。$\mathrm{OB}=\mathrm{OE}=\mathrm{AB}=6\sqrt{3}$より，$\mathrm{BE}=\mathrm{OB}+\mathrm{OE}=6\sqrt{3}+6\sqrt{3}=12\sqrt{3}$だから，$\triangle\mathrm{BEP}=\frac{1}{2}\times\mathrm{BE}\times\mathrm{PR}=\frac{1}{2}\times12\sqrt{3}\times1=6\sqrt{3}\ (\mathrm{cm}^2)$である。

(3)＜長さ＞右上図で，PG∥FEより，$\triangle\mathrm{GEF}=\triangle\mathrm{PEF}=30\sqrt{3}$である。よって，$\frac{1}{2}\times\mathrm{GE}\times\mathrm{FH}=30\sqrt{3}$より，$\frac{1}{2}\times\mathrm{GE}\times9=30\sqrt{3}$が成り立ち，$\mathrm{GE}=\frac{20\sqrt{3}}{3}$となる。これより，$\mathrm{BG}=\mathrm{BE}-\mathrm{GE}=12\sqrt{3}-$

$\dfrac{20\sqrt{3}}{3}=\dfrac{16\sqrt{3}}{3}$(cm)である。

6 〔空間図形―立方体，正四面体〕

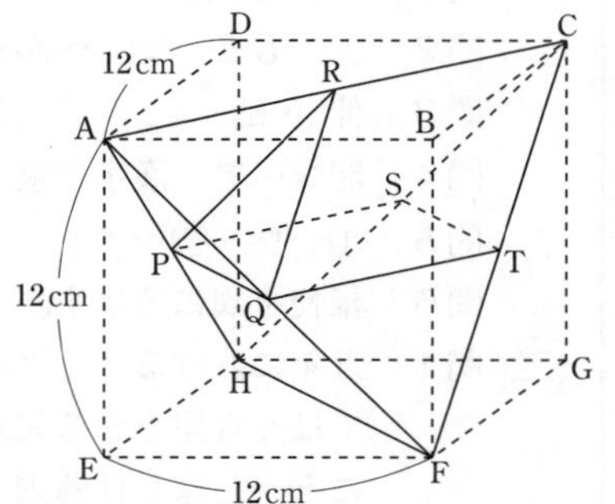

(1)＜体積＞右図で，正四面体ACFHの体積は，立方体ABCD-EFGHの体積から，4つの合同な三角錐A-EFH，C-GHF，F-BCA，H-DACの体積をひいて求められる。〔立方体ABCD-EFGH〕$=12^3=1728$，〔三角錐A-EFH〕$=\dfrac{1}{3}\times\triangle$EFH$\times$AE$=\dfrac{1}{3}\times\dfrac{1}{2}\times12\times12\times12=288$であるから，求める体積は〔立方体ABCD-EFGH〕-4〔三角錐A-EFH〕$=1728-4\times288=576$(cm^3)である。

(2)＜体積＞右図で，立体PQR-STCの体積は，立体ACPQTSの体積から四面体ARQPの体積をひいて求められる。4点P，Q，S，Tは，それぞれ正四面体ACFHの辺AH，AF，CH，CFの中点だから，正四面体ACFHは，平面PQTSによって，2等分される。これより，立体ACPQTSの体積は$\dfrac{1}{2}$〔正四面体ACFH〕$=\dfrac{1}{2}\times576=288$となる。また，3点P，Q，Rはそれぞれ辺AH，AF，ACの中点だから，平面RQPは面CFHに平行になり，四面体ARQPと正四面体ACFHは相似となる。相似比はAR：AC＝1：2だから，体積比は〔四面体ARQP〕：〔正四面体ACFH〕$=1^3:2^3=1:8$となり，〔四面体ARQP〕$=\dfrac{1}{8}$〔正四面体ACFH〕$=\dfrac{1}{8}\times576=72$となる。よって，求める体積は，〔立体ACPQTS〕－〔四面体ARQP〕$=288-72=216$(cm^3)である。

＝読者へのメッセージ＝

平方根の記号($\sqrt{\ }$)は，ドイツの数学者ルドルフによる1525年の著書で使われたのが最初といわれています。ルドルフは，上の横線のない記号(√)を使っていましたが，後に，フランスの数学者デカルトによって，今のような形になりました。

国語解答

一 問1 ① 省〔顧〕みる ② 既製〔成〕
問2 ① もと ② へんせん
問3 伸→延
問4 記号…ア 漢字 象
問5 ①…ウ ②…ア
問6 権使を魏に遣はす。

二 問1 近年における「イクメン」の言説では，育児をする父親は出世することがしばしば強調されてきたのに対し，育時連の言説では，出世を諦めることを主張しているという違い。(79字)
問2 エ
問3 育児とは「競争からオリる」ためのもの
問4 イ
問5 家事・育児が非大卒女性たちのアイデンティティとなっており，それをかたくなに守りたいという気持ちが強いから。
問6 イ 問7 ア 問8 ウ

三 問1 イ 問2 エ 問3 ア
問4 好きな人の子どもだからでも，母性本能みたいなものでもなく，衝動や本能のように激しく，目前の子を欲しいと思ったということ。(60字)
問5 ウ
問6 卵を使って赤ちゃんを扱う練習をすること。
問7 ウ 問8 イ

一〔国語の知識〕

問1＜漢字＞①音読みは「反省」などの「セイ」,「省略」などの「ショウ」。または，音読みは「回顧」などの「コ」。 ②「既製〔成〕」は，前もってつくってあること。

問2＜漢字＞①音読みは「階下」などの「カ」,「下巻」などの「ゲ」。 ②「変遷」は，時間の経過に従って移り変わること。

問3＜漢字＞「伸ばす」は，引っ張って長くする，という意味。「延ばす」は，時間などを長くする，という意味。

問4＜四字熟語＞アは「有象無象」となる。イは「徹頭徹尾」,ウは「泰然自若」,エは「深山幽谷」となる。

問5≪現代語訳≫これも今となっては昔(の話だが)，下野武正という舎人は，法性寺殿に仕えていた。あるとき，大風(が吹き)，大雨が降って，京中の家が全て壊れ傷んだときに，法性寺殿は，近衛殿にお住まいでいらっしゃったが，南面の方に，大声で騒ぐ者の声がした。誰だろうと(法性寺殿が)お思いになって(人に様子を)見せなさったところ，武正が，赤香の上下に蓑笠(みのかさ)を着て，蓑の上に縄を帯にして，檜笠(ひのきがさ)の上をまた下あごに縄で結びつけて，鹿杖(かせづえ)をついて，走り回って仕事をしていたのだった。全く，その姿ははなはだ普通ではなくて，似るはずのものもない。法性寺殿は，南面へ出て，御簾からご覧になると，驚きあきれるようにお思いになって，馬をお与えになった。

①＜古文の内容理解＞大風で大雨の日に，屋敷の南面の方から大声で騒ぐ声が聞こえたので，誰だろうとお思いになったのは，法性寺殿である。 ②＜古文の内容理解＞大雨の日に，大声を出して屋敷を見て回り，修理などの指示を出していた武正の姿を見て，主君の法性寺殿が褒美に馬を与えたのである。

問6＜漢文の訓読＞「権」→「使」→「魏」→「遣」の順に読む。一二点は，下から上に二字以上返って読む返り点。「於」は置き字であり，読まない。書き下し文のときは，送り仮名のカタカナの部分はひらがなにして，漢字仮名混じりで書く。

二〔論説文の読解―社会学的分野―現代社会〕出典：関口洋平『「イクメン」を疑え！』。

≪本文の概要≫父親の育児がビジネススキルと関連づけられるようになったのは，ごく最近のことである。「イクメン」という言葉が誕生する前から，育児と仕事を両立させようとする男性は存在し，その活動を支援するために1980年に育時連が結成された。90年代前半には，さまざまな自治体や企業で，男性にも育児時間を認める動きが広がった。育時連の活動は，会社よりも育児や生活を優先するべきとして，資本主義的な競争原理に支配された「男社会」を批判する側面もあった。20世紀後半の父親たちにとって，育児とは「競争からオリる」ためのものであったが，これと対照的に，近年における「イクメン」の言説は，「育児をする父親は出世する」というものであり，育児とは「競争を勝ち抜く」ためのものとして位置づけられる。「イクメン」本の読者層は，ホワイトカラーのエリート層であり，「イクメン」本の筆者たちは，家庭と仕事の葛藤を，育時連の時代よりマイルドな形で解決しようとしている。しかし，育児支援は，低所得者層の父親にとってこそ重要である。「貧困専業主婦」は，自分のアイデンティティを家事や育児に見出していると分析されるが，それでも働きたいという願望は強い。低所得者層の父親が子育てをしやすい環境を整えるためには，構造的な支援が必要であり，貧困問題を考えていかなければならないし，そのための施策が必要である。育児が仕事の役に立つか立たないかは，大きな問題ではない。

問１＜文章内容＞近年における「イクメン」の言説では，「育児をする父親は出世する」ことが強調されている。それに対して，育時連は，会社よりも生活や育児を優先するべきであり，「出世コース」から降りること，すなわち出世を諦めることを主張していた。

問２＜接続語＞A．近年の「イクメン」の言説は，しばしば「育児をする父親は出世する」と強調してきたが，育時連の主張には，出世するという見解は全く含まれていない。　B．育時連の活動が盛んな時代には，「労働者の横のつながりが存在」し，そのつながりがあったからこそ，労働条件の改善を勝ち取ることができた。

問３＜文章内容＞「資本主義的な社会」では，父親たちは，競争を勝ち抜き，会社で出世することを目指すと考えられている。それに対して，育時連の父親たちにとって育児とは，出世よりも自分の生活を優先し，「『競争からオリる』ためのもの」でもあった。

問４＜文章内容＞現在では，育児に積極的に参加する父親像は，「イクメン」本の多くが対象とする，「ホワイトカラーのエリート層」に属する父親のあり方になった。

問５＜文章内容＞「若年／壮年の非大卒女性」は，専業主婦やパート主婦，家事手伝いなどの人が多く，吉川徹の分析によれば，「家事・育児が彼女たちのアイデンティティの源泉となっており，この役割を堅持したいという気持ちが強くなっている」から，「イクメン否定派」が多くなる。

問６＜文章内容＞現状は，「貧困専業主婦の２－３割が働けていないことを不本意に感じている」のだから，彼女たちにも働きたいという願望がある。そこで，父親が育児に積極的に参加すれば，母親たちも働く機会を得やすくなるのである。

問７＜文章内容＞低所得層の父親が子育てをしやすい環境を整えるためには，貧困問題を考えることが必要である。非正規労働者の男性が安定した家庭を持つために必要なことは何か，エッセンシャル・ワーカーの男性が子育てをするために必要なことは何かなどを考えていき，そのための政策を考えることが，必要なのである。

問８＜要旨＞育時連の時代には，労働者の横のつながりがあり，そのつながりが「労働条件の改善を勝ち取るための原動力」となったが，その後，「新自由主義の浸透とともに労働組合は骨抜きにされて」いった(ア…×)。近年の「イクメン」本の筆者たちは，「家庭と仕事の葛藤」を，育時連の時代より「マイルドな形で解決しよう」としている(イ…×)。「どうすれば父親が仕事と育児を両立できるか」と考えていくことは，エリート層の男性だけではなく，「低所得層の家庭にとっても意義深」く必要なことである(ウ…○)。低所得層の男性が育児に参加できるように環境を整えるためには，「より構造的な支援」が必要であり，貧困問題を考えなければならない(エ…×)。

三 〔小説の読解〕出典：瀬尾まいこ『卵の緒』。

問１＜主題＞育生は中学生になり，「親子の絆はへその緒でも卵の殻でもないこと」がわかった。親子の絆は「掴みどころがなくてとても確かなもの」であり，卵が割れてしまわないように大切に扱うように，家族との関係も，大切に扱って，つながりを持っていくものだと育生は思った。

問２＜文章内容＞母さんは，育生は卵から生まれてきたと話していた。育生の弟か妹が生まれることになるが，母さんは今度はおなかから生もうとしているようである。今度も自分と同じように卵から生まれるのではないのかと尋ねることは，母さんにとっては嫌みになるかもしれないと，育生は思ったのである。

問３＜文章内容＞育生は，母さんの話の続きを早く知りたくてココアを入れただけだと言うが，母さんは，育生が自分のために入れてくれたことを理解していた。育生は母さんの気持ちを先取りして母さんのためにココアをつくろうとしたし，しかもその作業をていねいに楽しんで進めていたことを，母さんはわかっていたのである。

問４＜文章内容＞母さんは，先生の子どもとの出会いは人生最大の出来事だったと言った。目の前に現れた先生の子どもを欲しいと思ったのは，「好きな人の子どもだから」ではなく，「誰でも持つ母性本能みたいなもの」によるものでもなかった。「衝動，本能」と呼べるような激しさから，母さんは，その子どもを欲しいと思ったのである。

問５＜表現＞先生は「死」を目前にしているし，赤ん坊の育生は「生」の塊であり，二人は正反対で対照的だったのである。「コントラスト」は，対比，対照のこと。「コンスタント」は，いつも変わらず一定であること。「オペレーション」は，作戦，操作のこと。「ダイバーシティ」は，多様性のこと。

問６＜文章内容＞「赤ちゃんを扱うのって大変」なことだろうから，壊れやすい卵を使って練習しようと，朝ちゃんは育生に提案したのである。

問７＜表現＞この文章は，育生の視点から語られ，育生の心中は平易な言葉でつづられている。そして，母さんや朝ちゃんとの会話を中心に，登場人物たちの言葉によって，家族の過去や新しい家族を迎えるまでの心の準備が語られている。

問８＜要旨＞育生は，卵から生まれたと母さんから聞かされており，自分は捨て子かもしれないと感じていた。母さんが再婚し，育生に弟か妹が生まれることになって，母さんは育生の生い立ちを語る。育生は，母さんが好きになった先生の子どもであり，本当の母親は育生の誕生とともになくなっていたし，先生も母さんと結婚した後すぐになくなった。母さんと育生には血のつながりはないが，母さんは育生を誰よりも大切に思っているという。母の再婚相手である朝ちゃん，生まれてきた妹の育子とも，育生は血のつながりがない。しかし，親子として，兄妹として，家族として，育生は，確かにつながりを感じている。

2023年度 日本大学豊山高等学校（推薦）

【英　語】（数学・国語と合わせて70分）〈満点：40点〉

〔注意〕　特にスペルに関して，はっきり読み取れる文字で書くこと。

1　次の英文の（　　）に入る最も適切なものを，１～４から１つ選び，番号で答えなさい。

（1） This big bag is（　　　）.
1. she　　2. her　　3. hers　　4. herself

（2） I'm（　　　）forward to going out with you tomorrow.
1. seeing　　2. looking　　3. feeling　　4. walking

（3） This is different（　　　）many other movies.
1. too　　2. but　　3. and　　4. from

（4） He（　　　）been in Japan for three years.
1. have　　2. has　　3. do　　4. does

（5） I will（　　　）you math if you have time today.
1. teach　　2. study　　3. help　　4. be

（6） Please look at the dog（　　　）food by the table.
1. eats　　2. ate　　3. eaten　　4. eating

2 次の日本文の意味に合うように，空所に指定された文字で始まる適切な１語を書きなさい。ただし，（　）内に与えられた文字で始め，**解答は単語のつづりをすべて書きなさい**。

（１） 私の誕生日は12月３日です。
My（ b 　）is December 3.

（２） あなたはこの日本語の本を理解することができますか。
Can you（ u 　　）this Japanese book?

（３） この道に沿って進んでください，そうすれば駅に着きます。
Go（ a 　　）this street, and you'll get to the station.

（４） ティムは私に色々な種類の料理を作ってくれました。
Tim made（ v 　　）kinds of dishes for me.

3 次の各組の(Ａ)，(Ｂ)がほぼ同じ内容を表すように，（　）に適切な語を１語ずつ入れなさい。

（１） (Ａ) Do you want me to open the window?
(Ｂ) (　　) I open the window?

（２） (Ａ) I swam in the sea yesterday, and I enjoyed that.
(Ｂ) I enjoyed（　　）in the sea yesterday.

（３） (Ａ) Both Mary and her father can speak Japanese.
(Ｂ) Not（　　）Mary but also her father can speak Japanese.

（４） (Ａ) My father took this picture last year.
(Ｂ) This picture was（　　）by my father last year.

4 次の英文を読んで，あとの設問に答えなさい。

We usually use electricity every day. We also travel by car, train, or airplane. We need these things for our convenient life. However, when we make electricity or use cars, we produce a lot of *carbon dioxide. A lot of carbon dioxide raises the temperature of the earth. It is one of the causes of global warming. The earth is getting hotter every year. The average temperature in the world in 2019 was the second highest since 1891. Global warming is a big problem for nature, people, and animals all over the world. For example, *Arctic and *Antarctic ice *melts, and animals can't live on the ice. Also, the sea level is going up and a lot of small islands are disappearing.

Global warming also causes other big problems. One of them is the *desertification of the world. Global warming causes the melting of ice, and the oceans are rising now. As a result, it changes the climate. And, in some areas, the temperature becomes higher and it stops raining, and finally they become deserts. Actually, about 40% of the land is very dry now and the area may become a desert. And some people say dry areas will become even larger.

Deserts are very dry areas, and their soil does not contain water. It ①**(difficult / plants / is / grow / for / to)** there. In the deserts, we can't grow enough vegetables and get enough food. In fact, about one billion people living in the desert can't get enough food now. They become poorer. To make money and live there, ②**they** cut down a lot of trees, and we have more and more deserts. This is an environmental problem but it is also a social problem.

Today, many people in many countries around the world are searching for ways to stop desertification. They are trying to plant strong trees that can grow in dry areas. Also, they teach people living in the desert how to make soap, so they can sell soap and make money. Well, what should each of us do? We should learn about global warming and do something in our daily lives to protect the environment. For example, we should eat all our food and reduce our garbage every day, and we should use less electricity. Global warming and desertification are problems for all of us.

*carbon dioxide「二酸化炭素」　*Arctic「北極の」
*Antarctic「南極の」　*melt「溶ける」
*desertification「砂漠化」

(1) 下線部①を文脈が通るように正しく並べかえなさい。なお，解答用紙には**答えの箇所のみ記入すること**。

(2) 下線部②の they が指す内容は何ですか。本文中の連続する5語で答えなさい。

(3) 次の問いに対して，最も適切な答えを下から1つ選び，番号で答えなさい。

Which is true about deserts?

1. Deserts are not problems in the world.
2. Small islands are becoming deserts now.
3. We get a lot of water for daily life from the desert soil.
4. Deserts are increasing because of the change of the climate.

(4) 本文の内容と一致しているものを下から1つ選び，番号で答えなさい。

1. Our convenient life causes global warming.
2. About 40% of the land is returning to rich land.
3. People on the ice make soap to make money.
4. We should use more electricity to stop global warming.

【数　学】（英語・国語と合わせて70分）〈満点：40点〉

〔注意〕 1．定規，コンパス，分度器，計算機などを使用してはいけません。
2．答えが分数のときは，約分して最も簡単な形で答えなさい。
3．根号の中はできるだけ小さい自然数になおしなさい。

1 次の問いに答えよ。

(1) $2-\left(-\frac{3}{4}\right)\div\left(-\frac{5}{8}\right)$ を計算せよ。

(2) $16ab^2\div(-6a^2b)^2\times(-9a^3b)$ を計算せよ。

(3) $(\sqrt{7}+\sqrt{3})(\sqrt{7}-\sqrt{3})$ を計算せよ。

(4) $a^2+2ab+b^2+2a+2b-15$ を因数分解せよ。

2 次の問いに答えよ。

(1) 連立方程式 $\begin{cases}5x+2y=-1\\y=7x+9\end{cases}$ を解け。

(2) 2次方程式 $x^2-6x-3=0$ を解け。

(3) 下の図のように，立方体ＡＢＣＤ－ＥＦＧＨと袋㋐，㋑がある。袋㋐には，Ｂ，Ｃ，Ｄが１つずつ書かれた３枚のカードが入っており，袋㋑には，Ｅ，Ｆ，Ｇ，Ｈが１つずつ書かれた４枚のカードが入っている。袋㋐，㋑からそれぞれ１枚ずつカードを取り出し，取り出したカードに書かれた２つの点と点Ａの３点をそれぞれ結んだとき，正三角形となる確率を求めよ。

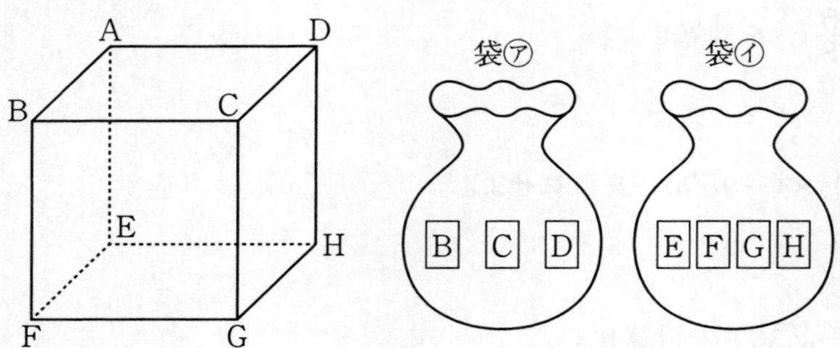

(4) 下の図は，あるクラスの生徒30人が１か月間に図書室で借りた本の冊数を箱ひげ図にまとめたものである。この箱ひげ図から読み取れることとして正しいものを，次の**ア**～**エ**から１つ選び，記号で答えよ。

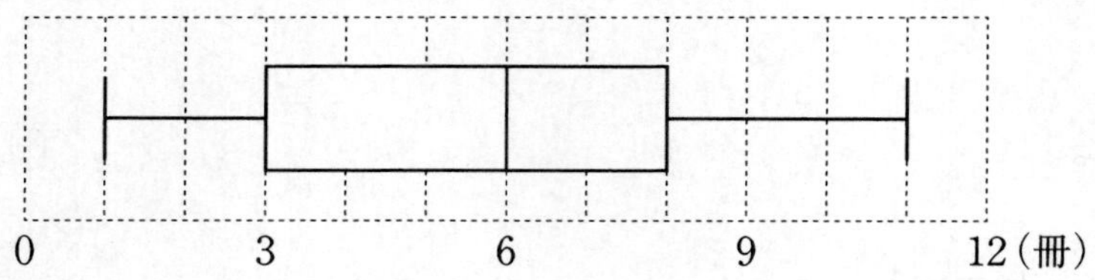

ア 分布の範囲は11冊である。

イ 四分位範囲は５冊である。

ウ 最頻値は６冊である。

エ 本を８冊以上借りた生徒の人数は７人である。

3 下の図のように，関数$y=\frac{1}{2}x^2$のグラフ上にx座標が-4である点Aと，x座標が2である点Bがある。直線ABとx軸，y軸との交点をそれぞれC，Dとする。x軸上の負の部分に，線分ECの長さが6となるような点Eをとり，y軸上の負の部分に，線分DFの長さが7となるような点Fをとる。このとき，次の問いに答えよ。

(1) 点Aのy座標を求めよ。

(2) 2点E，Fを通る直線の式を求めよ。

(3) 直線AB上のx座標が正の部分に点Pをとる。四角形AEFBと△AEPの面積が等しくなるような点Pのx座標を求めよ。

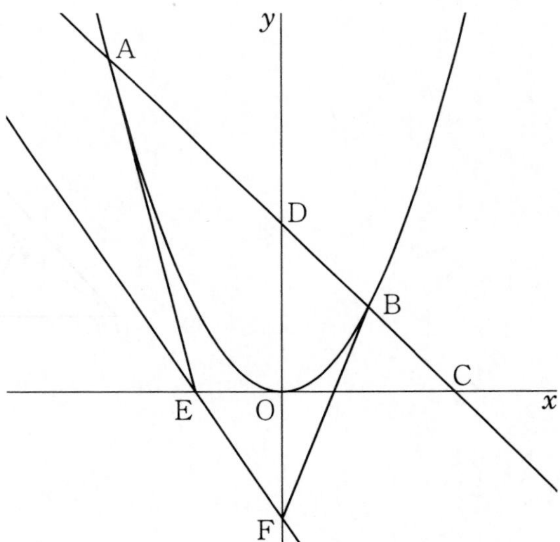

4 下の図のように，すべての辺の長さが４である正四角錐Ｏ－ＡＢＣＤがある。このとき，次の問いに答えよ。

(1) 正四角錐Ｏ－ＡＢＣＤの体積を求めよ。

(2) 正四角錐Ｏ－ＡＢＣＤの表面積を求めよ。

(3) 辺ＡＢの中点をＭとする。点Ｍから辺ＯＢ，辺ＯＣとそれぞれ交わるように点Ｄまでひもをかけ，ひもと辺ＯＢ，辺ＯＣとの交点をそれぞれＰ，Ｑとする。ひもの長さが最も短くなるときの，線分ＰＱの長さを求めよ。

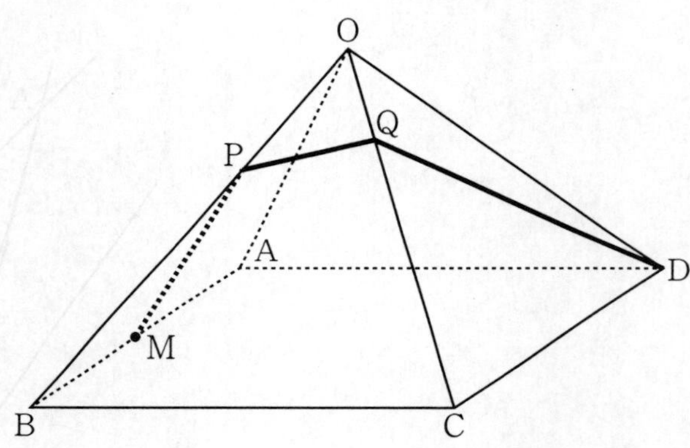

問6　――線④「英語のNoに比べて日本語の『いいえ』は実際の発話できわめて出にくい」とありますが、なぜですか。その理由を説明した次の□にあてはまる内容を、三十字以内で答えなさい。

＊日本人は「いいえ」という言葉を発することに対し、□から。

問7　――線⑤「欧米人はその理由や事情を説明して相手の理解を求めようとするが、……日本人は『いいわけは聞きたくない』という気持ちになる」とありますが、なぜですか。その理由として最も適切なものを次から選び、記号で答えなさい。

ア　日本人は、自分が間違っていなくてもあやまることですませたいと思っているので、欧米人にも理由を説明することよりも最初にあやまることを求めているから。

イ　日本人にとっては、いいわけをせずにあやまるのが流儀であり、自分が失敗したことについて細かい事情を相手に説明すると誤解が生じると考えているから。

ウ　日本人は論理的に話をすることに慣れておらず、相手が論理的に説明してもよく理解できないので、理にうったえるいいわけよりも直接的な謝罪の方を好むから。

エ　日本人はことばにしないことを評価する傾向があり、ことばで最後まで説明しようとするよりも、ことばにならないところで心を伝えようとする姿勢を大事にしているから。

問8　筆者の主張として最も適切なものを次から選び、記号で答えなさい。

ア　日本人が伝統的にもっている、ことばではっきりと言いきらずに理解を得ようとする態度を反省して改めていかなければ、言語文化の異なる人との交流を深めることはできない。

イ　日本人は欧米人に比べて公的な場でことばを尽くして議論することに苦手意識があり、その反動で私的な場での雑談のようなことばを用いた行動が多く見られるようになった。

ウ　日本人は伝統的にことばへの信頼度がそれほど高くなく、欧米と違って話しすぎるのはよくないという価値観があったため、ことばですべてを伝えるという姿勢が育っていない。

エ　日本と欧米では文化と国民性が違うのでそれがことばを使うときにも違いとなって表れるが、おたがいの言語文化を尊重してよりよいコミュニケーションを心がける必要がある。

問1　本文中からは、次の一文が抜けています。入る場所として最も適切なものを本文中の【　１　】～【　４　】から選び、算用数字で答えなさい。

「具体性に欠ける」「抽象論に終始する」といった批評がそれだけでつねにマイナス評価となるところからも、日本人のそういう認識のあり方が知られる。

問2　A・B に入る言葉の組み合わせとして最も適切なものを次から選び、記号で答えなさい。

ア　A　だから　B　たとえば
イ　A　つまり　B　また
ウ　A　というのは　B　さらに
エ　A　要するに　B　もちろん

問3　――線①「留学生が米屋に rice のつもりで『ご飯』を買いに行ってことわられたという悲しい実話」とありますが、筆者はこの「実話」によって、どのようなことを伝えたいのですか。最も適切なものを次から選び、記号で答えなさい。

ア　言語にはその地域の文化が反映されているため、自国の文化は他地域では理解されないことが多いということ。
イ　存在することばの数が言語によって異なるため、他言語を話す人にことばが通じないことがあるということ。
ウ　自国での習慣はなかなか抜けないため、他言語を使用する地域ではなじめずに孤立することが多いということ。
エ　ことばが含有する意味が言語によって異なるため、他言語を話す人と認識を共有できないことがあるということ。

問4　――線②「お門違い」とありますが、この言葉を使った文として最も適切なものを次から選び、記号で答えなさい。

ア　僕に文句を言うなんてお門違いだ。
イ　結局、計算が合わずお門違いになった。
ウ　十月にクリスマス飾りはお門違いだ。
エ　私の専門は物理学で、彼とはお門違いだ。

問5　――線③「なにもいわないでその場を離れることが多い」とありますが、これは日本の社会のどのような特徴によるものですか。「という特徴」につながるように本文中から十六字で書き抜きなさい。

で、ことばに全幅の信頼を寄せてこなかったように思う。ことばにしない部分、ことばにならない面を重く見ていたともいえるだろう。

【４】心の奥にある大事なものほどことばになりにくい。いわく言いがたきことにこそ価値がある。そう思っていたと考えてしまえば、ことばを尽くして相手を説得するタイプのコミュニケーションに走らず、日本人の言語行動が情にうったえて察してもらう式の流儀になりやすいことはよく理解できる。

携帯電話が軽量化とともに「ケータイ」などとことばも軽〜くなり、人びとの話題も気分も、ついでに財布も軽くする。ただでさえふらふらする自転車に乗ってまで寸暇を惜しんで耳に手をあてる日本人の姿を見ると、この民族は話すことに重きをおかないなどといえそうにないが、大多数は仲間との雑談らしい。そういう私的なおしゃべりが際限もなくつづくことと、人前で自分の考えをきちんと説明して相手を説得することが苦手だという話とは、なにも矛盾しない。

ことばですべてを伝えることなど思いも寄らない。相手に語りつくそうとしても所詮かなわぬことという基本姿勢からは、ことばをはっきりと最後まで言いきる表現を尊重する姿勢は生まれてこない。外に出るのはとりあえずのことば、たてまえのことばでよく、本音はそこから察してもらいたいという態度になりやすい。「心あまりてことば足らず」の表現はけっして恥じることではない。口数の多いのはむしろ軽蔑される。「おしゃべりだ」「口が軽い」「むだぐちをたたく」「ぺちゃくちゃしゃべる」など、日本語では「話す」行為にマイナスイメージをともなうことばが目だつ。多弁・能弁な人間と無口・＊訥弁（とつべん）の人間とどちらが信頼できる人物かを示す統計資料はないようだから、＊男は黙ってビールを飲んでいればいいという時代ではあるまいが、この国に「皆までいうな」と寡黙を尊ぶ伝統的な文化があったことは否定できない。

（『日本語案内』中村明）

＊訥弁…つかえがちで、なめらかでない話し方。

＊男は黙ってビールを飲んでいればいい…一九七〇（昭和四十五）年に「男は黙ってサッポロビール」という広告が流行したことを指している。

る使い分けであるのに対し、日本語の「はい」と「いいえ」は原則として相手の問いに対する関係できまる。そういう基本的な違いはあるにしろ、④英語のNoに比べて日本語の「いいえ」は実際の発話できわめて出にくいという事実は目を引く。

　むろん、相手が「うちは貧しいものですから」と心にもなく謙遜したときに、礼儀として「いいえ、お宅は裕福でいらっしゃいますわよ」と応じるような場合には、たしかに「いいえ」とはっきり明言する。「頭がよくて顔がよくて性格がよくて……」などとお世辞をいわれたときにも、日本人はすなおに「ありがとう」と応じたり、「おかげさまで」と感謝したりせず、相手の言を打ち消す。そのあと仮に「顔のほうはそれほどでも……」とか「われながら暗い性格で……」とかとつづける場合でさえ、まずは「いいえ」といって、とんでもないという顔をしてみせるのが日本的な流儀だろう。

　だが、そういうケースのほうがむしろ例外的で、「いいえ」と断言できる場合は現実にそう多くない。せっかくの申し出を断ったり相手の考えに反対したりすると、その人間を拒否する感じになる。対人関係をそこなうという意識があり、明確な「いいえ」に対する心理的な抵抗が大きいのだろう。かたくるしい相手の場合はなおさらだ。そのため、日本人はなかなか「ノー」といわないという印象を外国人にあたえてしまう。【３】

　日本人は「はい」のほうはむしろ多用する。相手の話をちゃんと聞いているという合図のように合間合間に「はい」をはさむことでもわかる。外国人はそれを相手が同調しているものと思いこんで上機嫌にしゃべりつづけ、最後になって賛成ではないことに気づく。あげくのはてに日本人はうそつきだと怒りだす話は有名だ。言語習慣の違いからくる誤解が、ひどい場合には悲劇に発展する。「はい」というあいづち代わりに日本人がいちいちうなずくのを見て、首のぐあいでも悪いのかと勘ちがいする外国人もいたそうだ。

「はい」と声を出そうが、黙ってうなずこうが、あいづちというものは同意の表明ではなく、話に参加しているというサインにすぎない。日本人があいづちを頻発するのは相手に合わせているのであり、そうすることで友好関係を維持しようとする。波風をたてたくないのだ。遅刻の際も、欠勤の翌日も、仕事がうまくいかないときにも、日本人はすぐあやまる傾向がある。できれば「すみません」ですませたいのだ。⑤欧米人はその理由や事情を説明して相手の理解を求めようとするが、それを長々とやられると、日本人は「いいわけは聞きたくない」という気持ちになる。情にうったえるタイプと、理にうったえるタイプとの対立だ。その点では、中国人や韓国人は必ずしも日本型とはいえないという。

　ここまで多面的に考えてきたように、日本人は少なくとも実用面

れを使う範囲が慣習的に違っている場合もある。thank you と「ありがとう」とはどちらも感謝のことばだが、それぞれを使う場面は必ずしも一致しない。スピーチの結びに英語ではきまり文句のように thank you をつけるようだが、日本語ではそこまで定型化していない。「ご清聴（ご静聴）ありがとうございました」というあいさつは、かなり長いまとまった話のあとでないとぴったりしない。

デパートの洋服売り場あたりをぶらぶらしていると、店員が寄ってきて声をかける。先方はそれが仕事だから文句をいうすじあいではないものの、ときには少々うるさい。「いらっしゃいませ」ていどなら、来たのは事実だからそれでいいが、「なにかおさがしですか」「スーツですか、ジャケットですか」「どのようなお色……どういった柄……」とだんだんエスカレートするから、落ちついて考えられない。何にするかきまっていないときや、まして、買うかどうかさえはっきりしていないときなど、熱意あふれる店員とことばを交わしたくない。そんなときでも大半の欧米人は一応謝意を表明してから、しばらくひとりで見たいのだとはっきりいうそうだ。日本人の場合、「ありがとう」という人はめったにいない。それどころか、③なにもいわないでその場を離れることが多い。向こうでは無言で立ち去るのは非礼であり、事実そういう人はほとんどいないという。

こういう場合にかぎらず、西欧では相手がだれであってもことばできちんと表現し、最後まで言いきることをよしとする。日本人は特に遠慮のある相手の場合や、ためらいがちに話す場合などには、むしろ言いきらずに、言いよどむ感じを大事にする。目上の相手を面と向かってはっきりほめるのは不作法とされるし、お悔やみをいう際にことばをにごすのもその典型だ。【　2　】文化と国民性の違いが行動様式に反映しているわけだが、ことばにしない部分を大切にする日本人、無言の応対があるていど認められる日本社会は、西欧人には異様に映るかもしれない。

英語の good morning は日本語の「おはよう」にあたりそうだが、両者は微妙にずれるという。英語では午前中いっぱい使えるのに対して、日本語の場合はもっと早く「おはよう」から「こんにちは」に切り替わるのがふつうだ。［B］、暗くなる前に「こんばんは」といいにくいのに対し、英語ではまだ明るいうちから good evening を使うという指摘もある。英語の evening を日本語では「夕方」と「晩」に分けるという認識の差だと考えれば納得がいく。いずれにしろ翻訳がつねにきちんと対応するとはいえない。ちょっと気がつきにくいずれだけに、辞書を頼りのうちは、おたがい外国でとまどうことになる。

英語の Yes と No が自分の発言が肯定であるか否定であるかによ

二　次の文章を読んで、後の問いに答えなさい。

外国語と対比的に日本語の性格を論じるとき、日本語がもっている特徴と日本語はもっていない特徴との両面から考えるのが有効だろう。すぐ思いつく違いを列挙する。まず、日本人が欧米の言語を習ったり、その翻訳を読んだりして気になることのひとつに、人間や動物以外を主語にする文がある。「看板が客を招き入れる」「強風が歩行を困難にする」「突然の不幸が彼を見舞った」のような表現がその例だ。こういう生きもの以外を主語にして他動詞を用いる文が、英語などヨーロッパの言語の文章にはしばしば使われる。昔の自然な日本語にはあらわれなかったし、今でもいくらか欧文直訳のにおいがする。表現の違いは発想の差であり、人間のもののとらえ方の違いの反映である。日本人は対象や事態を、自分を中心とする人の側にひきつけて考える傾向があったことを意味するだろう。

　単に「はげしく」とか「猛烈に」とかですませるよりも、日本人なら「机をたたいて」とか「地団駄を踏んで」とかと表現したい。「近くで」というときも、「ふすまの陰で」「隣の部屋で」などとあったほうが落ちつく。もともと日本語では抽象名詞を主語とする文を用いなかったが、それは主語だけではなく、また名詞だけでもない。一般に抽象的なとらえ方を嫌い、具体的な表現を好む傾向があった。

【　1　】その傾向は今でもまだ残っているように思う。

　日本人は米屋に「稲」や「飯」を買いに行ったりしない。「稲」から「もみ」をとり、それを脱穀して「玄米」にし、精白して「白米」にし、それを炊いて「飯」にする。［ A ］、植えてから食べられる状態になるまでを日本人はいくつものことばに分けて考える。そこを英語では rice という単語で間に合わせるらしく、来日してもその習慣が抜けずに失敗することがあるという。「稲」は調理にてこずるから店で買ってくることはないが、①留学生が米屋に rice のつもりで「ご飯」を買いに行ってことわられたという悲しい実話があるそうだ。スーパーなら「米」も「ご飯」も両方置いてあるが、米屋で「ご飯」は②お門違いというものだ。日米言語文化のはざまで唖然（あぜん）とする店の主人の顔が見たいが、なんだか気の毒な気もする。用語の範囲のずれが引き起こすこの種の行き違いは多い。water を「水」と「湯」に分けるのも、日本人の生活感覚なのだろう。

　いろいろな場面で現実にあいさつとして用いることばの種類は、ドイツ語などに比べて日本語ははるかに少ないという。日本人のほうが時間帯や場面ごとに一定の表現をきまり文句として使う傾向があるそうだ。意味や機能はほぼ同じであるあいさつことばでも、そ

二〇二三年度　日本大学豊山高等学校（推薦）

【国　語】〈英語・数学と合わせて七〇分〉〈満点：四〇点〉

〔注意〕解答する際、句読点や記号なども一字と数えること。

一　**次の問いに答えなさい。**

問1　次の――線を漢字で書きなさい。

さまざまな植物をサイバイする。

問2　次の――線の読み方をひらがなで書きなさい。

大会の参加者を募る。

問3　――線部の中で連体詞を次から選び、記号で答えなさい。

ア　長野県にある別荘で過ごす。

イ　彼はとても人気がある歌手だ。

ウ　夏休みのある日の出来事を話す。

エ　魅力ある学校生活が待っている。

問4　「慎重」の対義語として最も適切なものを次から選び、記号で答えなさい。

ア　減少　イ　快調　ウ　早熟　エ　軽率

問5　作品と作者の組み合わせが正しいものを次から選び、記号で答えなさい。

ア　『銀河鉄道の夜』…新美南吉

イ　『たけくらべ』…樋口一葉

ウ　『黒い雨』…芥川龍之介

エ　『舞姫』…夏目漱石

英語解答

1 (1) 3 (2) 2 (3) 4 (4) 2
(5) 1 (6) 4

2 (1) birthday (2) understand
(3) along (4) various

3 (1) Shall (2) swimming
(3) only (4) taken

4 (1) is difficult for plants to grow
(2) people living in the desert
(3) 4 (4) 1

数学解答

1 (1) $\frac{4}{5}$ (2) $-4b$ (3) 4
(4) $(a+b+5)(a+b-3)$

2 (1) $x=-1,\ y=2$
(2) $x=3\pm2\sqrt{3}$ (3) $\frac{1}{6}$
(4) イ

3 (1) 8 (2) $y=-\frac{3}{2}x-3$
(3) $\frac{14}{3}$

4 (1) $\frac{32\sqrt{2}}{3}$ (2) $16+16\sqrt{3}$
(3) $\frac{\sqrt{13}}{3}$

国語解答

一 問1 栽培 問2 つの 問3 ウ
問4 エ 問5 イ

二 問1 1 問2 イ 問3 エ
問4 ア
問5 無言の応対があるていど認められる[という特徴]
問6 [日本人は「いいえ」という言葉を発することに対し,]対人関係をそこなうという意識があり，心理的な抵抗が大きい(28字) [から。]
問7 エ 問8 ウ

2023年度 日本大学豊山高等学校

【英　語】（50分）〈満点：100点〉

〔注意〕 1．特に英語のスペルに関して，ブロック体ではっきり読み取れる文字で書くこと。

2．1 はリスニングテストです。放送をよく聴いて，それぞれの設問の選択肢から解答を選び，その番号を解答用紙に記入しなさい。なお，放送される内容は，メモをとってもかまいません。

■リスニングテストの音声は，当社ホームページで聴くことができます。（実際の入試で使用された音声です）再生に必要なユーザー名とアクセスコードは「収録内容一覧」のページに掲載しています。

1　**【リスニングテスト】**

これから，5つの文章を放送します。それぞれの文章のあとに質問が放送されます。その質問に対する答えとして最も適切なものを，1～4の中から1つ選び，番号で答えなさい。文章と質問は2度ずつ読まれます。放送される内容は，メモをとってもかまいません。

(1)　1．Sunny.　2．Rainy or sunny.　3．Cloudy.　4．Rainy and windy.

(2)　1．To study Spanish.　2．To travel abroad.
　3．To buy some magazines.　4．To go to high school.

(3)　1．Have lunch in the restaurants.
　2．Watch a movie in the theater.
　3．Make dinner in the store.
　4．Play with children in the playground.

(4)　1．5 minutes.　2．8 minutes.　3．5 blocks.　4．500 meters.

(5)　1．At the hospital.　2．At the library.
　3．At the airport.　4．At the store.

※**<リスニングテスト放送原稿>**は英語の問題の終わりに付けてあります。

2　次の対話文を完成させるために（　）に入る最も適切なものを，1～4から1つ選び，番号で答えなさい。

(1)　A：Do you have any plans for this weekend?
　B：I have not decided yet.
　A：(　　　　)
　B：That sounds great.　I'll join it.
　1．I agree with you.　2．Why don't you come to my party?
　3．Don't worry.　4．What is your purpose?

(2)　A：I hear that you are going to study abroad.
　B：Yes.　I will stay in Hawaii during summer vacation.
　A：(　　　　)
　B：No.　This is my first experience in a foreign country.
　1．Have you ever been to Hawaii?　2．How long does it take?
　3．What are you going to do?　4．Are there any hotels in Hawaii?

(3)　A：May I help you?
　B：Yes.　I'm looking for sweets that my sons will love.

A : OK. (　　　　) We have a lot of flavors.

B : Oh, sorry, it takes me about an hour to get home.

1. They will love sweets!　2. Sorry, they are sold out.

3. Do they love sweets?　4. How about ice cream?

(4) A : You don't look well today. Are you all right?

B : I feel sick. I want to see a doctor. (　　　)

A : Sure, I know a hospital near here. Shall I go with you?

B : Yes, please.

1. Could you tell me where to go?　2. Would you like some water?

3. Do you know what time it is?　4. Did you get any food for lunch?

(5) A : Excuse me. Will you tell me the way to the park?

B : (　　　)

A : Oh, are you?

B : But I saw a police station near here. May I take you there?

1. Sure. Sounds good.　2. Sorry, I'm a stranger around here, too.

3. We are at the park.　4. Go straight and turn left at the second corner.

3 次の英文の(　)に入る最も適切なものを，1～4から1つ選び，番号で答えなさい。

(1) I've known Jack (　　　) I was a child.

1. when　2. while　3. since　4. from

(2) You had (　　　) with us.

1. better not stay　2. better staying　3. better to stay　4. stay

(3) It is (　　　) to know that she likes to study English.

1. interesting　2. interested　3. to interest　4. interestingly

(4) The teacher stopped us and asked us where (　　　).

1. were we going　2. are we going　3. we are going　4. we were going

(5) My father has (　　　) as your father.

1. as many books　2. as books many　3. books as many　4. many as books

4 次の日本文の意味に合うように，空所に指定された文字で始まる適切な1語を書きなさい。ただし，(　)内に与えられた文字で始め，**解答は単語のつづりをすべて書きなさい**。

(1) そのノートは安かった。

The notebook was (c　　　).

(2) これは頭痛に効く良い薬だ。

This is good (m　　　) for headaches.

(3) 彼は私のいとこだ。

He is my (c　　　).

(4) このペンをお借りしてもよろしいでしょうか。

Could I (b　　　) this pen?

(5) 日本は島国だ。

Japan is an (i　　　) country.

5 次の日本文の意味を表すように( )内の語(句)を並べかえ，英文を完成させなさい。

(1) 私の宿題を手伝ってくれてありがとう。
Thank (helping / with / for / me / you) my homework.

(2) 私はどのバスに乗ったらいいのか知りたいのですが。
I'd like (bus / to / which / to / know) take.

(3) 彼女の携帯電話にはどこか調子が悪いところがある。
There is (with / wrong / mobile phone / her / something).

(4) ニューヨークは世界で最も大きな都市のひとつだ。
New York (of / is / cities / the biggest / one) in the world.

(5) 私はあなたにアメリカで買ったその本を貸してあげよう。
I will (I / you / bought / the book / lend) in the US.

6 次の英文の意味が通るように(A)～(E)に入る最も適切なものを【語群】から１つずつ選び，番号で答えなさい。ただし，それぞれ１度しか使えないものとする。

Around the world, about two *billion people were watching the race on TV. There were about 80,000 people in the stadium that night, and the noise of the crowd was amazing. But the athletes were not thinking about the crowd. They were only thinking about the next ten seconds: ten seconds to win or lose the race; ten seconds to win a gold medal for their country.

Suddenly, it went very quiet in the stadium. Then the athletes (A) the start gun, and began to run. Two seconds later, they were moving at 30 kilometers per hour. Justin Gatlin from the USA started very fast, and Yohan Blake and Tyson Gay began well, too. The famous Jamaican runner Usain Bolt was behind them at first, but soon he (B) nearer and nearer. Halfway through the race, Bolt was going past everybody. He was the tallest of the athletes, and with his long legs, he was soon (C) away from the other runners. He finished the race in 9.63 seconds — setting a new Olympic record! Back home in Jamaica, family and friends jumped to their feet, shouting and crying excitedly.

Only the best athletes can ever *compete for their country at the Olympics. Most of the athletes (D) that August 2012 race in under ten seconds, but they only got to the Olympic final after thousands of hours of hard work.

The Olympics are the biggest competitions in world sport. There have been many Olympic Games, and many great athletes have competed in them. But how did the Games start, and when did people begin to come together for these competitions? If we (E) to understand the story of the Olympics, then we need to go all the way back in time to Ancient Greece . . .

*billion 「10億」 *compete 「競争する」

【語群】
1．finished　2．heard　3．want　4．came　5．moving

7 次の英文の(A)～(E)に入る最も適切なものを，１～５から１つずつ選び，番号で答えなさい。ただし，それぞれ１度しか使えないものとする。

It was a normal January afternoon in New York for Wesley Autry. Wesley had just picked up his two daughters, aged 4 and 6, and was taking them home before heading to work himself. As the three of them waited for the subway train to arrive, a young college student standing near the tracks suddenly began to shake, then he fell to the floor. (A) At first, the student *seemed to recover. *Shakily, he stood up, then suddenly fell over backward — right onto the train tracks. (B) He asked one of the women to watch his daughters, and jumped down onto the tracks. Wesley tried to lift the student back onto the platform, but the man was too confused and weak.

Then, Wesley felt the rush of air and he heard the sound of a train. When he looked up, he saw the bright lights coming quickly toward them. (C)

Wesley did the only thing he could do. Quickly, he pushed the student into the low space between the tracks, and then lay on top of him. Wesley held the student's arms and legs down so he could not move, and said, "Sir, please don't move! If you move, one of us is going to die!"

The train was unable to stop and ran right over top of the two men. Its brakes made a terrible noise. People on the platform shut their eyes in horror. (D) Then, a voice came up from the tracks: "We're OK down here!"

The crowd on the subway platform *burst into cheers.

"I've got two daughters up there," continued Wesley. "Let them know their daddy is OK!"

In the days and weeks to come, Wesley received high *praise from a lot of people. Donald Trump offered Wesley a check for $10,000. (E) And the school of the young student offered to teach Wesley's daughters for free.

But on that day — after dusting himself off and seeing the young man safely in the care of hospital staff — Wesley simply went to work. He was happy that he had done the right thing.

*seem to 「〜するように思える」 *shakily 「震えて，よろよろと」
*burst into 「突然〜し始める」 *praise 「称賛」

1. Because he knew the train was coming soon, Wesley acted quickly.
2. Wesley and two other women tried to help the young man.
3. When the train finally came to a stop, there was silence.
4. He was out of time.
5. Wesley's family was given free ride for a year on the subway, and a one-week trip to Disney World.

8 次の英文を読んで，あとの問いに答えなさい。

Do you remember the dodo? This big, quiet bird lived only in Mauritius, in the Indian Ocean. It did not fly, but it was not in danger from other animals there. So, it was not afraid. Then humans came to Mauritius. They brought new animals, like dogs, on their ships, and these animals killed dodos. Then the humans cut down trees and destroyed the birds' homes. And some of them hunted dodos — not for food, but because they liked hunting. By about 1680, the last dodo was dead. This happened a long time ago, but we cannot forget the dodo — and we are never going to see a dodo alive again.

Animals became *extinct before there were humans. But after the first people arrived in America from Asia, 73 percent of the big animals in North America and 80 percent in South America disappeared. In Australia 90 percent of big animals disappeared after people moved there from Asia. Did people kill them all? Perhaps not — we do not know. But they did die.

Later — about five hundred years ago — Europeans visited many other places for the first time. The European visitors changed these places in many ways, and they killed a lot of the animals. And still today some tourists visit other countries because they want to kill animals. Usually, they do not do this because they want to eat the animals or sell their meat, but because they like hunting. But in many countries, people kill animals because they can ①make a lot of money this way. Rhinoceroses die because people want to buy their horns. Some people want to buy the beautiful coats of bigger animals, like tigers. They put them in their houses or make bags or clothes from them. So hunters kill rhinoceroses, tigers, and other animals, and get rich.

Humans destroy the natural *habitats of animals too. They put up new buildings and do not think about animals. They make new roads for their cars, or move rivers and make new towns. They cut down trees and take the land for farms.

Sometimes people take dangerous animals from their natural home to a different country. The animals there are not afraid of the new *species, and so they do not try to stay away from danger. Black rats went by ship from Asia to Galapagos. The birds there were not afraid of rats, so the rats easily killed many different species of bird. Some of those birds only lived in Galapagos. After the rats came, they disappeared.

You can see the *effect of humans at Lake Victoria too. Lake Victoria is a big lake between Kenya, Tanzania and Uganda in East Africa. The lake was home to about three hundred species of little *cichlid fish and sometimes new species of cichlid appeared. But in the 1950s, the countries near the lake needed more food. From the River Nile in Egypt they took two kinds of bigger fish — Nile perch and Nile tilapia — and put them into the lake. The perch ate the little cichlids and soon many species were extinct. Tilapia do not eat other fish, but they ate the food of some cichlid species. ②That also helped to kill the cichlids.

After this, there was a new problem. Most species of cichlid eat the *algae in the lake. But now there are not many cichlids, so there is more algae. Pollution from towns and factories also helps the algae, and today — after fifty years — there is five to ten times more algae. When the algae dies, the water cannot move freely. It becomes very dirty. Now the lake is dying, and soon there are not going to be any animals in it. Humans are making the world a (③) place, and pollution is another danger to animals.

And 75 million people are born in the world each year. They need homes, water, and food — just like animals. Can animals and humans live in the world together ?

＊extinct 「絶滅した」　＊habitat 「生息地」　＊species 「種」
＊effect 「効果，影響」　＊cichlid 「シクリッド(魚の名前)」　＊algae 「藻，水中の草」

(1) 下線部①とほぼ同じ意味で使われている表現を本文中より２語で抜き出しなさい。

(2) 下線部②が指している内容はどれか，番号で答えなさい。

1．ナイルパーチがシクリッドを食べてしまった。
2．ティラピアがシクリッドの食べ物を食べてしまった。
3．ビクトリア湖は世界でもっとも汚い湖だ。
4．ビクトリア湖の周囲の国が多くの食べ物を必要とした。

(3) 空所③に入る最も適切なものを，番号で答えなさい。

1．dirtier　2．cleaner　3．dirty　4．clean

(4) 本文の内容として正しいものを２つ選び，番号で答えなさい。

1. The Dodo was going to die because it was so weak and did not fly.
2. Many big animals died before the first people arrived in many places.
3. The European visitors used a lot of money to take care of animals.
4. New species may become dangerous for other species.
5. Pollution from towns and factories is another reason for animals to die.
6. It is important for people to think only about animals.

<リスニングテスト放送原稿>

(1) Man : No.(1)

Woman : Now for the weather news. It has been sunny and hot for a week. In some parts of the Tokyo area, the temperature has been very high. From tomorrow, it is going to be rainy and windy because the typhoon is approaching.

Man : Question : What will the weather be like tomorrow ?

(2) Woman : No.(2)

Man : Robert has a dream. His dream is to travel abroad. For his dream he is doing a part-time job to save money. And, he is studying English hard to communicate with people around the world. Also, he is interested in Spanish. Last Sunday, he bought a book about Spain and finished reading it.

Woman : Question : Why is he doing a part-time job ?

(3) Man : No.(3)

Woman : Ladies and gentlemen. Thank you for coming to our department store. There are many different things to buy on each floor. After shopping, you can have lunch in the restaurants. Why don't you eat a big hamburger ? It's so delicious. Also, on the third floor, we have a playground for children, and on the eighth floor there is a movie theater. At our department store, there are so many things you can do. Thank you.

Man : Question : What is one thing you cannot do in the store ?

(4) Woman : No.(4)

Man : I'll tell you how to go to the new library. First, go straight for 5 minutes. Then, turn right at the fifth corner. I think there is a bank at the corner. Then, walk for 3 minutes. When you see the park on your right, you can find the library. It is a very tall building.

Woman : Question : How long does it take to get to the new library ?

(5) Man : No.(5)

Woman : Attention passengers. The next flight to London will leave in 15 minutes. People flying to London have to come to Gate 13 now. The gate will be closed soon. The other flight this afternoon was cancelled because of the storm.

Man : Question : Where is the woman talking ?

【数　学】（50分）〈満点：100点〉

〔注意〕　1．定規，コンパス，分度器，計算機などを使用してはいけません。
2．答えが分数のときは，約分して最も簡単な形で答えなさい。
3．根号の中はできるだけ小さい自然数になおしなさい。

1　次の問いに答えよ。

(1)　$-5^2 \times \dfrac{4}{25} - 8 \div \left(-\dfrac{2}{3}\right)^3$ を計算せよ。

(2)　$\left(3\sqrt{3}+3\right)\left(\sqrt{27}-2\right)-\dfrac{9}{\sqrt{12}}$ を計算せよ。

(3)　$\dfrac{2x-3y}{4}-\dfrac{3x-y}{6}$ を計算せよ。

(4)　$(-2a^2b)^2 \div \dfrac{3}{4}abc^3 \times \left(-\dfrac{c}{2a}\right)^3$ を計算せよ。

(5)　$(3x-2)(x+y)+(2x^2+2xy)$ を因数分解せよ。

2　次の問いに答えよ。

(1)　方程式 $2x+y=x-5y-4=3x-y$ を解け。

(2)　方程式 $(x+3)(x+8)=-6$ を解け。

(3)　等式 $\dfrac{a+2b+c}{6}=x$ を b について解け。

(4)　次のデータは，ある果樹園において1日に収穫されたリンゴの個数を7日分調べたものである。

372，315，384，272，359，300，a　　　単位（個）

このデータの中央値が315個，第1四分位数が300個であるとき，a がとりうる値は全部で何通りあるか求めよ。ただし，a は自然数とする。

3 次の問いに答えよ。

(1) aが負の数である1次関数 $y = ax + b$ について，xの変域が $-1 \leqq x \leqq 2$ のとき，yの変域は $-1 \leqq y \leqq 5$ である。このとき，aとbの値を求めよ。

(2) さいころを投げて，奇数の目が出たときは-1点，偶数の目が出たときは出た目の数を得点とする。さいころを3回投げたとき，得点の合計が3点になる確率を求めよ。

(3) 下の図のように，円周上に4点A，B，C，Dがあり，円Oと円O′は点Bで接している。また，円Oの中心は円O′の円周上にある。このとき，次の問いに答えよ。

① ∠BDCの大きさを$a°$とするとき，∠ACBの大きさをaを用いて表せ。

② AB = 6，BC = 4であるとき，円O′の半径を求めよ。

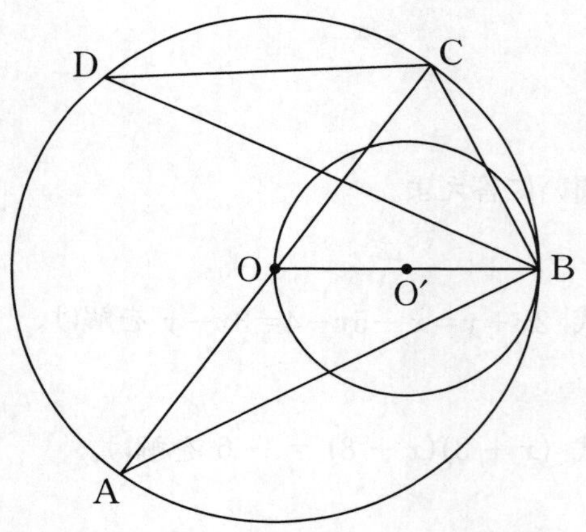

4 下の図のように，平行な 2 直線 AB，CO と放物線 $y = x^2$ がある。このとき，次の問いに答えよ。

(1) 点 C の座標を求めよ。

(2) 直線 AB の式を求めよ。

(3) x 軸上の $x < 0$ の範囲に点 P をとり，台形 ACOB と面積が等しい △APB をつくる。このとき，点 P の座標を求めよ。

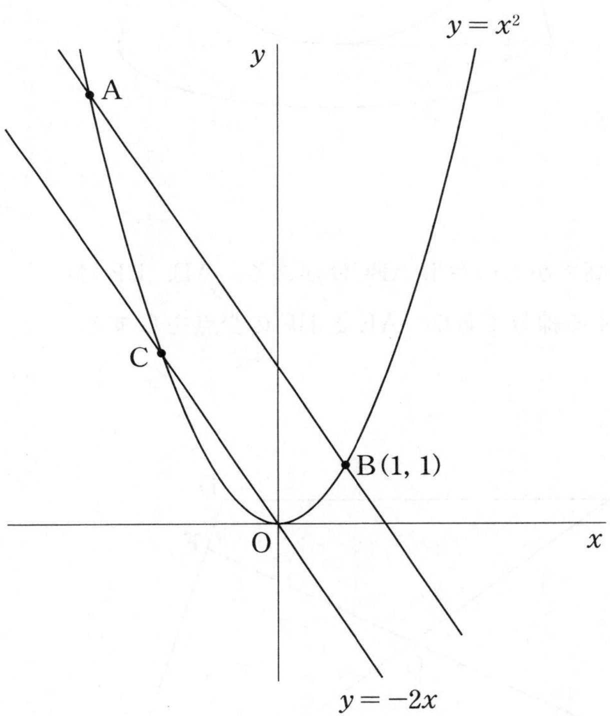

5 円錐を底面に平行な平面で切断し，円錐の頂点を含まない方の立体を立体Nとする。下の図のように，球がこの立体Nの2つの底面と側面にそれぞれ接しているとき，次の問いに答えよ。

(1) 球の半径を求めよ。

(2) 立体Nと球の体積の比を求めよ。

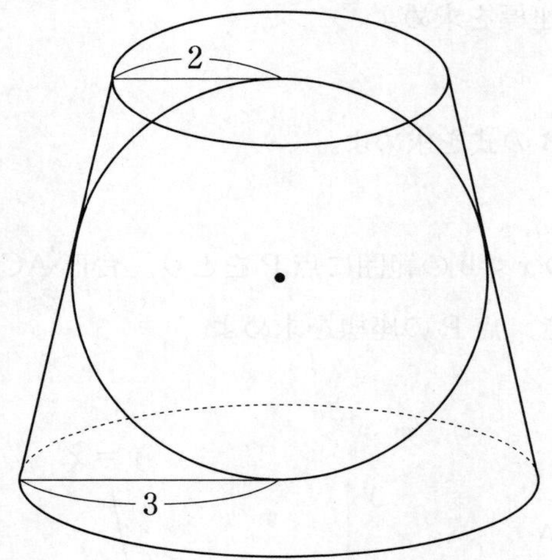

6 下の図のような AD = 8，BC = 12，高さが h の台形 ABCD がある。AE，BF はそれぞれ台形 ABCD の面積を2等分する線分であり，AE と BF の交点を G する。このとき，次の問いに答えよ。

(1) BE：EC を求めよ。

(2) DF：FC を求めよ。

(3) AG：GE を求めよ。

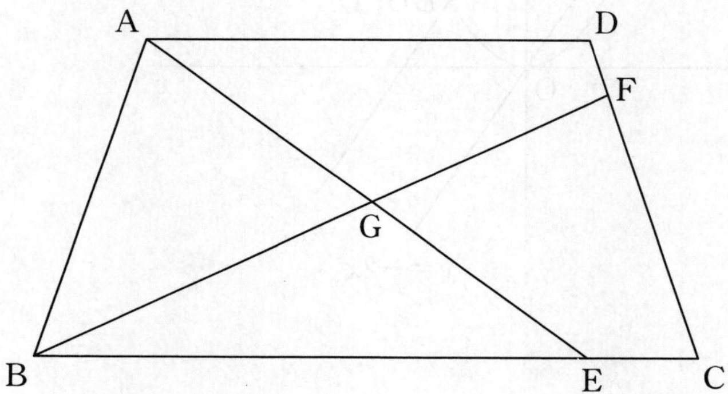

問3　――線③「ぼくの試合を。ぼくが出ない試合を」とありますが、ここでの表現の説明として最も適切なものを次から選び、記号で答えなさい。

ア　文末を省略し自由な解釈の幅を与えることで、大地の複雑な心情を表現している。

イ　繰り返された言葉の中に異なる語が入ることで、大地の苦悩がより一層際立っている。

ウ　あえてひらがなで「ぼく」と表記することで、大地の精神的な幼さが表れている。

エ　「試合」という言葉を繰り返すことで、大地の試合に出たかった気持ちを強調している。

問4　――線④「顔じゃなく、胸のあたりを見て」とありますが、この時の「ぼく」の心情を説明したものとして最も適切なものを次から選び、記号で答えなさい。

ア　自分がレギュラーでないことを恥じ、少しやけくそになっている。

イ　過去を思い出して、自分自身を正当化しようと必死になっている。

ウ　今までうそをついていたことを、伯母さんに申し訳なく思っている。

エ　うそがバレてしまい、自分自身に対する怒りがこみあげている。

問5　――線⑤「しょうもないうそついてた」とありますが、なぜですか。その理由を説明しなさい。

問6　――線⑥「見てる人はきちんと見てる」とありますが、実際にぼくのどのような点が評価されたのですか。「～点」に続くように本文から十字で書き抜きなさい。

問7　登場人物に関する説明として最も適切なものを次から選び、記号で答えなさい。

ア　ぼくは、初めて会話する田崎さんに丁寧な言葉遣いをしたり、伯母に自分からうそを打ち明けたりするなど礼儀正しく素直な一面がある。

イ　伯母さんは、ぼくが補欠であることはユニフォームを持ち帰る前からわかっていたが、ぼくが正直に言わないので怒りを感じている。

ウ　田崎さんは、再婚相手として考えている伯母さんに好意を寄せ、アピールするためにぼくの試合をこっそりと見に行っている。

エ　秋月先生は、顧問の五十嵐先生とよく連携を取りぼくのよいところを見つけようとしてくれる、熱心で優しい先生である。

ることがわかってたから、伯母さんは一度も試合を観に来なかったのだ。来たらぼくに恥ずかしい思いをさせることになるから。自身バレーボール部にいた伯母さんなら、そのくらいのことはわかるだろう。ただでさえ頭がいい人なんだし。

レギュラーになれないなら部なんてやめちゃいなさい。そう言われたくないから、ぼくは自分がレギュラーだと伯母さんにうそをついた。見誤ってたのは、ぼくのほうだったわけだ。

そんなこんなで二時間が過ぎ、田崎さんが言う。

「じゃあ、僕はそろそろ」

「駅までの道はわかる？」と伯母さんが尋ね、

「うん。区画整理されてるから、すごくわかりやすかったよ」と田崎さんが答える。

とっさの思いつきで、伯母さんに言った。

「ノート買わなきゃいけないから、ぼくが行くよ。駅まで」

ちょっとわざとらしいような気もしたが、伯母さんはすんなり言う。

「そう。じゃあ、お願い」

（『ホケツ！』小野寺史宜）

＊利実……ぼくと同じサッカー部の部員。

問1　――線①「苦々しい」の意味として最も適切なものを次から選び、記号で答えなさい。

ア　とても恥ずかしい　　イ　非常に不愉快だ

ウ　かなり苦しい　　エ　たいへん切実だ

問2　――線②「そういうのとは別のところで、ぼくは限界を迎えつつあった」とありますが、「ぼく」はなぜ「限界を迎えつつあった」のですか。その理由として最も適切なものを次から選び、記号で答えなさい。

ア　自分がレギュラーであると、うそをついていることがバレてしまうと思ったから。

イ　田崎さんが伯母さんの相手になるということに納得できていないから。

ウ　満点の田崎さんと比べ、うそをついている自分のことが情けなく感じたから。

エ　試合に出ない自分を見られたことで、とても恥ずかしいと思っていたから。

番号をほしがったやつがいるからじゃないんだ。ごめん。⑤しょうもないうそついてた。ずっと」

「そう」伯母さんはあっさり言う。「別にいいじゃない、そんなこと」

「自分がレギュラーだった人は、みんなそう言うんだよ」

「言うでしょうね。レギュラーじゃないからお前はダメだ、なんて言わないわよ」

驚いた。え、そんなこと言っちゃうの？　と思ったのだ。自分で言わせておきながら。

ぼくだけじゃなく、田崎さんも、それには少し驚いたらしい。

「レギュラーになれる人もいれば、なれない人もいる。それは当たり前。レギュラーになれなかったからくやしいと思う。それも当たり前。大人になってからもね、似たようなことは数多くあるの。会社でもある。例えば自分だけ仕事のプロジェクトから外されたりとかね」

「あるね」と田崎さんも同意する。「今、ちょっとドキッとしたよ。自分のことを言われたのかと思った。プロジェクトから外されるって」

「そういう結果だけを重視する人はたくさんいる。でもそうじゃない人も、たくさんではないけど、いる。⑥見てる人はきちんと見てる。こないだの面談のとき、担任の先生が言ってたでしょ？　顧問の先生が大地のことほめてたって。わたしね、あれ、すごくうれしかったわよ。大地は試合で何点もとってくれるからたすかるって言われるより、ずっとうれしかったと思う」

「あれは、そんな大した意味じゃないよ。ほら、先生は生徒を、どうにかほめなきゃいけないから」

「だとしても、うれしいじゃない。大地は先生がほめたくなる生徒だってことなんだから」

「秋月先生が気を利かせてそう言っただけかもしれないよ。五十嵐は、じゃなくて部の顧問は、そんなこと言ってないかもしれない」

「わたしはそうは思わない」と伯母さんは笑み混じりに言う。「でももしそうなら、それでもやっぱりいいじゃない。あの先生がうそをついてまで大地をほめたいと思ってくれたってことなんだから」

参った。すごい理屈だ。前向き、なのか？　もしそうなら、まるで＊利実だ。前向きすぎる。

あの面談のとき、あそこで秋月先生にああ言われたときに、伯母さんは、ぼくがレギュラーじゃないことに気づいたのかもしれない。五十嵐が言ったという、あれ。人のために努力できる。考えてみれば、レギュラーじゃない生徒にかける言葉っぽい。

いや、もしかすると、その前に。伯母さんは、とっくにわかってたのかもしれない。例えばぼくが背番号13のユニフォームを持ち帰ってきた時点で。いい番号をほしがるやつがいてさ、なんて言い訳のほうを、それこそ苦々しく聞いてたのかもしれない。サッカーに興味がなかったからじゃなく、ぼくがしょうもないうそをついて

るのかもしれない。それでも、指摘されるよりは自分で言うほうがましだ。

ぼくは田崎さんに言う。田崎さんを通して、伯母さんにも言うつもりで。

「総体の試合を、観に来られて、ましたよね？」

慣れない敬語をつかうので、言葉がたどたどしくなる。途切れ途切れになる。

「ソウタイ？」

「あの、えーと、五月の試合。ゴールデンウィークの」

「あぁ。総体、か。総合体育大会、だ」そして田崎さんはあっけなく認める。「うん。観に行かせてもらったよ。何だ、気づいてたのか」

「さっき、もしかしたらって」

「すごいな。あのときはまだ面識がなかったのに」

「部員の誰かのお父さんかと思ったんですけど、誰のでもないみたいだったから」

「そうか。誰の父親でもないとなると、近所のサッカー好きなおじさんか、でなきゃ不審者ってことになるもんね」

「何、田崎くん、観に行ったの？」と伯母さんが尋ねる。

「うん」と田崎さんはやはりあっけなく答える。「大会があるって聞いたから、観に行かせてもらった」

「言ってよ」

「言ったら、行くなと言われるかと思って」

つまり、そういうことだった。田崎さんは、伯母さんにも内緒で、ぼくの試合を観に来たのだ。③ぼくの試合を。ぼくが出ない試合を。

「一人では行かないで、とは言ってたと思うけど」と伯母さんが言う。

一連のその反応は、とても演技には見えない。

「悪いとは思ったんだけどね。見てみたかったんだよ、大地くんを。何ていうか、一人で。といっても、どんな子か確かめたかったとか、絹子に知られないようにしたかったとか、そういうことじゃないんだ。結果的には、そんな形になったけど」

「ぼく、ずっと座ってましたよね？　ベンチに」

「あぁ。うん」

「前半も後半も、ずっと。交代のためのアップもしない。後半、交代で出たのは、あれ、二年生です。試合、出たことないんですよ。練習試合ならちょこちょこありますけど、大会とかの試合には、一度も」

「そうなんだ」

そしてぼくは伯母さんに直接言う。④顔じゃなく、胸のあたりを見て。

「だからさ、試合で点なんかとったことないし、とりようもないんだよ。背番号が13なのは、レギュラーじゃないからであって、いい

問8　本文の内容に合致するものとして最も適切なものを次から選び、記号で答えなさい。

ア　筆者の述べる「まもる」は、それぞれの地域の自然環境や伝統よりも、個人の価値観を最優先にし、外から害を受けないようにかばうという意味がある。

イ　気候変動という世界的に重要な課題については、国際的な合意にたどり着くことはたやすいが、議論する際の表現には十分に気を付ける必要がある。

ウ　個々の国や地域の問題は、「グローバル」という単位に当てはめ、国際的な合意を得ることができる「大きな主語」を採用することによって解決する。

エ　地球市民という考え方は、「大きな主語」と同じ意味を持ち、筆者が述べている「私たち」という主語とは本質的に異なる性質を持つものである。

三　次の文章を読んで、後の問いに答えなさい。

大地は伯母(おば)の絹子と共に生活をしている。

「大地くんのことは、絹子さんから聞いてるよ。何一つ問題を起こさない、よく出来た高校生だとね」

「そんな言い方、してないわよ」

「してないけど。でも僕はそんな印象を持ったな」

よく出来た高校生。①苦々しい。そんなようなことを言ったのだとしても、伯母さんは、面倒のないやつ、というくらいの意味で言ったんだと思う。実際、面倒はないはずだ。例えばぼくは、つかった鍋や食器は伯母さんが帰宅する前に必ず洗っておくし、これは伯母さんが知らないことだけど、しずくが床にはね落ちないよう、小便は洋式便器に腰かけてする。

田崎さんは、どこからどう見ても、よさそうな人だった。角刈りに真っ黒なサングラス、みたいな人や、長髪に真っ黒なレザーパンツ、みたいな人が来ても、ぼくが伯母さんの相手として認めないなんてことはなかったはずだが、この田崎さんなら申し分ない。百点と言っていい。偏差値七十と言ってもいい。

ただ、②そういうのとは別のところで、ぼくは限界を迎えつつあった。言われるくらいなら先に言ってしまおうと思った。そう。あのことだ。田崎さんが総体の試合を観(み)に来たこと。試合の始めから終わりまで自分がベンチに座ってるのを、見られてしまったこと。

もう伯母さんに話は伝わってるのかもしれない。とっくにバレて

問4　――線③「好意的な受け取り方をしたわけではありませんでした」とありますが、なぜ「好意的な受け取り方」をしなかったのですか。その理由を説明しなさい。

問5　――線④「ＳＤＧｓがメディアで取り上げられる際に『自分事』という表現が頻出します」とありますが、筆者は「自分事」という表現に対してどのような問題点を感じていますか。最も適切なものを次から選び、記号で答えなさい。

ア　社会課題などについて、自分が取り組んだことへの責任は自分で負うことになってしまう点。

イ　社会課題などについて、自分が何も行動しなかったことに罪悪感を感じてしまうかもしれない点。

ウ　社会課題などについて、自分の関わり方を考えることに対して強制力が働いてしまう点。

エ　社会課題などについて、自分の持つ印象が他人とかけ離れていたことに気付かされてしまう点。

問6　――線⑤「こうした論調」とありますが、どういう論調ですか。内容を説明したものとして最も適切なものを次から選び、記号で答えなさい。

ア　幅広い人間を対象とした主語を用いて、個人個人への行動の変化を要求する論調。

イ「個人」を対象とした主語を用いることで、一人ひとりの行動を尊重する論調。

ウ「個人」を主たる単位として考え、各々の個性的な考えを大切にする論調。

エ「グローバルな公共財」という考えが、周囲の人々から非難されてしまう論調。

問7　――線⑥「サステイナビリティについて考えるときの主語を『私』から『私たち』にすると何が起こるのでしょうか」とありますが、どのようなことが起こりますか。説明しなさい。

ているという空気感をつくり出すことができます。全人類が共通して合意できそうな範囲まで、議論する時の単位をズームアウトして大きくしていくことで、個々の国や地域の文脈のことは基本的に誤差として扱われます。しかし、そうした思い切り引きの視点に立ったときに起こることは、個別の文脈における「小さな主語」の喪失ではないでしょうか。少なくとも、こうした大きな主語で語られるものは、私たちが日々往来している複数の「私たち」のような、日々の暮らしのなかで使われる小さな主語が語りやすい部類の話題ではありません。

或い(ある)は地球市民（グローバルシティズンシップ）のように、この世界に住む一人ひとりが地球という惑星の住民であり、そのことによって果たすべき義務や責任があるのだ、という考え方もあります。これは言い換えれば、全地球をひとつの単位として「私たち」という感覚を持つことができるという主張です。しかし、こうした非常に大きなスケールで語られる「私たち」は、ここで紹介してきた家族や友人、職場や学校の知人、同じ地域に暮らす人々というような、そこに含まれる人々を個人単位で認識できたり、そうしたいと思えば直接にコミュニケーションが取れる範囲とは本質的に異なる性質のものでしょう。

（『私たちのサステイナビリティ―まもり、つくり、次世代につなげる』 工藤尚悟）

＊アジェンダ……計画。

問1　――線①「まもる・つくる・つなげる」とありますが、その内容を説明したものとして最も適切なものを次から選び、記号で答えなさい。

ア　自然を保全し、大人が暮らしやすい環境を整え、それを次世代につなげていくこと。

イ　少数派の意見を大切にして、特有の文化を生み出し、皆で後世に伝えていくこと。

ウ　伝統を重んじながら、新たなルールをつくり、それを人々が代々改革していくこと。

エ　大切にされてきた考え方を守りつつ、アイデアや価値を創造し、継承していくこと。

問2　――線②「衝突を起こしてしまう」とありますが、これを言い換えた箇所を本文から二十六字で探し、最初と最後の五字をそれぞれ書き抜きなさい。

問3　[A]～[C]の接続語の組み合わせとして、最も適切なものを次から選び、記号で答えなさい。

ア　A　さらに　B　例えば　C　なぜなら

イ　A　しかし　B　そして　C　なぜなら

ウ　A　しかし　B　例えば　C　つまり

エ　A　さらに　B　そして　C　つまり

ケールがとても大きい主語が必要になります。これらの主語を用いて語られるのは、地球的課題に全人類が協力して取り組む必要があり、そのことについて「私」という個人が適切に行動しているかどうか、責任を果たしているかどうか、という世界観です。ですが、こうした話は私という一個人が日々暮らしている時間や空間とはスケールがかけ離れたものでもあり、なかなか手触り感のない話です。

それでは、⑥サステイナビリティについて考えるときの主語を「私」から「私たち」にすると何が起こるのでしょうか。まず、「私たち」が示す範囲について考えてみたいと思います。

読者の皆さんは「私たち」という表現を使うとき、どのくらいの範囲の人々が含まれている感覚があるでしょうか。あなたの両親や兄弟くらいの範囲の人たち、職場や学校で親しくしている人たち、住んでいる場所のご近所さんや町の人たちなど、複数あることと思います。もちろん、物理的な空間に囚(とら)われる必要はなく、ＳＮＳなどを通じたオンライン上の知り合いやグループという範囲もありえます。こうしたそれぞれの範囲において個別に形成される「私たち」において、大事にされている物事は、共通するものと異なるものがあると思います。例えば家族の範囲の「私たち」と、職場や学校の人たちの範囲の「私たち」では、大事にしている価値観が違っているでしょう。しかし、私たちはそうした複数の「私たち」の間を行き来し、異なる意見や価値観を上手く受け入れながら、日々を暮らしています。

このことが何を意味するのかというと、まず「私たち」という主語は最初から複数の境界を含んでいるということです。「私たち」と発するときに、それはそのときその時の文脈によって異なる範囲の人々を示しており、その範囲の人たちが共有している価値観を参照しています。例えば、家族のことを指して「私たちは（私たち家族は）」と言うこともあれば、住んでいる町のことを指して「私たちは（私たちこの町の人間は）」と言っていることもあるでしょう。

［C］、「私たち」は多元的に世界をとらえるために私たちがほぼ無意識のうちに日々使っている共同的な主語なのです。別の言い方をすれば、「私たち」という主語は、複数の異なる価値観を持った集団を併存させています。

こうした特徴を持った「私たち」という主語でサステイナビリティを考えるということは、その時点で複数のサステイナビリティがあることを受け入れ、それらのあり方を考えるということになり、「何をまもり、つくり、つなげていくのか」というサステイナビリティの中心的な問いに対して、無理なく、複数の異なる回答を持つことにつながっていきます。

ＳＤＧｓのような地球規模の共通目標は長年にわたる交渉を経て設定されています。この過程で起きていることは、地球全体を意味する「グローバル」という単位を当てはめることによって、国際的な合意に至ることができる「大きな主語」を採用することです。こうした大きな主語は、国や地域によって異なる意見を、全て内包し

も豊かになった国々の若者が発したメッセージには、意図せずに、今まさに彼らの国のように豊かになることを目指している開発途上国に対して、これまでに様々な環境負荷を生じさせた上で豊かになった国々が、これ以上の資源利用や炭素排出をしないように要求するような側面があり、そのことが強い反発を生みました。このように、気候変動という全人類に共通の課題についてさえ、私たちはその対策に求められる国際的な合意にたどり着くために、長い年月にわたるタフな交渉を繰り返してきているのです。

気候変動のように世界的に重要とされる課題についても、それぞれの立場からの異なる正義の押し付け合いが生じるのであれば、やはりそうした対話のなかでどのような表現を用いるのかについて深慮する必要があります。

例えば、④SDGsがメディアで取り上げられる際に「自分事」という表現が頻出します。SDGsはどこか遠くの国の知らない誰かの話なのではなく、自分たちの国や地域で今まさに起きている諸課題を解決していくために必要なものであり、個々人がSDGsを自分事として行動していく必要がある、そうした責任が私たち一人ひとりにはあるのだ、と語りかけてきます。読者の皆さんはこうした個人の行動を喚起するメッセージに対してどのような印象を持たれているでしょうか。

私は「自分事」のように個人の行動と責任を強調する表現は、効果的な場面とそうでない場面があると思います。SDGsや社会課題などについて「自分事として行動を」と言われると、自分がどう関われるのかを考えるきっかけになる反面、今までそのことについて特に詳しく知ろうとも何か行動しようともしていなかったことについて少し責められたような気がして、多少の居心地の悪さを感じてしまったりもするものです。

こうした側面がありつつも、個人の行動や責任を強調するメッセージは今後もさらに加速していくような予兆があります。［B］、気候変動に対してグローバルな倫理観を示す「地球規模の正義(Planetary Justice)」や、環境を全人類で共有している資源であるとする「グローバルな公共財(Global Commons)」というような考え方が国際学会などで頻繁に登場するようになってきています。こうした「地球」や「グローバル」という全ての人々を含んだ主語を用いて一人ひとりの行動を促そうとする語りは、あるひとつの考え方を示すことで、それとは異なる意見を説得するようなコミュニケーションになっています。⑤私はこうした論調が出てくる要因は「個人」を主たる単位として議論が組み立てられているからだと見ています。こうした語りが必ずしも全ての社会に馴染(なじ)むわけではないでしょうから、より集団的な意識の強い社会に向けては、異なる主語を用意する必要があるでしょう。私は、その主語こそが本書のタイトルにもある「私たち」だと考えています。

私たちのサステイナビリティ

気候変動やSDGsに代表されるような全地球的なアジェンダ*について考えるときには「地球」や「グローバル」というような、ス

ざした民俗芸能や信仰、伝統知のような無形のものも含まれます。
「つくる」は、「作る」であり「創る」です。物理的なものや仕組みを作ることであり、アイデアや価値を創ることです。これには、低炭素社会への転換を図るために必要な環境技術の開発や、我々の社会に生まれる全ての子どもたちが毎日栄養のある食事を取ることができ、質の高い教育を受けることができるようにするための仕組みというようなものも含まれます。

そして「つなげる」は、「繋げる」であり「継承（継いで承る）」です。人々がつながって「私たち」という共同的な主語を持つことであり、世代を超えたつながりを意味します。ここでのつなげるは、これまで私たちが社会としてまもってきたこと、これからの世の中をより良くするために新しくつくったことを、将来世代へと手渡していくことです。

こうしてサステイナビリティを「まもる・つくる・つなげる」こととらえると、いずれもが日常会話のなかでも頻繁に使う動詞ですから、より社会に広く浸透しやすくなるでしょう。また、これまで「持続可能な開発」と言われてきたものについても「まもり、つくり、次世代につなげる開発」と表現してみてもよさそうです。表現としてやや長いのがネックかもしれませんが、その場合には、「持続可能性とは、まもり、つくり、つなげることだよ」というように、難しい言葉をその意味を噛み砕いて子どもに教えるときのように、持続可能性の副題として使ってみるとよいと思います。

主語を問い直す

さて、サステイナビリティの定義を「将来世代にまもり、つくり、つなげていきたいことを考え行動していくこと」とすると、次に考える必要があるのは、どのような主語でこれを語っていくのかということになります。サステイナビリティについて、ひとつの統一された主語で語るということには、実は大きな難しさがあります。それは「何をサステイナブルにするのか（何をまもり、つくり、つなげていくのか）」ということについて答えるときの主語を、一個人の「私」にしてしまうと、私が考えるサステイナビリティと他人（他の「私」）が考えるサステイナビリティが、②頻繁に衝突を起こしてしまうからです。将来世代にわたってまもり、つくり、つなげていきたいと考える事柄について、私たちが全会一致で合意できたならば、その実現のために必要な行動もきっとスムースに進めていけるのでしょう。［A］、実社会においてはそのような合意が取れるということは非常に稀なことです。

二〇一八年八月、スウェーデンの一〇代の環境活動家であるグレタ・トゥーンベリさんがはじめた気候変動のための学校ストライキと、それに続く大人世代に適切な行動を要求するデモが大変話題になりました。彼女の行動に賛同し実際に自分たちでもデモを組織したり参加したりした若者が世界中にいた一方で、必ずしも全ての国のリーダーたちがそうした先進国の若者を中心とした気候変動に対する社会運動に対して③好意的な受け取り方をしたわけではありませんでした。既に産業化を果たし、経済面でも教育や医療福祉の面で

割く。かやうにして、頂より足のつま先まで見れども、別のこがねはなし。その時主後悔して、「もとのまゝにておかましものを」とぞ申しける。

（『伊曾保物語』）

＊まろかし…玉
＊かい子…卵
＊しるし…効果

① ――線「思ひけるやうは」とありますが、これを現代仮名遣いに直し、全てひらがなで答えなさい。

② 本文から分かる教訓を説明したものとして最も適切なものを次から選び、記号で答えなさい。

ア　生き物の命を大切にしないと、天罰がくだるということ。
イ　目先の利益にとらわれていると、損をするということ。
ウ　人前で欲を出し過ぎると、周囲から嫌われるということ。
エ　我慢することができないと、苦労が増えるということ。

二　次の文章を読んで、後の問いに答えなさい。

まもり、つくり、次世代につなげる

和訳を考える際には、まずは訳そうとしている概念の意味するところや細かなニュアンスを、誰にとってもわかりやすい言葉で説明できる必要があります。サステイナビリティがもともと含んでいる意味合いを取りこぼさないようにしながら日本語で説明するとしたら、どのような表現があるでしょうか。私なりに、サステイナビリティと持続可能な開発の概念が含んでいる「ある物や事を下から支え続けながら、次世代に手渡していく」という意味合いを含んだ表現を考えてみました。色々な表現を検討しながらも、本章を書いている今日のところまでいちばん納得感があるのが、次の表現です。

サステイナビリティとは、今日まで私たちの社会のなかで大事にされてきたことをまもりながら、これから新しく私たちの社会のなかで大切にされてほしいことをきちんと大切にできるような仕組みをつくり、さらにそのような考え方を次世代につなげる、という考え方のこと。

サステイナビリティをこのようにとらえ直し、再定義した上で、ではその新しい和訳を考えてみると、それは①「まもる・つくる・つなげる」がよいのではないかと考えています。

ここでの「まもる」は、「守る」であり「護る」です。これまで私たちの社会のなかで大切にされてきた物事や価値観を守り保全しながら、外から害を受けないようにかばい保護することです。これには自然環境や遺産など有形のものも、それぞれの地域の風土に根

二〇二三年度 日本大学豊山高等学校

【国　語】（五〇分）〈満点：一〇〇点〉

〔注意〕解答する際、句読点なども一字と数えること。

一　次の問いに答えなさい。

問1　――線を漢字に直しなさい。ただし、送りがなの必要なものは、それも含めて書きなさい。

①　彼はカンダイな心の持ち主だ。

②　明るくホガラカな校長先生。

問2　――線の漢字の読みを、ひらがなで書きなさい。

①　疫学の立場から意見を言う。

②　問屋が小売店に商品を卸す。

問3　――線の意味として最も適切なものを次から選び、記号で答えなさい。

テレビの世界も年々コンプライアンスが厳しく言われるようになっている。

ア　法令遵守　　イ　情報内容

ウ　規模効果　　エ　情報格差

問4　「創造」の対義語として最も適切なものを次から選び、記号で答えなさい。

ア　維持　　イ　模倣　　ウ　破談　　エ　劣化

問5　次のそれぞれの四字熟語と意味の組み合わせとして最も適切なものを選び、記号で答えなさい。

ア　竜頭蛇尾【意味】肝心なところが不十分であること。

イ　五里霧中【意味】失敗を重ねて目標に迫っていくこと。

ウ　馬耳東風【意味】自然などの美しい風物に親しむこと。

エ　朝令暮改【意味】指示が変わってばかりで定まらないこと。

問6　次の漢文を書き下し文にしなさい。

春眠不レ覚エレ暁ヲ

問7　次の文章を読み、後の問いに答えなさい。

ある人庭鳥を飼ひけるに、日々に金のまろかし*をかい子*に産むことあり。主これを見て、よろこぶ事かぎりなし。しかりといへども、日に一つ産むことをたへかねて、「二つも三つも続けさまに産ませばや」とて、その鳥を打ちさいなめども、そのしるし*もなく、日々に一つより外は産まず。主心に思ひけるやうは、「いかさまにもこの鳥の腹には、大なるこがねや侍るべき」とて、その鳥の腹を

英語解答

1 (1) 4 (2) 2 (3) 3 (4) 2
(5) 3

2 (1) 2 (2) 1 (3) 4 (4) 1
(5) 2

3 (1) 3 (2) 1 (3) 1 (4) 4
(5) 1

4 (1) cheap (2) medicine
(3) cousin (4) borrow
(5) island

5 (1) you for helping me with
(2) to know which bus to
(3) something wrong with her mobile phone
(4) is one of the biggest cities
(5) lend you the book I bought

6 A 2 B 4 C 5 D 1
E 3

7 A 2 B 1 C 4 D 3
E 5

8 (1) get rich (2) 2 (3) 1
(4) 4，5

1〔放送問題〕解説省略

2〔対話文完成─適文選択〕

(1)A：今週末，何か予定はあるの？／B：まだ決めていないんだ。／A：私のパーティーに来ない？／B：それはいいね。それに参加するよ。//Why don't you ～？は「～するのはどうですか」と‘提案・勧誘’を表す表現。Bの最後の言葉にあるitがmy partyを受けている。

(2)A：留学するそうね。／B：うん。夏休みの間，ハワイに滞在するんだ。／A：これまでにハワイに行ったことはあるの？／B：いや，これが初めての外国体験になるよ。//Have you ever been to ～？「これまでに～へ行ったことがありますか」

(3)A：何かお探しですか？／B：はい。息子たちが気に入るお菓子を探しているんです。／A：かしこまりました。アイスクリームはいかがですか？　たくさんの味をそろえております。／B：ああ，すみません，家に着くまで1時間くらいかかるんです。//How about ～？「～はどうですか」flavor「味，フレーバー」

(4)A：今日は気分が良くなさそうね。大丈夫？／B：気分が悪いんだ。お医者さんに診てもらいたい。どこに行ったらいいか教えてくれる？／A：もちろん。ここから近い病院を知ってるわ。一緒に行こうか？／B：うん，お願い。//Could you tell me ～？で「私に～を教えてもらえますか」。where to go「どこに行くべきか」は‘疑問詞＋to不定詞’の形。この表現は疑問詞に応じて「何を〔いつ，どこに，どのように〕～したらよいか」という意味を表す。

(5)A：すみません。公園へ行く道を教えてくれますか。／B：ごめんなさい。私もこの辺りはよく知らないんです。／A：あっ，そうなんですか？／B：でもこの近くで警察署を見ましたよ。そちらまでお連れしましょうか？//直後のare you？に着目。これは同じbe動詞を使った文のI'm a stranger around here, too.を受けた言葉で，are you (a stranger around here)？のかっこ内の部分が省略されたもの。このように相手の発言に対して疑問文の省略形で繰り返すことで「そうなの？」といった意味を表せる。　(類例) I saw Mr. Smith yesterday. — Did you？「昨日スミス先生に会ったんだ」―「そうなの？」　stranger「見知らぬ人，(場所に)不案内な人」

3〔適語(句)選択〕

(1) I've known と現在完了形の文であることに着目する(I've は I have の短縮形)。since は現在完了形とともに用いられて「～以来(ずっと)」という意味を表す。　「私はジャックのことを，私が子どもだった頃からずっと知っている」

(2)強い忠告を表す'had better＋動詞の原形'「～した方がよい」の否定形は'had better not＋動詞の原形'と had better の直後に not を置く。　「あなたは私たちと一緒にいない方がいい」

(3)'It is ～ to …'「…することは～だ」の構文。interesting「(物事が)興味深い，おもしろい」と interested「(人が)興味を持っている」の意味の違いに注意。

(4)'ask＋人＋物事'「〈人〉に〈物事〉を尋ねる」の'物事'の部分が間接疑問になっている形。間接疑問は'疑問詞＋主語＋動詞...'の語順。　「先生は私たちを止めて，どこに向かっているのかを私たちに尋ねた」

(5)'as ～ as …'「…と同じくらい～」の表現で，本問のように'数'について述べる場合，'as many＋数えられる名詞の複数形＋as …'という形になる。　「私の父は，あなたのお父さんと同じくらいたくさんの本を持っています」

4〔和文英訳―適語補充〕

(1) cheap「(値段が)安い」　(2) medicine「薬」　(3) cousin「いとこ」　(4) borrow「～を借りる」　(5) island「島」

5〔整序結合〕

(1)「～してくれてありがとう」は Thank you for ～ing で表せる。　'help＋人＋with＋物事'「〈人〉の〈物事〉を手伝う」

(2)「知りたいのですが」は'would like to＋動詞の原形'「～したい」の形で would like to know とまとめる。「どのバスに乗ったらいいのか」は'疑問詞＋to不定詞'の形で which bus to take とする。このように which は直後に名詞をとり'which＋名詞'で１つの疑問詞となる。

(3)「～にはどこか調子が悪いところがある」は，There is something wrong with ～で表せる。このように something など -thing で終わる代名詞を修飾する形容詞は後ろに置かれ'-thing＋形容詞'の形になることに注意。

(4)'one of the＋最上級＋複数名詞'「最も～な…のうちの１つ」の形をつくる。

(5)'lend＋人＋物'「〈人〉に〈物〉を貸す」の形で I will lend you the book とし，the book を関係代名詞節で修飾する。the book I bought は book と I の間に目的格の関係代名詞が省略された'名詞＋主語＋動詞'の形。

6〔長文読解―適語選択―説明文〕

≪全訳≫❶世界中で，およそ20億人がそのレースをテレビで見ていた。その夜，競技場には約８万人がいて，その観衆の声や音は驚くべきものだった。しかし選手たちは観衆のことは考えていなかった。彼らは次の10秒間のことだけを考えていた。このレースに勝つか負けるかを決める10秒，母国のために金メダルを勝ち取るための10秒だ。❷突然，競技場がとても静かになった。そして選手たちはスタートの号砲を聞き，走り始めた。２秒後，彼らは時速30キロで動いていた。アメリカのジャスティン・ガトリンがすばらしいスタートを切り，ヨハン・ブレイクとタイソン・ゲイもいいスタートだった。有名なジャマイカ人ランナーのウサイン・ボルトは，初めは彼らに遅れたが，すぐにどんどん迫ってきた。レースの半ばで，ボルトは全員を抜きかけていた。彼はその中で最も背が高く，その長い足ですぐに他の走者たちを引き離そうとしていた。彼はレースを9.63秒で終えた。オリンピック新記録だ！　故郷のジャマイカでは，家族や友人たちが跳び上がり，興奮して叫んだり泣いたりした。❸最高のアスリートだけが，オリンピックで母国のために競うことができる。ほとんどの選手たちが，あの2012年８月のレースを10秒未満でゴールしたが，彼らがオリンピックの決勝にたどり着けたのは，何千時間もの苦しい練習があったからだ。❹オリンピックは世界のスポーツにおいて最大の競技会である。オリンピックはこれまで何度も行われており，そこで多くの偉大なアスリートたちが競い合ってきた。しかし，オリンピックはどのように始まり，人々はいつこの競技会のために集まり始めたのだろうか。オリンピックの物語を理解したいなら，私たちは時代を古代ギリシアまでさかのぼる必要がある。

＜解説＞Ａ．この後選手たちが走り出したのは，スタートの号砲を「聞いた」から。　Ｂ．ウサイン・ボルトは，最初は遅れていたが，「どんどん迫ってきた」のである。nearer and nearer は‘比較級＋and＋比較級’の形で「ますます～」の意味。　Ｃ．move away で「離れる」。前の was と合わせて過去進行形になる。　Ｄ．ほとんどの選手たちがレースを10秒未満で「終えた」。　Ｅ．‘want to＋動詞の原形’「～したい」

7〔長文読解―適文選択―物語〕

≪全訳≫❶ウェズリー・オートリーにとっては，いつものニューヨークの１月の午後だった。ウェズリーは４歳と６歳の娘２人を迎えに行き，自分が仕事へ向かう前に娘たちを家に連れて帰るところだった。親子３人が地下鉄の電車が到着するのを待っていたとき，線路の近くに立っていた若い大学生が急に震え始めて，それから地面に倒れた。Aウェズリーと他の２人の女性がその若者を助けようとした。初めは，その学生は立ち直るように思えた。彼はよろよろと立ち上がり，すると突然，後ろの方，線路の上へ倒れていった。❷Bウェズリーはすぐに電車が来るとわかっていたので，すばやく行動した。彼は２人の女性のうちの１人に自分の娘たちを見ていてくれるように頼むと，線路に飛び降りた。ウェズリーは大学生をプラットホームへ持ち上げようとしたが，その学生はあまりにも混乱して，弱っていた。❸そしてウェズリーは，風が吹きつけてくるのを感じ，電車の音を聞いた。顔を上げると，明るい光が自分たちの方へ急速に向かってくるのが見えた。C彼にはもう時間がなかった。❹ウェズリーは自分にできる唯一のことをした。すばやく，彼は学生を線路の間の低い空間に押し込んでから，その上に横たわった。ウェズリーは大学生が動けないように，その腕と足を押さえつけて言った。「おい，動かないでくれよ！　君が動いたら，私たちのどちらかが死ぬぞ！」❺電車は止まることができず，２人の真上を走り過ぎた。ブレーキがひどい音を立てた。ホームにいた人たちは恐怖のあまり目をつむった。Dようやく電車が止まったとき，静まり返っていた。そのとき，線路から声が上がった。「私たちはここで無事だ！」❻地下鉄のホームにいた群衆から歓声が沸いた。❼「その上に娘が２人いるんだ」　ウェズリーは続けた。「娘たちに，パパは大丈夫だと知らせてくれ！」❽その後，何日も何週間も，ウェズリーはたくさんの人から称賛された。ドナルド・トランプはウェズリーに１万ドルの小切手を提供した。Eウェズリーの家族は地下鉄の年間無料乗車券と１週間のディズニーワールド旅行を与えられた。そして，その若い学生の学校は，ウェズリーの娘たちを無料で教えることを申し出た。❾しかしその日，ウェズリーは体についたほこりを払って，その若者が病院スタッフに無事預けられるのを見ると，平然と仕事へ出かけた。彼は自分が正しいことをしたということに満足していたのだ。

<解説>A．突然震え出した学生が倒れた場面。ウェズリーは助けようとしたと考えられる。 B．この後に続く，ウェズリーが女性に頼みごとをして線路に飛び降りたという内容が，1の Wesley acted quickly の具体的な説明になっている。 C．大学生とウェズリーが線路から出られないうちに電車のライトが近づいてきている。時間が足りなかったのである。 out of time「時間がなくなって」 D．空所の前で電車のブレーキの音がしている。 E．この段落では，ウェズリーの行動がたたえられ，いろいろなものを贈られたことが述べられている。

8〔長文読解総合―説明文〕

≪全訳≫❶あなたはドードーを覚えているだろうか。この大きくておとなしい鳥は，インド洋のモーリシャス島にだけ生息していた。ドードーは飛べなかったが，そこでは他の動物からの危険にさらされることはなかった。だからドードーは恐れることを知らなかった。それから，モーリシャス島に人間がやってきた。彼らはイヌなどの新しい動物を船に乗せて持ち込み，これらの動物がドードーを殺した。それから，人間は木を切り倒し，この鳥たちのすみかを破壊した。そして一部の人たちはドードーを，食べるためではなく，狩りが好きだからという理由で狩った。1680年頃までに，最後のドードーは死んでいた。これは昔に起きたことだが，私たちはドードーを忘れることはできないし，生きているドードーを再び目にすることは決してないだろう。❷動物には人間が現れる前に絶滅していたものもある。しかしアジアから最初の人々がアメリカに到着した後，北米にいた大型動物の73パーセントと南米(にいた大型動物)の80パーセントが消えた。オーストラリアでは，人間がアジアからそこへ移動してきた後，大型動物の90パーセントが消えた。人間はこれらの動物を全て殺したのだろうか。違うかもしれないが，私たちにはわからない。しかし動物たちは確かに死んだのだ。❸その後，およそ500年前，ヨーロッパ人が多くの他の場所を初めて訪れた。ヨーロッパ人訪問者たちはこれらの場所を多くの点で変え，そして多くの動物たちを殺した。そして今日でも，動物を殺したいがために他国を訪れる旅行客がいる。たいてい，彼らは動物を食べたいとか，その肉を売りたいからとかいう理由でこれをするわけではなく，狩りが好きだからするのだ。しかし多くの国で人々が動物を殺すのは，こうすると大金を稼ぐことができるからである。サイは人々がそのツノを買いたがるので死ぬ。トラのような大型動物の美しい毛皮を買いたがる人もいる。そのような人たちはそれらを家に飾ったり，それらからかばんや衣服をつくったりする。だからハンターたちはサイやトラなどの動物を殺して金持ちになるのだ。❹人間は動物の自然生息地も破壊している。彼らは新しい建物を建てて，動物のことは考えない。彼らは車のために新しい道路をつくったり，川を動かして新しい町をつくったりする。彼らは木を切り倒し，その土地を農地にする。❺人間は危険な動物をその本来の故郷から異国へ連れていくこともある。そこにいる動物は新しい種を恐れないので，危険から距離を置こうとしない。クマネズミはアジアからガラパゴスへ船で行った。そこの鳥はそのネズミを恐れなかったので，ネズミは多くの異なる種の鳥たちを簡単に殺した。そのような鳥のうちの何種かは，ガラパゴスにしか生息していなかった。クマネズミが来た後，そのような鳥たちはいなくなったのだ。❻ビクトリア湖にも人間の影響を見ることができる。ビクトリア湖は東アフリカのケニア，タンザニア，ウガンダの間にある巨大な湖である。この湖は小さな魚シクリッド約300種の生息地であり，シクリッドの新種が現れることもあった。しかし1950年代，その湖に近い国々でもっと多くの食料が必要になった。彼らは，エジプトのナイル川から(シクリッドより)大きな２種類の魚，ナイルパーチとナイルティラピアをとって，それらを湖に放したのだ。パーチは小さなシクリッドを食べ，まもなく多くの種が絶滅した。ティラピアは他の魚を食べはしないが，一部のシクリッド種の食べ物を食べた。そのこともシクリッドの命を奪う要因になった。❼この後，新しい問題が生まれた。シクリッドのほとんどの種は湖の藻を食べる。しかし今はシクリッドがあまりいないので，藻が増えているのだ。町や工場が原因の汚染も藻の助けとなっており，50年がたった現在，藻は５倍から10倍に増えている。藻が死ぬと，湖水は自由に流れることができない。水はひどく汚れてしまうのだ。現在ビクトリア湖は死にかけており，やがてどんな動物もいなくなってしまいそうである。人間は世界を以前より汚れた場所にしている最中であり，汚染は動物にとってはもう１つの危険なのだ。❽そして世界では毎年7500万人の人間が生まれている。彼らは動物と全く同じように，家，水，そして食べ物が必要だ。動物と人間はこの世界でともに暮らすことができるのだろうか。

⑴＜語句解釈＞make a lot of moneyは「たくさんのお金を稼ぐ」という意味。これとほぼ同じ意味を表すのはget rich「金持ちになる」(第３段落最終文)。　‘get＋形容詞’「～になる」

⑵＜指示語＞Thatに当てはまる内容を探すと，前の文の内容が該当する。ティラピアがシクリッドの食べ物を食べたことでシクリッドの食べる物が減り，シクリッドは死んでいったということ。

⑶＜適語選択＞この段落では，人間がもたらした新たな問題として，50年にわたるビクトリア湖の藻の増加を実例として挙げながらpollution「汚染」について述べている。人間は世界を以前より汚れた場所にしているのである。

⑷＜内容真偽＞1.「ドードーはとても弱くて飛べなかったので，死ぬことになっていた」…×　第１段落第３～９文参照。ドードーが絶滅したのは人間が原因である。　2.「多くの大型動物が，最初の人間たちが多くの場所に到着する前に死んだ」…×　第２段落第２，３文参照。多くの動物が絶滅したのは，人間が入ってきた後である。　3.「ヨーロッパ人訪問者たちは動物の世話をするために多くのお金を使った」…×　そのような記述はない。　4.「新しい種は，他の種にとって危険になるかもしれない」…○　第５，６段落の内容に一致する。　5.「町や工場が原因の汚染は，動物たちが死ぬもう１つの理由である」…○　第７段落の内容に一致する。　6.「人間にとっては，動物のことだけを考えることが重要である」…×　そのような記述はない。

数学解答

1 (1) 23　(2) $21+\frac{3\sqrt{3}}{2}$　(3) $-\frac{7}{12}y$　(4) $-\frac{2}{3}b$　(5) $(5x-2)(x+y)$

2 (1) $x=-1,\ y=-\frac{1}{2}$　(2) $x=-5,\ -6$　(3) $b=\frac{6x-a-c}{2}$　(4) 16通り

3 (1) $a=-2,\ b=3$　(2) $\frac{1}{24}$　(3) ① $90°-a°$　② $\frac{\sqrt{13}}{2}$

4 (1) $(-2,\ 4)$　(2) $y=-2x+3$　(3) $\left(-\frac{3}{4},\ 0\right)$

5 (1) $\sqrt{6}$　(2) 19：12

6 (1) 5：1　(2) 1：5　(3) 26：25

1〔独立小問集合題〕

(1)＜数の計算＞与式$=-25\times\frac{4}{25}-8\div\left(-\frac{8}{27}\right)=-4-8\times\left(-\frac{27}{8}\right)=-4-(-27)=-4+27=23$

(2)＜数の計算＞$\sqrt{27}=\sqrt{3^2\times3}=3\sqrt{3}$，$\sqrt{12}=\sqrt{2^2\times3}=2\sqrt{3}$ だから，与式$=(3\sqrt{3}+3)(3\sqrt{3}-2)-\frac{9}{2\sqrt{3}}=(3\sqrt{3})^2+(3-2)\times3\sqrt{3}+3\times(-2)-\frac{9\times\sqrt{3}}{2\sqrt{3}\times\sqrt{3}}=9\times3+3\sqrt{3}-6-\frac{9\sqrt{3}}{2\times3}=27+3\sqrt{3}-6-\frac{3\sqrt{3}}{2}=27+\frac{6\sqrt{3}}{2}-6-\frac{3\sqrt{3}}{2}=21+\frac{3\sqrt{3}}{2}$

(3)＜式の計算＞与式$=\frac{3(2x-3y)-2(3x-y)}{12}=\frac{6x-9y-6x+2y}{12}=-\frac{7}{12}y$

(4)＜式の計算＞与式$=4a^4b^2\div\frac{3abc^3}{4}\times\left(-\frac{c^3}{8a^3}\right)=4a^4b^2\times\frac{4}{3abc^3}\times\left(-\frac{c^3}{8a^3}\right)=-\frac{4a^4b^2\times4\times c^3}{3abc^3\times8a^3}=-\frac{2}{3}b$

(5)＜式の計算―因数分解＞与式$=(3x-2)(x+y)+2x(x+y)$と変形して，$x+y=A$とおくと，与式$=(3x-2)A+2xA=\{(3x-2)+2x\}A=(5x-2)A$となる。$A$をもとに戻して，与式$=(5x-2)(x+y)$である。

2〔独立小問集合題〕

(1)＜連立方程式＞$2x+y=x-5y-4$……①，$2x+y=3x-y$……②とする。①より，$x+6y=-4$……①′　②より，$-x+2y=0$……②′　①′+②′より，$6y+2y=-4+0$，$8y=-4$　$\therefore y=-\frac{1}{2}$　これを②′に代入して，$-x+2\times\left(-\frac{1}{2}\right)=0$，$-x-1=0$，$-x=1$　$\therefore x=-1$

(2)＜二次方程式＞$x^2+11x+24=-6$，$x^2+11x+30=0$，$(x+5)(x+6)=0$　$\therefore x=-5,\ -6$

(3)＜等式変形＞両辺を6倍して，$a+2b+c=6x$，a，cを移項して，$2b=6x-a-c$，両辺を2でわって，$b=\frac{6x-a-c}{2}$となる。

(4)＜データの活用―$\boldsymbol{a}$の値の個数＞a以外の6日分のデータは，小さい順に，272，300，315，359，372，384となる。7日分のデータの中央値は，個数を小さい順に並べたときの4番目の値である。中央値が315個より，6日分のデータの小さい方から3番目の値が，7日分のデータの小さい方から4番目の値となるので，$a\leqq315$である。また，$7=3+1+3$より，第1四分位数は，小さい方の3つのデータの中央値だから，小さい方から2番目の値である。第1四分位数が300個で，6日分のデータの小さい方から2番目の値だから，$a\geqq300$である。よって，aのとりうる値は，$300\leqq a\leqq315$を満たす自然数だから，$315-299=16$(通り)ある。

3〔独立小問集合題〕

(1)＜関数―$\boldsymbol{a}$，$\boldsymbol{b}$の値＞aが負の数より，一次関数$y=ax+b$は，xの値が増加するとyの値は減少する。xの変域が$-1\leqq x\leqq2$のときのyの変域が$-1\leqq y\leqq5$だから，$x=-1$のとき最大で$y=5$，$x=2$のとき最小で$y=-1$となる。$x=-1$，$y=5$を代入して，$5=a\times(-1)+b$より，$-a+b=5$……①となり，x

$=2$，$y=-1$ を代入して，$-1=a\times2+b$ より，$2a+b=-1$……②となる。①，②を連立方程式として解くと，①－②より，$-a-2a=5-(-1)$，$-3a=6$，$a=-2$ となり，これを①に代入して，$-(-2)+b=5$，$b=3$ となる。

(2)<確率―さいころ>さいころを3回投げるとき，それぞれ6通りの目の出方があるから，目の出方は全部で $6\times6\times6=216$(通り)ある。奇数の目が出たときは－1点，偶数の目が出たときは出た目の数が得点となるから，得点の合計が3点になるのは，$3=-1+2+2$ より，奇数の目が1回と2の目が2回出たときである。奇数の目が1のとき，1と2と2の目が出るから，(1回目，2回目，3回目)＝(1，2，2)，(2，1，2)，(2，2，1)の3通りある。奇数の目が3のとき，5のときも同様にそれぞれ3通りなので，得点の合計が3点になる場合は $3\times3=9$(通り)ある。よって，求める確率は $\frac{9}{216}=\frac{1}{24}$ である。

(3)<平面図形―角度，長さ>①右図で，$\angle BDC=a°$ のとき，$\overset{\frown}{BC}$ に対する円周角より，$\angle BAC=\angle BDC=a°$ である。線分ACは円Oの直径だから，$\angle ABC=90°$ である。よって，△ABCで内角の和は180°だから，$\angle ACB=180°-\angle ABC-\angle BAC=180°-90°-a°=90°-a°$ となる。　②右図で，円Oの半径だから，$OB=OA=OC=\frac{1}{2}AC$ である。①より，△ABCは $\angle ABC=90°$ の直角三角形だから，$AB=6$，$BC=4$ のとき，三平方の定理より，$AC=\sqrt{AB^2+BC^2}=\sqrt{6^2+4^2}=\sqrt{52}=2\sqrt{13}$ となる。よって，$OB=\frac{1}{2}\times2\sqrt{13}=\sqrt{13}$ であり，円O′の半径は $O'B=\frac{1}{2}OB=\frac{1}{2}\times\sqrt{13}=\frac{\sqrt{13}}{2}$ である。

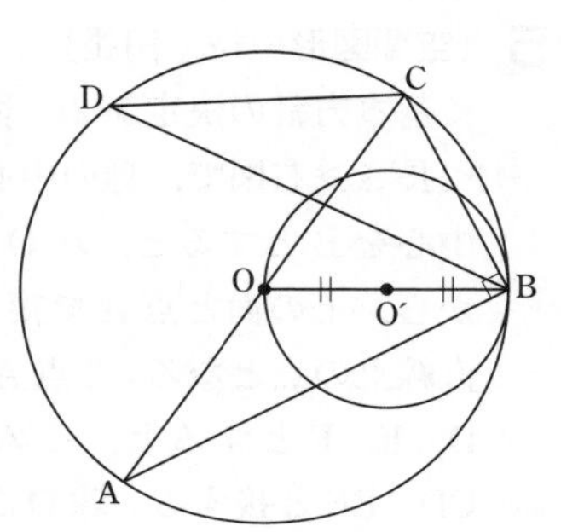

4 〔関数―関数 $y=ax^2$ と一次関数のグラフ〕

≪基本方針の決定≫(3)　まず，台形ACOBの面積を求める。

(1)<座標>右図で，点Cは放物線 $y=x^2$ と直線 $y=-2x$ の交点だから，2式より y を消去して，$x^2=-2x$ より，$x^2+2x=0$，$x(x+2)=0$　$\therefore x=0,\ -2$　よって，点Cの x 座標は－2であり，$y=(-2)^2=4$ だから，C(－2，4)である。

(2)<直線の式>右図で，AB∥COより，直線ABと直線COの傾きは等しい。直線COの式が $y=-2x$ より，直線COの傾きは－2だから，直線ABの傾きは－2である。よって，その式は $y=-2x+b$ とおける。B(1，1)を通るので，$1=-2\times1+b$ より，$b=3$ となり，直線ABの式は $y=-2x+3$ である。

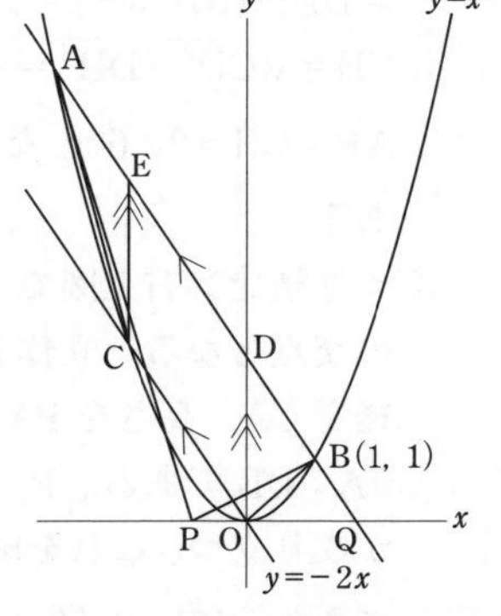

(3)<座標>右図で，直線ABと y 軸の交点をD，点Cを通り y 軸に平行な直線と直線ABの交点をEとすると，AB∥CO，CE∥ODだから，四角形ODECは平行四辺形であり，〔台形ACOB〕＝△ACE＋▱ODEC＋△BODとなる。(1)より，点Cの x 座標は－2であり，(2)より，直線ABの切片は3だから，D(0，3)であり，OD＝3である。▱ODECは，底辺をODと見ると高さは2となるから，▱ODEC＝3×2＝6となる。また，点Bの x 座標は1だから，△BODは，底辺をODと見ると高さは1であり，$\triangle BOD=\frac{1}{2}\times3\times1=\frac{3}{2}$ である。点Aは放物線 $y=x^2$ と直線 $y=-2x+3$ の交点だから，$x^2=-2x+3$ より，$x^2+2x-3=0$，$(x-1)(x+3)=0$　$\therefore x=1,\ -3$　よって，点Aの x 座標は－3である。△ACEは底辺をCE＝OD＝3と見ると，高さは，2点C，Aの x 座

標の差より，$-2-(-3)=1$となるから，$\triangle ACE=\frac{1}{2}\times3\times1=\frac{3}{2}$である。したがって，〔台形ACOB〕$=\frac{3}{2}+6+\frac{3}{2}=9$となるので，$\triangle APB=$〔台形ACOB〕$=9$である。次に，直線ABと$x$軸の交点をQとし，P$(t,\ 0)$とする。点Qの$x$座標は，$0=-2x+3$より，$x=\frac{3}{2}$となるから，Q$\left(\frac{3}{2},\ 0\right)$となり，$PQ=\frac{3}{2}-t$である。PQを底辺と見ると，点Aの$y$座標が$y=(-3)^2=9$より，△APQの高さは9となり，点Bの$y$座標が1より，△BPQの高さは1となる。これより，$\triangle APB=\triangle APQ-\triangle BPQ=\frac{1}{2}\times\left(\frac{3}{2}-t\right)\times9-\frac{1}{2}\times\left(\frac{3}{2}-t\right)\times1=6-4t$と表せる。よって，$6-4t=9$が成り立ち，$t=-\frac{3}{4}$となるから，P$\left(-\frac{3}{4},\ 0\right)$である。

5〔空間図形—球，円錐〕

≪基本方針の決定≫(2)　切断する前の円錐を考える。

(1)＜長さ＞右図で，球の中心をO，上の面の円の中心をA，下の面の円の中心をBとすると，球Oは，立体Nの2つの底面と側面に接することから，上の面と点Aで接し，下の面と点Bで接し，3点A，O，Bは一直線上の点となる。3点A，O，Bを通る平面と，円A，円Bの交点をC，D，E，Fとすると，その断面はCF∥DEの台形となり，球Oは線分CD，EFと接する。球Oと線分CDの接点をGとし，点Oと2点C，Gを結ぶと，$\angle OGC=\angle OAC=90^\circ$，OC＝OC，OG＝OAより，△OCG≡△OCAとなるから，CG＝CA＝2となる。同様に，点Oと点Dを結ぶと，△ODG≡△ODBとなるから，DG＝DB＝3となる。よって，CD＝CG＋DG＝2＋3＝5である。次に，点CからDBに垂線CHを引く。$\angle OAC=\angle OBD=90^\circ$だから，四角形ACHBは長方形となり，HB＝CA＝2，DH＝DB－HB＝3－2＝1である。したがって，△CDHで三平方の定理より，$CH=\sqrt{CD^2-DH^2}=\sqrt{5^2-1^2}=\sqrt{24}=2\sqrt{6}$となるから，球Oの直径は$AB=CH=2\sqrt{6}$となり，球Oの半径は$OA=\frac{1}{2}AB=\frac{1}{2}\times2\sqrt{6}=\sqrt{6}$である。

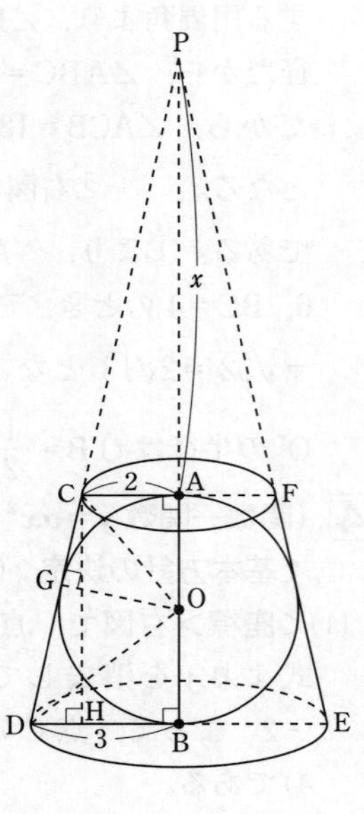

(2)＜体積比＞右上図で，もとの円錐の頂点をPとすると，点Pは線分DC，BA，EFを延長した直線の交点となる。立体Nの体積は，底面の半径をDB，高さをPBとする円錐の体積から，底面の半径をCA，高さをPAとする円錐の体積をひいて求められる。△PCA∽△PDBだから，PA：PB＝CA：DBである。PA＝xとすると，(1)より，$PB=PA+AB=x+2\sqrt{6}$だから，$x:(x+2\sqrt{6})=2:3$が成り立つ。これを解くと，$3x=2(x+2\sqrt{6})$より，$3x=2x+4\sqrt{6}$，$x=4\sqrt{6}$となるから，$PA=4\sqrt{6}$であり，$PB=4\sqrt{6}+2\sqrt{6}=6\sqrt{6}$である。よって，立体Nの体積は$\frac{1}{3}\times\pi\times3^2\times6\sqrt{6}-\frac{1}{3}\times\pi\times2^2\times4\sqrt{6}=\frac{38\sqrt{6}}{3}\pi$となる。また，球Oの体積は$\frac{4}{3}\pi\times(\sqrt{6})^3=8\sqrt{6}\pi$だから，立体Nと球Oの体積の比は，$\frac{38\sqrt{6}}{3}\pi:8\sqrt{6}\pi=19:12$となる。

6〔平面図形—台形〕

≪基本方針の決定≫(3)　三角形の相似を利用する。

(1)＜長さの比＞次ページの図で，線分AEは台形ABCDの面積を2等分するから，$\triangle ABE=\frac{1}{2}$〔台形

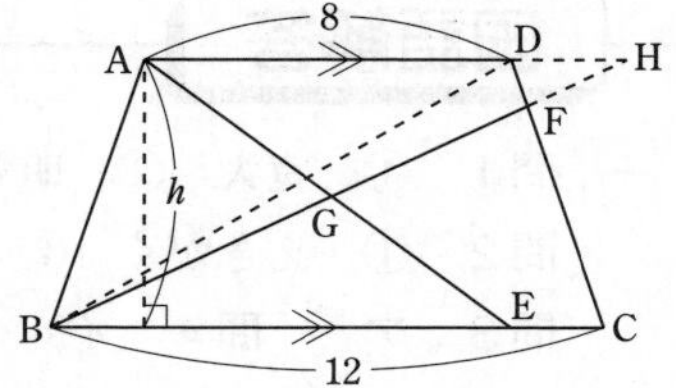

ABCD〕$=\frac{1}{2}\times\left\{\frac{1}{2}\times(8+12)\times h\right\}=5h$ となる。よって，$\frac{1}{2}\times$BE$\times h=5h$ が成り立ち，BE＝10となる。EC＝BC－BE＝12－10＝2となるから，BE：EC＝10：2＝5：1である。

(2)<長さの比>右図で，点Bと点Dを結ぶ。線分BFは台形ABCDの面積を2等分するから，(1)より，△BFC＝$\frac{1}{2}$〔台形ABCD〕＝$5h$ である。△BDC＝$\frac{1}{2}\times12\times h=6h$ だから，△BDF＝△BDC－△BFC＝$6h-5h=h$ と表せる。よって，△BDF：△BFC＝h：$5h$＝1：5となるから，DF：FC＝1：5である。

(3)<長さの比―相似>右上図で，辺AD，線分BFの延長の交点をHとする。∠DFH＝∠CFBであり，AH∥BCより，∠DHF＝∠CBFだから，△DFH∽△CFBである。これより，HD：BC＝DF：FCであり，(2)よりDF：FC＝1：5だから，HD：BC＝1：5となる。よって，HD＝$\frac{1}{5}$BC＝$\frac{1}{5}\times12=\frac{12}{5}$ となり，HA＝AD＋HD＝$8+\frac{12}{5}=\frac{52}{5}$ となる。また，∠AGH＝∠EGB，∠AHG＝∠EBGだから，△AGH∽△EGBである。したがって，AG：GE＝HA：BE＝$\frac{52}{5}$：10＝26：25である。

═読者へのメッセージ═

[3](2)で，さいころを使った確率の問題が出題されました。1の目が赤いのは，日本のさいころだけのようです。もし興味がありましたら，なぜ1の目が赤いのか，調べてみてください。

国語解答

一　問１　①　寛大　②　朗らか
問２　①　えきがく　②　おろ
問３　ア　問４　イ　問５　エ
問６　春眠暁を覚えず
問７　①　おもいけるようは　②…イ

二　問１　エ
問２　それぞれの～いが生じる
問３　ウ
問４　開発途上国に対して，さまざまな環境負荷を生じさせたうえで豊かになった国が規制を要求する側面があるから。
問５　イ　問６　ア
問７　サステイナビリティの中心的な問いに対して，複数の異なる回答を持つことにつながっていくということ。
問８　エ

三　問１　イ　問２　ア　問３　イ
問４　ウ
問５　ぼくがレギュラーでないことを理由に伯母さんから部を辞めるように言われたくなかったから。
問６　人のために努力できる［点］
問７　ア

一〔国語の知識〕

問１<漢字>①「寛大」は，心が広く思いやりがあること。　②音読みは「明朗」などの「ロウ」。

問２<漢字>①「疫学」は，人間集団の病気の原因や健康状態などについて，統計的に明らかにする学問のこと。　②「卸す」は，商品を問屋が小売店に売り渡す，という意味。

問３<語句>「コンプライアンス」は，法令や道徳などを守ること。

問４<語句>「創造」は，新しいものを初めてつくり出すこと。「模倣」は，すでにあるものをまねること。

問５<四字熟語>「朝令暮改」は，朝に出した命令をその日の夕方には改めるということから，法令や命令が頻繁に変わって定まらないこと。「竜頭蛇尾」は，最初のすばらしい勢いが最後は全くなくなること。「五里霧中」は，現在の状況がわからず，方針や見通しが立たないこと。「馬耳東風」は，人の意見や批評を気にとめず聞き流すこと。

問６<漢文の訓読>「春眠」→「暁」→「覚」→「不」の順に読む。レ点は，一字返って読む訓点。春の夜は寝心地がよく，夜明けになってもなかなか目が覚めない，という意味で，孟浩然の漢詩「春暁」の起句。

問７≪現代語訳≫ある人が鶏を飼っていたが，毎日金の玉を卵で産むことがあった。飼い主はこれを見て，非常に喜んだ。けれども，一日に一つ産むことに我慢ができず，「二つも三つも続けざまに産ませたいものだ」というので，その鳥を責めたけれども，その効果もなく，一日に一つしか産まない。飼い主が心に思うには，「どう考えてもこの鳥の腹の中には，大きな金があるはずだ」と思って，その鳥の腹を割いた。このようにして，頭のてっぺんからつま先まで見たが，金はない。そのときになって飼い主は後悔して，「元のままにしておけばよかったのに」と言ったそうだ。

①<歴史的仮名遣い>歴史的仮名遣いの語頭以外のハ行は，現代仮名遣いでは原則として「わいうえお」になる。また，歴史的仮名遣いの「au」は，現代仮名遣いでは「ou」になる。　②<古文の内容理解>飼い主は，鳥の腹の中に大きな金があるに違いないと欲を出し，一日に一つ金の卵

を産む鳥を殺してしまった。大きな利益を得ようとした結果，飼い主は，金の卵を産む鳥を失ったのである。

二 〔論説文の読解―社会学的分野―現代文明〕出典；工藤尚悟『私たちのサステイナビリティ―まもり，つくり，次世代につなげる』。

≪本文の概要≫サステイナビリティとは，「将来世代にまもり，つくり，つなげていきたいことを考え行動していくこと」である。この定義を，一つの統一された主語で語ることは難しい。将来世代に何をまもり，つくり，つなげていくかを考えるとき，私たちが全会一致で合意することは，困難である。気候変動のような世界的に重要とされる課題ですら，それぞれの立場からの異なる正義の押しつけ合いが生じるのである。したがって，どのような表現を用いるかについて，深慮が必要である。メディアでSDGsが取り上げられるとき，個人の行動と責任を強調する表現が頻出する。「地球」や「グローバル」という，全ての人々を含んだ主語を用いて一人ひとりの行動を促そうとする表現は，異なる意見を説得するような姿勢が感じられる。対して，複数の境界を含む「私たち」という主語は，多元的に世界をとらえ，複数の異なる価値観を持った集団を併存させることができる。「私たち」という主語でサステイナビリティを考えることは，複数のサステイナビリティがあることを受け入れ，無理なく複数の異なる回答を持つことにつながるのである。「グローバル」という大きな主語は，国や地域によって異なる意見を全て内包しているという空気感をつくり出すが，個別の文脈における小さな主語を喪失することにもつながるのである。

問１＜文章内容＞サステイナビリティとは，「今日まで私たちの社会のなかで大事にされてきたことをまもりながら，これから新しく私たちの社会のなかで大切にされてほしいことをきちんと大切にできるような仕組みをつくり，さらにそのような考え方を次世代につなげる，という考え方のこと」である。

問２＜表現＞サステイナビリティについて語る主語を「一個人の『私』」にすると，それぞれが考えるサステイナビリティが「衝突を起こしてしまう」ため，一つの統一された主語で語るのは，難しい。気候変動のように世界的に重要とされる課題についてさえ，「それぞれの立場からの異なる正義の押し付け合いが生じる」のである。

問３＜接続語＞A．「将来世代にわたってまもり，つくり，つなげていきたいと考える事柄について，私たちが全会一致で合意できたならば，その実現のために必要な行動もきっとスムースに進めていける」のだろうが，「実社会においてはそのような合意が取れる」のは「非常に稀なこと」である。　B．SDGsについて，「個人の行動や責任を強調するメッセージ」がさらに加速していく予兆があり，例として，「地球規模の正義」や「グローバルな公共財」という考え方が「国際学会などで頻繁に登場するようになってきて」いることが挙げられる。　C．「私たち」という主語は，「文脈によって異なる範囲の人々を示しており，その範囲の人たちが共有している価値観」を表すのであり，要するに，「多元的に世界をとらえるため」の主語であるといえるのである。

問４＜文章内容＞豊かになった先進国の若者による気候変動に対する社会運動には，「豊かになることを目指している開発途上国に対して，これまでに様々な環境負荷を生じさせた上で豊かになった国々が，これ以上の資源利用や炭素排出をしないように要求するような側面」があったのである。

問５＜文章内容＞SDGsや社会課題などについて「自分事」という表現を用いると，「今までそのことについて特に詳しく知ろうとも何か行動しようともしていなかったことについて少し責められたような気がして，多少の居心地の悪さを感じてしまったりもする」と，「私」は思うのである。

問6＜指示語＞「『地球』や『グローバル』という全ての人々を含んだ主語を用いて一人ひとりの行動を促そうとする語り」が出てくるのは，社会課題を考える主体を「『個人』を主たる単位」として議論が組み立てられているからだと思われる。

問7＜文章内容＞「私たち」という主語は，多元的に世界をとらえるための「共同的な主語」であり，「複数の異なる価値観を持った集団を併存」させる。「私たち」という主語を用いることは，複数のサステイナビリティがあることを受け入れ，「『何をまもり，つくり，つなげていくのか』というサステイナビリティの中心的な問い」に対して，「複数の異なる回答を持つこと」につながるのである。

問8＜要旨＞「私」の考える「まもる」とは，「これまで私たちの社会のなかで大切にされてきた物事や価値観を守り保全しながら，外から害を受けないようにかばい保護すること」で，これには「自然環境や遺産など有形のもの」も含まれる(ア…×)。気候変動という全人類に関わる課題についてさえ，「それぞれの立場からの異なる正義の押し付け合いが生じる」ため，全会一致で合意することは困難である(イ…×)。「グローバル」という非常に大きなスケールの主語を用いることは，個々の国や地域の問題を「誤差」として扱い，異なる複数の回答を認めないことにもつながる(ウ…×)。また，全地球を一つの単位としてとらえる「地球市民」という主語は，家族や知人のような，「個人単位で認識」したり直接コミュニケーションをとったりできる，「私たち」が示す範囲とは「異なる性質」の主語である(エ…○)。

三〔小説の読解〕出典；小野寺史宜『ホケツ！』。

問1＜語句＞「苦々しい」は，非常に不愉快に感じる，という意味。

問2＜文章内容＞「ぼく」は，伯母さんに，自分がサッカー部のレギュラーであるかのようなうそをついていた。田崎さんに「試合の始めから終わりまで自分がベンチに座ってるのを，見られて」しまい，それが伯母さんに伝わっているかもしれないと思った「ぼく」は，うそをつき続けられなくなったのである。

問3＜表現＞田崎さんが見たのは「ぼく」が「試合の始めから終わりまで自分がベンチに座ってる」姿であり，「ぼくが出ない試合」である。自分がレギュラーであるかのようなうそをついていたことに対する複雑な心情が，「ぼくが出ない」という言葉を加えることによって表現されている。

問4＜心情＞「しょうもないうそ」をついていたことを，「ぼく」は伯母さんに謝りたいと思っているが，直接伯母さんの顔を見ることができず，「胸のあたり」に視線を下げて告白したのである。

問5＜文章内容＞「レギュラーになれないなら部なんてやめちゃいなさい」と言われたくなかったので，「ぼく」は「自分がレギュラーだと伯母さんにうそをついた」のである。

問6＜文章内容＞面談のとき，秋月先生は，サッカー部の顧問が「ぼく」を「人のために努力できる」と評価していたと伯母さんに伝え，伯母さんは，その言葉を非常にうれしく思ったのである。

問7＜文章内容＞「ぼく」は，田崎さんに「慣れない敬語」を使ったり，伯母さんに「しょうもないうそ」をついていたことを打ち明けたりする，素直な人物である(ア…○)。「ぼく」は，例えば「ユニフォームを持ち帰ってきた時点」で，伯母さんが「ぼく」のうそに気づいたのかもしれないと推測している(イ…×)。田崎さんは，単に「ぼく」を見てみたくて，一人で試合を見に行った(ウ…×)。サッカー部の顧問がほめていたという秋月先生の話を，「ぼく」は，顧問は「そんなこと言ってない」のに秋月先生が「気を利かせて」言っただけかもしれないと考えている(エ…×)。

2022年度 日本大学豊山高等学校（推薦）

【英　語】（数学・国語と合わせて70分）〈満点：40点〉

〔注意〕　特にスペルに関して，はっきり読み取れる文字で書くこと。

1　次の英文の（　　　）に入る最も適切なものを，１～４から１つ選び，番号で答えなさい。

（1）　Mike is interested（　　　）Japanese culture.

１．of　　２．in　　３．at　　４．for

（2）　They gave a birthday present（　　　）yesterday.

１．me　　２．mine　　３．to me　　４．to mine

（3）　How（　　　）does it take from here to the station?

１．long　　２．tall　　３．far　　４．many

（4）　（　　　）play basketball together in the park?

１．How about　　２．Were you　　３．Shall we　　４．Let’s

（5）　Have you ever read a book（　　　）by Yoshimoto Banana?

１．wrote　　２．written　　３．to write　　４．writing

（6）　Spring is the season（　　　）many Japanese people like the best.

１．whose　　２．when　　３．where　　４．which

2 次の日本文の意味に合うように，空所に指定された文字で始まる適切な1語を書きなさい。ただし，（　）内に与えられた文字で始め，<u>解答は単語のつづりをすべて書きなさい</u>。

（1） あなたのいちばん好きな教科は何ですか。
What is your favorite（ s　　　　）?

（2） 自分の研究を続けることは，彼女にとって簡単ではありませんでした。
It was not easy for her to（ c　　　　）her studies.

（3） サッカーはブラジルでは有名なスポーツです。
Soccer is a（ f　　　　）sport in Brazil.

（4） 水に対して強い，特別な種類の紙があります。
There is a special kind of paper that is strong（ a　　　　）water.

3 次の各組の（A），（B）がほぼ同じ内容を表すように，（　）に適切な語を1語ずつ入れなさい。

（1）（A） You must not be late for school.
（B）（　　　　）be late for school.

（2）（A） Time is the most important of all things.
（B）（　　　　）is more important than time.

（3）（A） I have never been to Australia before.
（B） This is my（　　　　）time to go to Australia.

（4）（A） Do you know the way to Tokyo Station?
（B） Do you know（　　　　）to get to Tokyo Station?

4 次の英文を読んで，あとの設問に答えなさい。

We need light in our lives, even at night. We have tried to make our everyday lives better, and today we have both the light from the sun and a lot of *artificial lights. But the artificial lights are sometimes too bright at night. Some people are beginning to think about the importance of the darkness.

Artificial lights at night are useful for our lives. Thanks to the lights, people can enjoy the night. There are a lot of shops and restaurants for ①(**like / people / to / who / go out**) at night. They can enjoy shopping and having dinner after work. The night views with a lot of artificial lights are very nice, too. These things help the economy to grow. Artificial lights are also important in another way. If there are a lot of artificial lights on the street, there are fewer crimes. So you may think that it is necessary to have artificial lights at night.

But there are many problems with these bright artificial lights. They may *affect how people sleep. If lights in cities are always bright around you, you may have sleeping problems, like *insomnia. Even the light from smartphones may cause problems with your sleep. We need darkness at night to sleep well. Bright lights at night also affect animals and plants. For example, *migratory birds fly at night, but they sometimes lose their *sense of direction and hit buildings. Some plants are also affected by too much light at night. If they have bright light for a long time, they can't grow well. Darkness at night is necessary for ②**living things**.

For these reasons, we have to try to solve the problems of bright lights at night. Now we understand the darkness at night is important. Then what should you do in your everyday life?

*artificial「人工の」　*affect「～に影響を及ぼす」
*insomnia「不眠症」　*migratory bird「渡り鳥」
*sense of direction「方向感覚」

（1） 下線部①を文脈が通るように正しく並べかえなさい。なお，解答用紙には<u>答えの箇所のみ記入すること</u>。

（2） 下線部②の別の表現を本文中の３語で答えなさい。

（3） 次の問いに対して，最も適切な答えを下から１つ選び，番号で答えなさい。

Which is **NOT** true about the bright artificial lights?

1．They make crimes fewer.

2．They help the economy to grow.

3．They grow all plants well.

4．They cause some birds to lose their sense of direction.

（4） 本文の内容と一致しているものを下から１つ選び，番号で答えなさい。

1．Migratory birds need the bright lights from buildings if they fly through the night.

2．To have different lights is useful when some people work during the night.

3．A lot of artificial lights are useful for our lives, so we should use them more.

4．To have darkness is important when people sleep during the night.

【数　学】（英語・国語と合わせて70分）〈満点：40点〉

〔注意〕 1．定規，コンパス，分度器，計算機などを使用してはいけません。

2．答えが分数のときは，約分して最も簡単な形で答えなさい。

3．根号の中はできるだけ小さい自然数になおしなさい。

1 次の問いに答えよ。

(1) $-\dfrac{3}{10}-\dfrac{2}{5}\div\left(-\dfrac{8}{3}\right)$ を計算せよ。

(2) $(-6a^4b^2)\div(-3ab)^3\times18a^2b^5$ を計算せよ。

(3) $\dfrac{4}{3\sqrt{2}}-\sqrt{50}$ を計算せよ。

(4) $a(x-2)(x+2)+7a(x-2)$ を因数分解せよ。

2 次の問いに答えよ。

(1) 方程式 $2x-\dfrac{x-1}{2}=-1$ を解け。

(2) 2次方程式 $x^2-5x+3=0$ を解け。

(3) 下の図のように，直線 ℓ 上に4個の点A，B，C，Dがあり，直線 m 上に3個の点E，F，Gがある。この7個の点から3個の点を選んで，その3点を頂点とする三角形は全部で何個できるか求めよ。

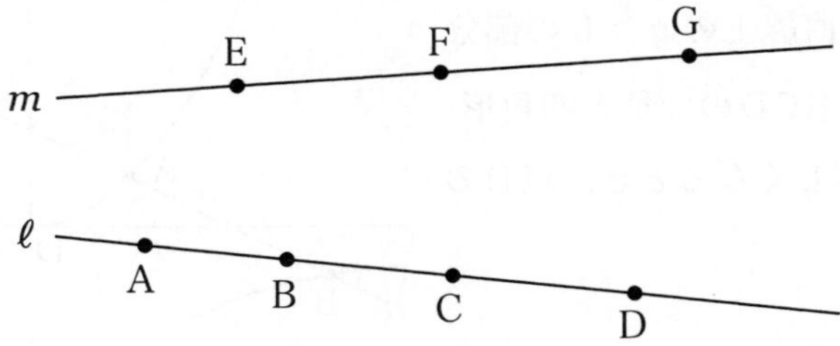

(4) 右の表は，あるクラス30人の冬休み10日間の学習時間を調べて度数分布表に表したものであり，度数が２か所欠けている。このクラスの学習時間の平均値が20時間であるとき，階級値が15時間の階級の度数を求めよ。

冬休み10日間の学習時間調べ

階級（時間）	度数（人）
以上　　未満	
0 ～ 10	10
10 ～ 20	
20 ～ 30	
30 ～ 40	6
40 ～ 50	2
計	30

3 下の図のように，関数 $y=\frac{1}{4}x^2$ のグラフ上にx座標が-2の点Aがあり，関数 $y=\frac{a}{x}$（aは定数，$x<0$）のグラフ上に点B$(-6,\ -1)$がある。このとき，次の問いに答えよ。

(1) aの値を求めよ。

(2) ２点A，Bを通る直線の式を求めよ。

(3) y軸上の$y<0$の部分に点Cをとる。四角形ABCOの面積が40となるとき，次の①，②に答えよ。

① 点Cのy座標を求めよ。

② ２点A，Bを通る直線上の$y>0$の部分に点Dをとる。△BCDの面積と四角形ABCOの面積が等しくなるとき，点Dの座標を求めよ。

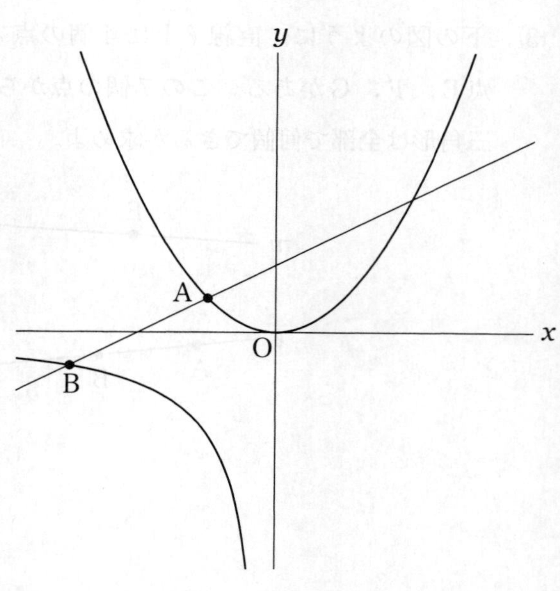

4 下の図のようなAB＝6，BC＝10，∠CAB＝90°の直角三角形ABCを底面とする三角柱ABC-DEFがある。この三角柱のすべての面に接するような球が入っているとき，次の問いに答えよ。

⑴ 辺ACの長さを求めよ。

⑵ 頂点Aと辺EFとの距離を求めよ。

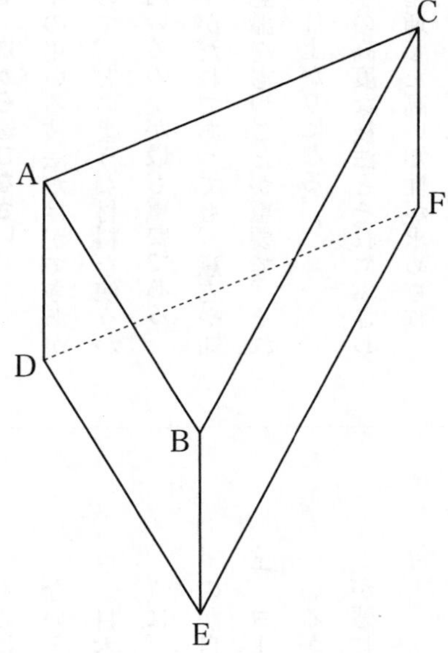

問4　――線②「いかにも日本的だと思う」とありますが、どのような点で「日本的」なのですか。最も適切なものを、次から選びなさい。

ア　つねに予算を気にして、より安価かつ高級感のある素材を選ぼうとしている点。

イ　多少高い予算を使っても、風格や心の安らぎのために木を使用することにこだわる点。

ウ　値段が高いものの方が高級であるという考えのもと、予算を高く設定している点。

エ　自然の木がもつ神秘性に目をつけているが、高い予算を出すことには抵抗感をもっている点。

問5　――線③「日本人の精神構造とその美意識」とありますが、その説明として最も適切なものを、次から選びなさい。

ア　物をつくるときには、作り手の用いる技法だけができあがりの美しさにつながる要素なので、どのような材料を使うかではなくどれだけ高い技法を用いるのかが最も重要である。

イ　物をつくるときには、作り手がだれであっても、意志や知性、そして作り手が明確な美意識をもつことが重要で、それらを持っていれば自ずと美しい仕上がりになる。

ウ　物をつくるときには、作り手の高度な技法とそれにふさわしい材料選びや物体の構造に精通した高い知性が求められ、これらすべての要素が作品の美しさを決定的なものにする。

エ　物をつくるときには、どのような材料を用いるかを決めることこそが美しさに直結する要素なので、どのような技法を用いるかを決めるのはそのあとでも良い。

問6　――線④「木が好まれたもう一つの理由」を、三十字以内で答えなさい。

問7　筆者の主張として最も適切なものを、次から選びなさい。

ア　日本人は、木を使っている間に人間らしい考え方を身につけ、現在では木以外の材料を用いることに抵抗感をもちながら生活している。

イ　ヨーロッパと日本では伝統的な素材こそ違うものの、そのものに対して持っている、形が変わらなければ価値も変わらないという意識は同じである。

ウ　日本人にとっての木、ヨーロッパ人にとっての煉瓦のように、その風土で生まれて長い伝統をもつものに帰って行くのが自然の流れである。

エ　ヨーロッパでは最近、煉瓦づくりの住宅の人気が高まっているが、伝統的な素材である木でつくられた住宅も、安らぎが感じられるという理由で人気がある。

ヨーロッパでも最近は、コンクリート住宅よりも煉瓦（れんが）の住宅に人気が戻っているという。イギリスでは特にその傾向が強いらしい。やはりその風土で生まれ、長い伝統でつちかわれたものに帰って行くのが、一番自然の流れであろう。

私たちは木を使っている間に、そうした日本人らしい考え方が身について来たのか、もともと日本人がそういう民族だったために木を好むようになったのか、それは私にはわからない。だがいずれにしても互いに影響し合いながら、独特の「木の文化」をつくりあげてきたことは事実であろう。

（『日本人と木の文化〜インテリアの源流〜』小原二郎）

＊デコラ…合成樹脂で加工したもの。
＊長足…ものごとの進み方がはやいこと。
＊銘木…上等な木材。
＊旱天…日照り。
＊幾星霜…長い年月。
＊インテリア…内装。
＊エクステリア…外装。
＊画然…区別がはっきりとしているさま。
＊テクスチュア…見たとき、触ったときの感じ。

問１　本文中からは、次の段落が抜けています。入る場所として最も適切なものを、本文中の【　１　】〜【　４　】から選びなさい。

風呂についても同じことがいえる。白木の風呂は衛生的にはプラスチックの風呂おけに劣り、値段もずっと高いのに、なんとなくヒノキの香りが忘れられないのである。古里（ふるさと）を思い出させるにおいだからであろう。

問２　A・B に入る言葉の組み合わせとして最も適切なものを、次から選びなさい。

ア　A　だが　　　B　たしかに
イ　A　つまり　　B　だから
ウ　A　このように　B　さらに
エ　A　そこで　　B　それでは

問３　――線①「そういう人たち」とは、どのような人たちを指しますか。本文中から十五字で書き抜きなさい。

みると、③日本人の精神構造とその美意識、さらにまた自然観は、木ときわめて密接な関係をもっていることが分かってくる。

日本の家とヨーロッパの家のいちばん大きな違いは、室内と戸外とのつながり方にある。私たちの住まいは、植物も動物も人間も、もとは同じ根から出た自然のなかの仮の姿で、この世を「終の棲み家」とする人生観のうえに立ってつくられてきた。だから自然の中に溶け込んで、細い木の柱を立て、障子をはめ、縁側をまわす、という形が基本になっている。障子をあければ自然があって、戸外の緑と室内はひとりでにつながっている。庭は借景でことが足りるし、虫も鳥も家の中に入って来るのを拒まない。山も森も、さらには月でさえも、全体は一つのものだという哲学が基盤になっているわけである。

一方ヨーロッパでは、人間は自然と対立するもので、自然を克服するところに、芸術も文化も生まれると考えた。だから住まいは石やレンガの厚い壁で囲まれているし、重い扉は空気さえも遮断している。*インテリアと*エクステリアは画然と区切られていて、*都市はそのまわりをがんじょうな城壁で囲まなければならなかったのである。

日本のインテリアの特徴は、柱、障子、畳、天井に生物材料を使い、それを白木の*テクスチュアで統一しているところにある。人間はもともと生物だから、からだに接するところに生物をおくのがいちばん素直だし、心も休まる。生物材料で囲まれたインテリアは、自然と人工とが組み合わされた空間だから、日本人にとってヒノキやスギの白木の肌は、戸外の緑と同じ意味あいを持っていた。

④私は木が好まれたもう一つの理由に、仏教の無常観があったことをあげてよいと思う。われわれの祖先は自然も社会も常に移り変わるものと悟っていた。その法則にさからわないで暮らしていくのが、日本人の生き方であった。ヨーロッパでは神の宮居はアテネの神殿のように、永遠にその形を残すものでなければならなかったが、日本では伊勢神宮のように、やがて朽ちていく木でもよかった。

【 4 】

ヨーロッパ的な見方からすれば、二十年ごとに作り換えられる神殿は、原形ではなくコピーだから、価値の低いものと考えるが、日本では芸術も文化も心のなかにあると考えるから、形が伝われば価値は変わらないと思う。すべてのものは人間の命と同じように、限りあるはかないものと知っているから、木のように朽ちて自然に帰っていく素材に、心を惹かれたのである。木は仏教の無常観に通ずる恰好の材料であった。

以上のように考えてくると、ヨーロッパの「石の文化」「金の文化」に対して、日本の「木の文化」が生まれた理由を納得することができる。だからこそ建物の材料には木のような生物材料が選ばれたに違いない。そして同じ木の使い方でも、自然のままの白木の素肌に心の安らぎを覚えたのであった。ヒノキやスギに触れて暮らす生活は、そうした長い伝統によって生まれたのである。

統の製作技法は、いささかの改良案も寄せつけない。弦楽器の響き板には、いまのところ木に代わる材料は見当たらないし、それも天然の木の中からよいものを選び出すよりほかに方法がないという。このように考えてくると、木は実は最も高級な神秘性をもつ材料といってよい。いま見直されようとしている理由はそのためである。

　われわれは木の香りも新しい白木の肌を好むだけではない。時が経てばやがて灰色にくすんで来る木肌を、こんどは「さび」といった独特の世界観の対象にして、別な立場から愛でている。さらにまた、木肌の魅力を生かすわざとセンス、加うるにノミの冴(さ)えによって、美意識は一層高められることになる。だからわが国では、木は単なる材料というよりも、*銘木のように美術品として取り扱われることが多い。一般の用材の中にもそうした考え方が入って来るから、日本人の木に対する評価は理性よりも感情が優先するのである。

　その一例に木材規格がある。一等材は二等材より特に強いわけではないし、腐りにくいのでもない。ただ表層の見てくれが少しばかり美しいか、美しくないかだけの差にすぎない。それなのに価格はべらぼうに違う。こういう評価のしかたは合理性に欠けていて、工業材料という立場からみると、たいへんおかしいのだが、木についてはそれが当たり前のこととして通っている。つまり木材は工業材料ではなくて、工芸材料であり、ある場合には芸術材料ですらある。

【３】

　木の一番大きな特徴は、木目があるということであろう。気候に寒暖の差がある地帯に生える樹木には、一年ごとに年輪ができる。年輪の幅は、樹齢、土壌、気温、湿度、日照などの記録であるから、年輪にはその年の樹木の歴史が刻み込まれる。

　高温多雨の条件に恵まれた熱帯地方の樹木は年輪をつくらない。年中生長をつづけることができるからである。しかし乾季と雨季の交代のはげしいところでは年輪ができる。樹木はまた偽年輪をつくることもある。生長期に洪水や*旱天(かんてん)に見舞われたり、葉を害虫に食われたりすると生長が止まり、回復すると再び生長を続けるので、一年に二つの年輪ができることがある。つまり木目は*幾星霜(いくせいそう)の風雪に耐えた木の履歴書なのである。

　人間にもまた年輪がある。それは精神の中に刻み込まれるから、樹木の年輪のように定かではないが、その人の経験と生きる努力の中から生まれるものである。だからわれわれは木の年輪の複雑な文様の中に、自然と人間との対話を感じ取る。それが木肌の魅力の最大のものといえよう。したがって木は人によって生かされ、人によって使いこまれたとき、本当の美しさがにじみ出てくるのである。

　私たちは物をつくるとき、構造とか技法とかを考える前に、材料の選択に大きなエネルギーを使う。それができあがりの美しさを決定的なものにするからである。だが、西洋の美学ではそういう考え方はしない。どんな材料でも意志と知性と美意識をもってやれば、人間は立派な美術品をつくることができると信じている。こうして

た上位の人たちが、指導的役割を占めている。だが実際に世の中を動かしているのは、各軸ごとの成績は中位でも、バランスのとれた名もなき人たちではないか。バランスのとれた人は人間味豊かで親しみやすい。頭のいい人はたしかに大事だが、バランスのとれた人もまた、社会構成上欠くことのできない要素である。だが今までの評価法では、①そういう人たちのよさは浮かんでこない。思うに生物はきわめて複雑な構造をもつものだから、タテ割りだけで評価することには無理があるのであろう。

人に人柄があるように、木にも木柄がある。ヒノキは貴族的で、スギは庶民的だといったようなことである。人間と同じように使い手次第で名品にもなるし、駄作にもなる。平凡でありながら非凡なのである。日本文化の中における木は、そういう形で生かされてきたし、今後もまた生きつづけるに違いない。

近ごろ、コンピューターよりも人ピューターのほうが頼りになるとか、エンジニアよりも勘ジニアのほうが高級だよ、という意見をはく人があるが、味わい深い言葉だと思う。

お菓子の折箱を前にするたびに思うことだが、ヨウカンをスギの箱に入れると、一段とおいしく感ずるのは不思議である。プラスチックとチョコレートとはしっくりするが、ヨウカンはどうも肌が合わないらしい。寿司についても同じことがいえる。にぎりはヒノキの一枚板の上で食わないとうまくないが、寿司屋のおやじさんは、あの白い木肌を美しく保つために、毎日たいへんな苦労をしている。*デコラの板の上で食ってくれたら大いに助かるのだが、それではお客が承知しない。これも自然の木肌のもつ神秘性のゆえんである。ビフテキの肉はステンレスの上で切るが、サシミはヒノキのまな板でなくては駄目である。ビフテキとサシミの味の距離は金属と木材、そしてまた西洋と日本との違いといってよい。

建物をつくるとき、設計者はたいへんこまかい神経を使って材料を選ぶ。タイルの色の濃い淡いや、ちょっとした汚れで、職人さんはけっこう泣かされる。ところが、いったん建物ができあがると、正面の入口には、ヒノキの一枚板を削って、墨太に「○○省」などと書いた看板をかける。一雨降ればすぐに汚れることはわかっているのに、白木の汚れは一向に気にならない。むしろそれによって、風格がつくという日本的な安心感が得られるらしい。これも木肌のもつ神秘性であろう。

看板に木を使うのは値段が安いためではない。先ごろ農林省が農林水産省と名称を変えたとき、当時の大臣が看板を書いた記事が新聞に出ていた。そこに書かれていた値段から単位容積当たりで計算すると、木曽ヒノキと一番高価なヨウカンは同じ値段になった。それだけの予算を使うなら、どんな材料の看板でも選ぶことができるのに、わざわざ木で作るところが、②いかにも日本的だと思う。

【２】

楽器では、話がもう一つ神秘的になる。バイオリンにしても琴にしても、科学技術が*長足の進歩をした今日でも、木を使った古い伝

二〇二二年度 日本大学豊山高等学校（推薦）

【国　語】〈英語・数学と合わせて七〇分〉〈満点：四〇点〉

〔注意〕解答する際、句読点や記号なども一字と数えること。

一　**次の問いに答えなさい。**

問1　**次の――線を漢字で書きなさい。**

再発防止のためソチを講じる。

問2　**次の――線の読み方をひらがなで書きなさい。**

夕日を浴びながら家路につく。

問3　**次の古文単語の読み方を現代仮名遣いのひらがなで書きなさい。**

いみじう

問4　**「需要」の対義語として最も適切なものを、次から選びなさい。**

ア　供給　　イ　詳細　　ウ　虚偽　　エ　特殊

問5　**次の作品の中から太宰治の作品を一つ選びなさい。**

ア　『蜘蛛（くも）の糸』　　イ　『三四郎』

ウ　『人間失格』　　エ　『雪国』

二　**次の文章を読んで、後の問いに答えなさい。**

木を取り扱ってしみじみ感ずることは、木はどんな用途にもそのまま使える優れた材料であるが、その優秀性を数量的に証明することは困難だということである。なぜなら、強さとか、保温性とか、遮音性とかいった、どの物理的性能をとりあげてみても、木はほかの材料に比べて、最下位ではないにしても、最上位にはならない、どれをとっても、中位の成績である。だから優秀性を証明しにくい、というわけである。

［A］それは、抽出した項目について、一番上位のものを最優秀だとみなす、項目別のタテ割り評価法によったからである。いま見方を変えて、ヨコ割りの総合的な評価法をとれば、木はどの項目でも上下に偏りのない優れた材料の一つということになる。木綿も絹も同様で、タテ割り評価法でみていくと最優秀にはならない。しかし「ふうあい」まで含めた繊維の総合制で判断すると、これらが優れた繊維であることは、実は専門家のだれもが肌で知っていることである。総じて生物系の材料というものは、そういう性質をもつもののようである。

【　1　】

以上に述べたことは、人間評価のむずかしさにも通ずるものがあろう。二、三のタテ割りの試験科目の点数だけで判断することは、危険だという意味である。［B］今の社会は、タテ割りの軸で切っ

英語解答

1 (1) 2　(2) 3　(3) 1　(4) 3
(5) 2　(6) 4

2 (1) subject　(2) continue
(3) famous　(4) against

3 (1) Don't　(2) Nothing
(3) first　(4) how

4 (1) people who like to go out
(2) animals and plants
(3) 3　(4) 4

数学解答

1 (1) $-\frac{3}{20}$　(2) $4a^3b^4$
(3) $-\frac{13\sqrt{2}}{3}$　(4) $a(x-2)(x+9)$

2 (1) $x=-1$　(2) $x=\frac{5\pm\sqrt{13}}{2}$
(3) 30個　(4) 5人

3 (1) 6　(2) $y=\frac{1}{2}x+2$
(3) ① -12　② $\left(-\frac{2}{7},\ \frac{13}{7}\right)$

4 (1) 8　(2) $\frac{4\sqrt{61}}{5}$

国語解答

一 問1　措置　問2　いえじ
問3　いみじゅう　問4　ア
問5　ウ

二 問1　2　問2　ア
問3　バランスのとれた名もなき人たち
問4　イ　問5　エ
問6　朽ちて自然に帰る木に，仏教の無常観に通ずるものを感じたから。（30字）
問7　ウ

2022年度 日本大学豊山高等学校

【英　語】（50分）〈満点：100点〉

〔注意〕 1．特に英語のスペルに関して，ブロック体ではっきり読み取れる文字で書くこと。

2．**1** はリスニングテストです。放送をよく聴いて，それぞれの設問の選択肢から解答を選び，その番号を解答用紙に記入しなさい。なお，放送される内容は，メモをとってもかまいません。

■リスニングテストの音声は，当社ホームページで聴くことができます。(実際の入試で使用された音声です)再生に必要なユーザー名とアクセスコードは「収録内容一覧」のページに掲載しています。

1 　**【リスニングテスト】**

これから，５つの文章を放送します。それぞれの文章のあとに質問が放送されます。その質問に対する答えとして最も適切なものを，１～４の中から１つ選び，番号で答えなさい。文章と質問は２度ずつ読まれます。放送される内容は，メモをとってもかまいません。

(1)　1．Monday.　2．Wednesday.　3．Thursday.　4．Saturday.

(2)　1．Japan.　2．Spain.　3．England.　4．A famous club.

(3)　1．To play baseball.　2．To take pictures of birds.
　3．To see stars.　4．To ride a horse.

(4)　1．$531.　2．$469.　3．$1100.　4．$1131.

(5)　1．Because she went to many foreign countries.
　2．Because she is a high school student.
　3．Because she enjoyed herself in Canada.
　4．Because she wants to study English.

※<**リスニングテスト放送原稿**>は英語の問題の終わりに付けてあります。

2 　次の対話文を完成させるために(　)に入る最も適切なものを，１～４から１つ選び，番号で答えなさい。

(1)　A：Do you like your job?
　B：No, not really.
　A：Why not?
　B：(　　　　)
　1．I have to work for long hours.　2．I like my job, and the pay is good.
　3．My wife works at a bank.　4．I have an interview tomorrow.

(2)　A：May I borrow these three books?
　B：(　　　　)
　A：I see.　How long can I keep these two?
　B：For two weeks.
　1．Sure.　Please ask me if you have any questions.
　2．Yes.　But you have to return them in a week.
　3．I'm sorry you can't.　Please come another day.
　4．No.　We can lend you only two at a time.

(3)　A：Hello.　May I speak to Mr. James, please?

B： I'm sorry. (   )

A： Well, can I leave a message？

B： Hold on, please. I'll get a pen.

1．He's not here at the moment. 2．You have the wrong number.

3．You can go out and see him. 4．He can see you now.

(4) A： We should protect the environment.

B： (   ) but how？

A： I've thought about it for a long time, but I still don't have any idea.

B： Well, we should think about it first.

1．I don't really understand what you said,

2．I don't think it's true,

3．I know you did something,

4．I think you are right,

(5) A： Your passport, please.

B： Here you are.

A： (   )

B： I'm going to study at university.

1．What's your nationality？ 2．What's the purpose of your visit？

3．Where are you going to stay？ 4．How long are you going to stay？

3 次の英文の(　)に入る最も適切なものを，1～4から1つ選び，番号で答えなさい。

(1) Your plan is (   ) better than mine.

1．very 2．much 3．more 4．so

(2) How long have you (   ) in Okinawa？

1．been 2．gone 3．visited 4．came

(3) I have no friend to (   ).

1．talk 2．talk with 3．talking 4．talks

(4) This camera is mine, but that one is (   ).

1．he 2．him 3．his 4．he's

(5) I want to learn how to play either the violin (   ) the piano.

1．also 2．or 3．nor 4．but

4 次の日本文の意味に合うように，空所に指定された文字で始まる適切な1語を書きなさい。ただし，(　)内に与えられた文字で始め，**解答は単語のつづりをすべて書きなさい**。

(1) 私の家族を紹介します。

Let me (i   ) my family.

(2) 私のおばは東京に住んでいます。

My (a   ) lives in Tokyo.

(3) 彼は昨日学校を休みました。

He was (a   ) from school yesterday.

(4) そのボトルは空だった。

The bottle was (e   ).

(5) 私の自転車を修理してくれませんか。
Could you (f　　) my bike ?

5 　次の日本文の意味を表すように(　)内の語を並べかえ，英文を完成させなさい。ただし，文頭に来るものも小文字にしてある。

(1) 彼らはその車を買えるくらいに十分なお金を持っていました。
They (to / were / enough / buy / rich) the car.

(2) 雪で覆われたその山はとても美しいです。
(with / covered / the mountain / is / snow) very beautiful.

(3) 図書館の前で，私は外国人に話しかけられました。
I was (spoken / in / by / a foreigner / to) front of the library.

(4) 彼女からの手紙は彼を幸せにしました。
The letter (him / made / from / happy / her).

(5) ヨーロッパにはいくつの国があるか，知っていますか？
Do you know (how / are / many / countries / there) in Europe ?

6 　次の英文の意味が通るように(Ａ)～(Ｅ)に入る最も適切なものを【語群】から１つずつ選び，番号で答えなさい。ただし，それぞれ１度しか使えないものとする。

American movie-makers make about 600 movies (Ａ) year. Other countries make more movies — there are (Ｂ) than 850 new movies every year in India. But many people watch American movies around the world. Of course, movie-makers know this. Some American movies do not make a lot of money in the US, but people in other countries love them.

Today, the name Hollywood means movies. Before 1910, Hollywood was only a small town near Los Angeles. Movie-makers moved there from New York because they wanted the Californian sun. Their job was easier with good weather. In 1920, Hollywood was the center for American movies. Of course, there was no sound in (Ｃ) movies. Everything changed in 1927 with *The Jazz Singer*. In that movie Al Jolson sang. Much of the movie had no sound, but Jolson also spoke. After that, people wanted more and more movies with sound.

Movies changed in other ways, too. They got bigger and better. Six years after *The Jazz Singer*, King Kong fought airplanes in New York City in one of the most famous movies of 1933 (*King Kong*).

For years, (Ｄ) every star in Hollywood worked for only one movie company. Today, stars can work for (Ｅ) movie companies. Of course, big names in Hollywood make big money. They can ask for $20,000,000 or more for one movie.

【語群】
１. early　　２. almost　　３. different　　４. more　　５. each

7 　次の英文の(Ａ)～(Ｅ)に入る最も適切なものを，１～５から１つずつ選び，番号で答えなさい。ただし，それぞれ１度しか使えないものとする。

"Daddy, why do you always come home so late ?" his son asked.
Alex said, "(　　Ａ　　)"

"How much money do you make an hour, Daddy ?" his son asked.

"That's none of your business !" Alex said, angrily. "What are you doing up so late ! You should be in bed now ! Go to bed !" Surprised by his father's anger, the boy started crying and ran up the stairs.

Alex went to the table and started to eat his cold dinner. After a moment, he put his fork down. Was he too hard on his son ? Alex had a bad day, but his son had nothing to do with it. (B) He should be nicer to the boy, Alex thought.

Alex went upstairs and knocked on the door to his son's room.

"Son ? Are you still awake ?" he asked.

"Yeah," his son said quietly.

"Can I come in ?" Alex asked.

"Yeah," his son said again.

Alex opened the door and walked in. His son was in bed. He stopped crying, but his eyes were still wet with tears.

"I'm sorry I got angry with you. I didn't mean it. It's just that Daddy was working on something very important and today was a very difficult day," Alex said.

His son *nodded, but didn't say anything.

"If you want to know, I make twenty dollars an hour," Alex said.

"(C)" his son asked.

"What ?" Alex said angrily. "Is that why you wanted to know ? So you could ask me for money ?"

(D) Alex soon felt bad about getting angry again. He was so tired. He didn't understand why his son was asking for money, but he was too tired to care. He just wanted to go to sleep. He had another long day tomorrow.

"Look, Son, I'm sorry. Here's ten dollars," he said. He pulled a bill out of his wallet and gave it to his son. His son soon stopped crying. With an excited face, he took the ten-dollar bill. Then, he reached under his pillow and pulled out ten *wrinkled one-dollar bills. He put the money together and held it out to his father.

"Can I buy an hour of your time, Daddy ?" the son asked.

Alex was surprised. He had no idea that the boy missed him. He told his son to keep the money, and that there would be time to play together tomorrow.

"Do you promise, Daddy ?" the boy asked.

"Yes Son, I promise. We'll play tomorrow. As many hours as you like," Alex said. He *tucked his son into bed and gave him a kiss. As Alex got into bed, he said to his sleeping wife, "(E)"

*nod 「うなずく」　*wrinkled 「しわしわの」　*tuck 「～を抱き込む」

1. I'm going to call in sick tomorrow.
2. Could I have ten dollars, then ?
3. His son started to cry again.
4. He didn't spend much time with his son.
5. I was working on something very important, Son.

8 次の英文を読んで，あとの問いに答えなさい。

When you see bones in a museum, they look hard, dry, and dead. But when they are inside our bodies, they are living things. They grow and change, and they can even repair themselves when they are broken. Bones are amazing things.

When a human baby is born, it has about 270 soft bones. When the baby starts to grow, those bones get bigger and harder, and some of them join together. Adults have only (X) bones. By the age of about 25, a person's bones stop growing. Now the person is as tall as he'll ever be !

One of the most important parts of the skeleton is the skull. The 22 skull bones are ①**like** a case for the brain. Most people have 24 ribs, 12 on the left and 12 on the right. Some people, however, are born with one or two ribs more or less. The ribs are like a case for the heart. So if someone falls, the ribs might get hurt, but the heart will be safe.

More than 50 percent of a person's bones are in the hands and feet. There are 27 in each hand and 26 in each foot. This means we can move our hands and feet in many different ways. Bones are very strong and very light. If a person weighs 100 kilograms, only about 15 kilograms of this is bone.

But what happens to bones when people die ? Well, sometimes bones are not destroyed for a long time, maybe for millions of years. Special scientists called *paleontologists study old bones and teeth. They ask questions like these:

・Have all the skull bones joined together ? (This tells them the person's age.)

・What are the teeth like ? (This tells them about what the person ate.)

Bones ②**can** be the key to the secrets of history !

* *

Today, dinosaurs are everywhere: but only in books, movies, and museums. Real dinosaurs lived in our world between 65 and 230 million years ago. That's about 62 million years before the earliest humans. So how do we know so much about them ?

When an animal dies, the (Y) parts of its body are destroyed by nature. But sometimes the (Z) parts, like the skeleton and the teeth, are not destroyed. This happens when the animal's bones are covered quickly by rock. If the bones stay under this rock for a long time, they become fossils. And scientists can study fossils millions of years later !

The first dinosaur fossils were probably discovered thousands of years ago, but people didn't know what they were. The Chinese thought they were dragon bones, and they used them in medicine. And in England in 1676, an Oxford University teacher found a very big leg bone, but he believed it belonged to a *giant.

In 1841, the British scientist Richard Owen gave the name "dinosaur" to a group of animals. From his studies of bones, he showed that they all had the same kind of *pelvis and straight legs (a bit like the human pelvis and legs today). He took the name from the *Greek language: *deinos* meaning "*terrible" and *sauros* meaning "*lizard."

Since then, paleontologists have *dug up dinosaur bones all over the world. Now, we have names for about 700 different kinds of dinosaurs. Some of them ate only plants, but others (only about 3 percent) ate meat.

For many years, people believed that dinosaurs were lazy and didn't use their brains very much. People thought they were only good at fighting other dinosaurs.

But now, we know more from the study of dinosaur bones. Some dinosaur brains were quite big, so they were probably smart. And some dinosaurs lived in groups, so they didn't always fight.

＊paleontologist「古生物学者」 ＊giant 「巨人」 ＊pelvis「骨盤」
＊Greek 「ギリシャの」 ＊terrible 「恐ろしい」 ＊lizard「トカゲ」
＊dug up「～を掘り起こす」

(1) (X)に入る数字として最も適切なものを下から1つ選び，番号で答えなさい。

1．120　2．270　3．206　4．304

(2) 下線部①**like**及び下線部②**can**と同じ用法のものが含まれる英文を以下からそれぞれ選び，適する記号の組み合わせとして，最も適切なものを下から1つ選び，番号で答えなさい。

① like

ア Would you **like** to drink a cup of coffee？
イ I have practiced soccer for many years **like** him.

② can

ウ I **can** play the piano very well.
エ The next English test **can** be very difficult.

1．アとウ　2．アとエ　3．イとウ　4．イとエ

(3) 本文中の(Y)と(Z)にそれぞれ入る語の組み合わせとして，最も適切なものを下から1つ選び，番号で答えなさい。

1．Y：soft　Z：hard　2．Y：hard　Z：soft
3．Y：strong　Z：soft　4．Y：smart　Z：hard

(4) 本文の内容として正しいものを下から2つ選び，番号で答えなさい。

1．Babies have more bones than adults.
2．Bones are very strong because they are 50 percent of a person's weight.
3．When people die, all of their bones are destroyed in a year.
4．Richard Owen found the fossils of a giant.
5．People in China used fossils for medicine.
6．Dinosaurs were good at fighting and always fought other dinosaurs.

＜リスニングテスト放送原稿＞

(1) Man　: No. (1)
Woman : I've been busy this week. On Monday, I had to study math. On Wednesday, I went to a Chinese restaurant to eat dinner with my family. Yesterday, I played volleyball at the beach. Today, I don't have to go to school because it is Sunday.
Man　: Question : What day was yesterday？

(2) Woman : No. (2)
Man　: Jun is good at playing soccer. He belonged to a famous club in Japan when he was a high school student. After he finished high school, he decided to go to Spain to play soccer more. He is now in Spain, and next year, he is going to play soccer in England.
Woman : Question : Where is he going to play soccer next year？

(3) Man　: No. (3)
Woman : Hello, everyone. Welcome to Natural Park. There are two fields you can visit in the park. In the Blue Field, you can play baseball and softball. In the Green Field, you can

take pictures of birds living here. Also, at night you can see many stars all over the sky. You can buy any drink for one dollar in the park.

Man : Question : What is the one thing you CANNOT do in the park ?

(4) Woman : No. (4)

Man : Before Emily started to live in the new house, she wanted to buy three things. One was a telephone. It was $31 dollars. And another thing was a computer. It was $500 dollars. She also wanted to buy a TV, but it was $600. It was too expensive, so she gave up buying a TV.

Woman : Question : How much money did she pay for her new things ?

(5) Man : No. (5)

Woman : Emma is a high school student. She is interested in working in foreign countries. Last year, she went to Canada as an exchange student. She had a good time there and made a lot of friends. Thanks to the experience, she wants to learn more about foreign culture. So, now, she studies hard to get into university to study foreign culture and learn how to communicate with people from other countries.

Man : Question : Why does she want to learn more about foreign culture ?

【数　学】（50分）〈満点：100点〉

〔注意〕　1．定規，コンパス，分度器，計算機などを使用してはいけません。
2．答えが分数のときは，約分して最も簡単な形で答えなさい。
3．根号の中はできるだけ小さい自然数になおしなさい。

1　次の問いに答えよ。

(1)　$(-4^3)\times\dfrac{1}{8}-(-2)^2\div\dfrac{4}{3}$ を計算せよ。

(2)　$\dfrac{2x-3y}{3}-\dfrac{3x-5y}{4}$ を計算せよ。

(3)　$(-2xy^2)^3\div\left(\dfrac{8}{5}x^3y^4\right)\times\dfrac{7}{5}xy^3$ を計算せよ。

(4)　$\left(\sqrt{18}+\sqrt{3}\right)\left(2\sqrt{3}-\sqrt{2}\right)+\left(2\sqrt{3}-\sqrt{2}\right)^2$ を計算せよ。

(5)　$2a^2+ab-2a-b$ を因数分解せよ。

2　次の問いに答えよ。

(1)　連立方程式 $\begin{cases}ax+by=10\\bx-ay=5\end{cases}$ の解が $x=2$，$y=1$ のとき，a，b の値をそれぞれ求めよ。

(2)　2次方程式 $x^2-x=3$ を解け。

(3)　$4\leqq\sqrt{a}<5.8$ を満たす自然数 a の値の個数を求めよ。

(4)　右の表は，あるクラスで実施した数学のテストの得点を度数分布表にまとめたものです。中央値が入る階級の階級値を求めよ。

階級(点)	度数(人)
40以上　50未満	2
50　～　60	10
60　～　70	6
70　～　80	9
80　～　90	7
90　～　100	6
計	40

3 次の問いに答えよ。

(1) 右の図のように，BC $= 8$ cm，CA $= 6$ cm，$\angle$BCA $= 90°$ の△ABCがある。

大小２つのさいころを同時に振り，

大きいさいころの出た目を a，

小さいさいころの出た目を b とし，

辺BC上にBD $= a$ cm，

辺CA上にCE $= b$ cm

となる点D，Eをそれぞれとる。

このとき，△CDE $= 6\text{cm}^2$ となる確率を求めよ。

A
6cm
B
C
8cm

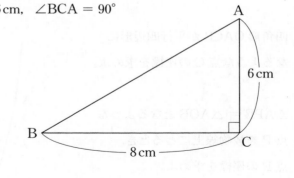

(2) 右の図のように，点Oを中心とした円がある。

点A，B，P，Cは円周上にあり，

AH，AQは，点Aから辺BC，辺PCにそれぞれ引いた垂線，APは $\angle$BAHの二等分線，AB $= 6$，$\angle$ABC $= 60°$ である。

このとき，次の問いに答えよ。

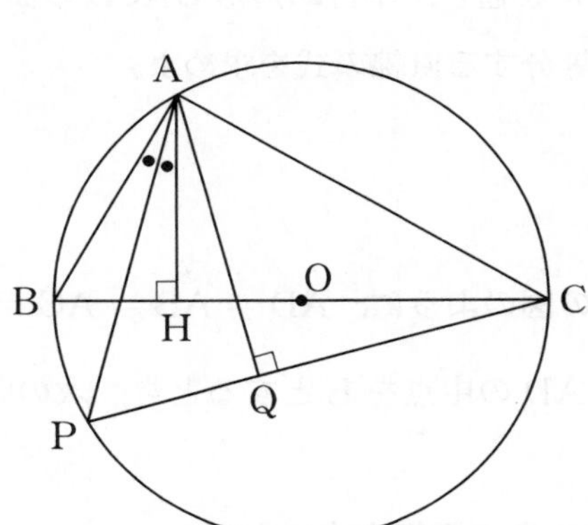

① $\angle$ACPの大きさを求めよ。

② 辺PCの長さを求めよ。

4 下の図のように，点A，Bは放物線 $y=x^2$ 上の点であり，点A，Bの x 座標はそれぞれ -2，1である。このとき，次の問いに答えよ。

(1) 四角形OACBが平行四辺形になるような点Cの座標を求めよ。

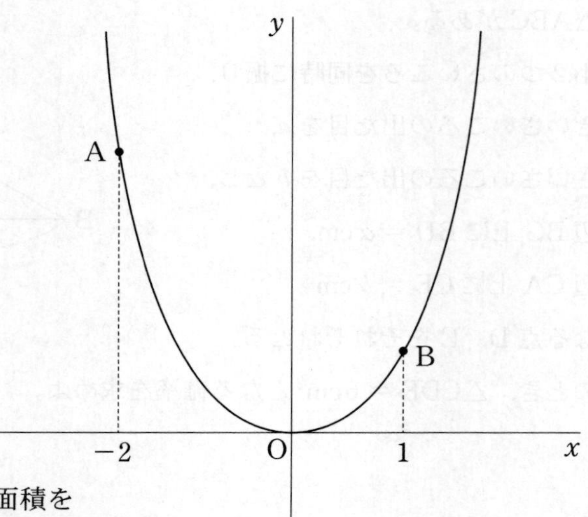

(2) △APB＝△AOBとなるような点Pを放物線上にとるとき，点Pの座標を求めよ。ただし，点Pの x 座標を p とすると，$-2<p<0$ である。

(3) 点Pを通り，平行四辺形OACBの面積を2等分する直線の式を求めよ。

5 下の図のように，AD＝AB＝AC＝DB＝DC＝8，BC＝6の立体がある。辺ADの中点をEとするとき，次の問いに答えよ。

(1) △ECBの面積を求めよ。

(2) この立体の体積を求めよ。

(3) 辺CA上にCP＝4，辺CD上にCQ＝6辺CB上にCR＝3となるように3点P，Q，Rをとるとき，立体C－PQRの体積を求めよ。

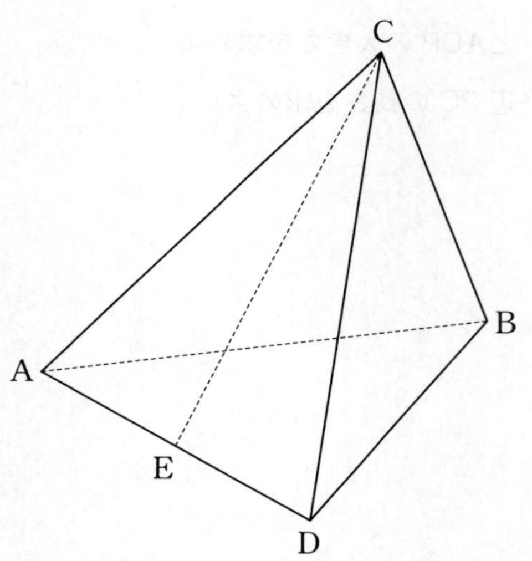

6 座標平面上に原点O，A (1，0)，B (1，1)，C (0，1) がある。

点Pは原点Oを出発して，関数 $y = ax$ ($a > 0$) のグラフ上を動き，正方形OABCの各辺で反射を繰り返し，O，A，B，Cのうちいずれかの頂点に到達すると停止する。

例えば，下の図は，原点Oを出発した点Pが辺AB上の点Dで反射し，辺OCに向かっているようすを表したものであり，点Pが点Dで反射したとき，$\angle ODA = \angle BDP$ となる。

このとき，次の問いに答えよ。

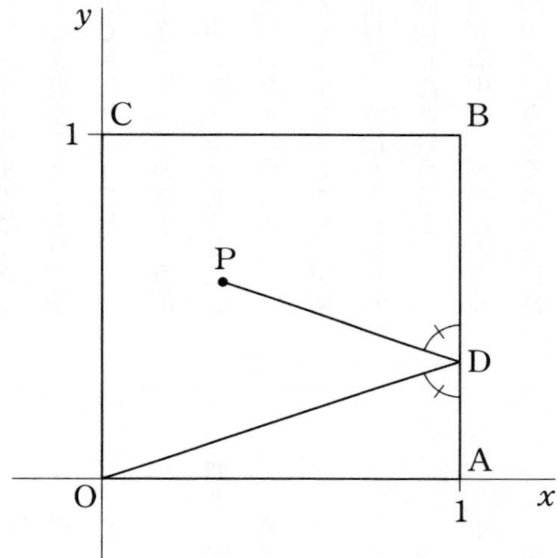

(1) 点Pが原点Oを出発して，辺に1回ぶつかって頂点Cに到達して停止するとき，aの値を求めよ。

(2) $a = \dfrac{3}{4}$ のとき，点Pが原点Oを出発して停止するまでに，辺にぶつかって反射する回数を求めよ。また，O，A，B，Cのうちどの頂点に到達して停止するか答えよ。

問6　――線⑤「あれが、わたしの理由だ」とありますが、どういうことですか。内容を説明したものとして、最も適切なものを次から選びなさい。

ア　百花は車いすエンジニアになりたい理由が今まではっきりとはしていなかったが、みちるの笑顔を見ることにより、期せずして明確な理由に気づくことができたということ。

イ　みちるは今までの経験によって笑顔を失っていたが、百花の奇をてらうような行動によって、車いすテニスをすることが自身の生きる理由につながると気づいたということ。

ウ　佳代子は娘を元気づける仕掛けとしてテニスをさせ、思惑通りにみちるが笑顔になった様子を見て、今後もみちるを元気づけることが生きがいになると確信したということ。

エ　百花は自分の失敗を取り戻そうとする中で、案の定みちるの生きる希望を発見してやることができ、みちるのように絶望している人を相手としていく決心をしたということ。

問7　――線⑥「こんなの」が指す内容として、最も適切なものを次から選びなさい。

ア　遠慮ではなく、積極性を養うということ。

イ　受動的ではなく、能動的な姿勢が大切だということ。

ウ　テニスだけではなく、バスケなどもできるということ。

エ　興奮した状態ではなく、落ち着くことが重要だということ。

問8　本文の内容に合致するものとして、最も適切なものを次から選びなさい。

ア　コーチである雪代は、みちるのテニスプレイヤーとしての才能に気づいており、的確にアドバイスをすることで、才能を開花させようとしている。

イ　審判をしている志摩は、初心者のみちるへのサポートが不可欠であると考え、宝良にプレッシャーを与えようと、非難する言葉をかけ続けている。

ウ　観客である百花と佳代子は、みちるを応援しているうちにお互いを信じあえるようになり、試合の終盤には、言葉がなくとも分かり合えるようになっている。

エ　試合を終えたみちるは、高額な車いすの新調を願い出ることにためらいを感じながらも、今後の生活に希望を見出しており、試合前とは違った気持ちでいる。

問1　――線①「意地悪な笑み」とありますが、宝良はなぜ「意地悪な笑み」を浮かべたのですか。その理由として、最も適切なものを次から選びなさい。

ア　志摩の心配を逆手にとって、みちるから手加減はいらないという言葉を引き出し、気分良く試合をするため。

イ　みちるは負けず嫌いだから手加減を申し出たところで、かえって反発することになるだろうと思ったため。

ウ　佳代子と雪代をさらに困らせることにはなるが、手加減することがみちるのためにはならないと確信していたため。

エ　雪代が自分に不利な条件をつきつけたからには、みちるにハンデ無しの試合を申し込むことが当然だと思っているため。

問2　X に入る語として、最も適切なものを次から選びなさい。

ア　志摩　　イ　みちる　　ウ　宝良　　エ　雪代

問3　――線②「あっと百花はみちるを見た」とありますが、なぜ「あっ」としたのですか。「雪代」という言葉を用いて、その理由を説明しなさい。

問4　――線③「何も言えないまま顔を覆い、うつむいた」とありますが、この時の佳代子の心情を表した部分を十九字で探し、書き抜きなさい。

問5　――線④「首尾はどう？」とありますが、どういうことですか。内容を説明したものとして、最も適切なものを次から選びなさい。

ア　テニスで良い経験をさせることで、百花がみちるに話しやすい状況を作ることができたか聞いている。

イ　テニスを通じて佳代子とみちるの仲が良くなり、みちるが生きる希望を見いだせたか聞いている。

ウ　テニス未経験のみちるに対して本気になってしまったので、怒られないか聞いている。

エ　テニスをしてみた結果、みちるへ良い影響を与えることができたかどうか聞いている。

さっきのみちるの笑顔。

⑤あれが、わたしの理由だ。

いろんな人が、たくさんの人が、競技用車いすに乗って、青空の下を心のままに駆けまわって、そうして浮かべる笑顔を見たい。これから何度でも、何度でも。

そのためにわたしは、車いすエンジニアになりたい。

帰り道の車の中で、みちるはちょっとばつが悪そうに、小さな声で訊ねてきた。

「設計図見せてもらった、新しい車いすに乗ったら、さっきみたいにテニスできる?」

百花はバックミラー越しにみちるを凝視しそうになったが、運転中だったのであわててフロントガラスに目を戻した。落ち着け、事故を起こしたら切腹だ。

「テニスもできるし、ほかの運動もひと通りはできるよ」

「バスケとか、ドッジボールも?」

「うん。――ただね、車いすはパートナーなの。車いすがみちるちゃんを動かしてくれるわけじゃなく、動こうと努力するみちるちゃんを、車いすが最大限にサポートする」

うん、と答えてしまえばよかったかもしれない。⑥こんなのは説教臭いだけで言うまでもないことなのかもしれない。それでも車いすに関わる者として伝えておきたかった。行きたい場所があるのなら、そこへあなたをつれて行くのは車いすではない、車いすに乗ったあなた自身なのだ、と。

そっとバックミラーをうかがうと、鏡の中のみちるは静かな目で百花を見つめ、それから深く頷いた。

「……お母さん、新しい車いす、買ってもらってもいい? わたし、あれで学校に行きたい。お金たくさんかかるけど、いい?」

ためらいがちな、小さなみちるの声が聞こえる。百花は前方の車がブレーキランプを点滅させたのに気づいて速度を落とした。ずっと向こうに、赤信号が見える。

「いいわよ。いいに決まってるでしょ。みちるが楽しくてうれしいのが一番なんだって、お母さん、ずっとそう――」

佳代子の声が途切れたあと、お母さん? とみちるのとまどった声が聞こえた。

百花は車を完全に停止させてから、バックミラーを見た。

鏡の中で、みちるは困った顔をして佳代子の背中をさすっている。「やめてよー……」と眉を八の字にしながら、母親の手を握る。

百花はそっとほほえんで、ミラーから目をそらした。

(『パラ・スター〈Side 百花〉』阿部暁子)

百花の隣で、佳代子が小さな悲鳴のように叫んだ。みちるは宝良が自分を標的にすることを逆手にとって、宝良が球を打つ前にラインぎわに向かって走り出した——要するにヤマを張ったわけだが、それが的中したのだ。宝良が狙ったコースにどんぴしゃの間合いで入ったみちるは、雪代に教えられた通り下からラケットを振り上げるスイングで思いっきり球を打ち返した。

「アウト。デュース」

ボールが勢い余ってコート外に出てしまった時、百花は佳代子と「ああ～」と落胆の声をそろえた。惜しい。すごく惜しい。でもすごい、宝良の球を打ち返した。

その後は雪代がリターンエースを連続で決めてゲームカウント5—2。次も雪代のサーブとあって宝良は苦戦し、40—15で雪代・みちる組がマッチポイントを握った。

しぶとくボールに食らいつくものの、前後左右に走らされて体勢の崩れた宝良が、前方ラインぎわに落とされた球をラケットに当てるだけの苦しいショットで返した。

ふわっと宙を舞ったボール。②あっと百花はみちるを見た。

みちるは落下してくるボールの後方にすべりこみ、ラケットを振り上げた。

そうだ、ぶっ叩け！

コートど真ん中に打ちこまれたボールは、高くバウンドしてライン外に飛び去った。

「ゲームセット・アンド・マッチ佐山・雪代　6—2」

転がるボールの行方を追っていた宝良が、ため息をつきながらラケットを膝（ひざ）に置き、両手を顔の前に挙げた。降参のポーズだ。

ぱっとみちるがふり返った。

「お母さん、今の見た!?」

底抜けに明るい、うれしさと楽しさではちきれそうな、くしゃくしゃの笑顔。

何か答えようと唇を震わせた佳代子が、③何も言えないまま顔を覆い、うつむいた。

見たよ。ちゃんと見てたよ。

佳代子の代わりに声を張りながら、百花も視界をにじませるものを堪（こら）えた。びっくりした様子のみちるが、あわてて車いすを走らせてくる。お母さんどうしたの、大丈夫？　娘の問いかけに、佳代子はただ、声も出せずに何度も頷（うなず）く。

百花が頬（ほお）に流れたものを急いでぬぐっていると、ゆったりと近づいてくる宝良と目が合った。ラケットを膝に乗せた宝良は、無言のまま小さく頭を傾けて問いかける。

④首尾はどう？

百花は頷いた。ありがとう、と唇の形だけで伝える。

みちるに伝えたくて、何も終わってないと伝えたくて、ここには来たはずだった。でもここで自分まで知ることになるとは思わなかった。

抜いた。すさまじい高速サーブに、みちるは身動きできないどころか、目を剝いて硬直している。

「15－0……おとなげねー」

ぼそっと呟いたのは志摩だ。百花はまっ青になって声を張った。

「たーちゃん!? みちるちゃんは小学生だよ、手加減して!?」

「ああ、そうなの？ 手加減してほしいの？」

①宝良が意地悪な笑みで訊ねると、みちるはムカッときた顔で言い放った。

「手加減なんかいらない！」

「モモ、聞いた？ これならしょうがないね」

どうしようもない負けず嫌いの女の子と、愛想笑いも手加減も行動規定にない車いすテニスプレイヤーを前に、百花は口を閉じてすごすご引き下がるしかなかった。

宝良は二球目のボールをとり出して、三度バウンドさせる。そして高々とトスが上がり、またもや宝良の弾丸サーブが炸裂する――

と、思いきや。

五十歳近いとは思えない俊足でコートにすべりこんだ雪代が、風のようなスイングで宝良のサーブをリターン。宝良はボールにさわることすらできずにエースを取られた。さすがの宝良も不意を突かれた表情で、それから眉を吊り上げた。

「コーチ、それは反則じゃないですか」

「はは、何を言うんだろうな宝良は。俺、シングルス対決なんて言ってないじゃない」

「このたぬきオヤジが……」

「みちる、車いすテニスは球を返すのにツーバウンドまで猶予があるんだ。君が今いる右側の前のほう、そこに来る球にだけ集中して返せ。それで、ふわっとしたチャンスボールがきたら思いっきりぶっ叩けよ。狙いどころでお勧めは、あのおねえさんの車いすだ。車いすに球が当たれば返せない上にこっちのポイントになるからな」

「指導者のくせにえげつないこと教えないでください」

次のサーブは雪代・みちる組で、まだサーブが打てないみちるの代わりに雪代がサービスを代行した。元プロの弾丸サーブにはさしもの宝良も歯が立たない。審判をしていた志摩が「……おとなげねー」とまた呟いたが、今度はもちろん［ X ］のことだ。

おとなげない二人の間で、みちるも果敢にゲームに参加していた。後方と左側前方は雪代が隙なくガードしているので、宝良はポイントを取るにはそこしかないとばかりにみちるのほうへ球を集めるのだ。もちろんみちるがこれに太刀打ちできるわけがない。ほとんどがボールに追いつけず、かろうじてラケットを当てたとしても、宝良の球威に押されて返球に至らない。

だが雪代・みちる組優勢でゲームカウント4―2、40―30を迎えた時だ。

「あっ、打った……！」

問8　本文の内容に合致するものとして、最も適切なものを次から選びなさい。

ア　私たちが一生のうちで経験することは限られたものであり、関わる人たちも自分と同じような環境で、同じようなことをしている人が多いため、読書をしない人は成長できない。

イ　本を読んでいる人はテストの点が良くなるわけではないと知りながらも、自分自身を向上させる努力をしており、物事に対する感受性が豊かになり、考える内容も深くなっていく。

ウ　自分の考えを正確に相手へ伝えたければ、それにふさわしい言葉の使い方をする必要があり、人の話を正しく理解するためには、理解できるだけの言葉の蓄積が自身に必要である。

エ　ドラマのような一方向に流れ去る映像作品では、言語的に追認されたり点検されることがないため、論理の組み立てをはっきりさせられず、高度の知的活動を行うことは到底できない。

三　次の文章を読んで、後の問いに答えなさい。

車いすメーカーで働く百花（ももか）は、初めての客であるみちるとのやり取りにおいて失敗をしてしまう。失敗を通じて、ユーザーに寄り添うことの大切さに気づいた百花は、「もう全部終わりだから」と人生を投げ出そうとするみちるをテニスコートへ連れ出す。

頑丈なドームで陽がさえぎられ、夏でもひんやりと涼しいインドアコートから外へ出た瞬間、百花は普段はさほど意識もしない草木のにおいを色濃く感じた。水気の多い夏の風も、鳥の声も、少し雲が多い空の色も、ひどく鮮明に感じた。

「とりあえずワンセットマッチで。志摩（しま）、審判な。宝良（たから）はハンデでそっち側、みちるはこっち側」

雪代（ゆきしろ）が日当たりの関係でまぶしいほうのコートを宝良に、反対側をみちるに割り当てた。宝良とみちるはそれぞれの陣地に移動していくが、金網のそばで百花と一緒に見守っていた佳代子（かよこ）が、作業服の袖を引っぱってきた。ひどく心配そうな顔だ。

「あの方、パラリンピックに出るかもしれないほど強い選手なんですよね？　みちる、大丈夫なんでしょうか」

「いえあの、彼女もみちるちゃんにハッパをかけるためにああいう言い方をしてるだけで、ちゃんと手加減――」

話している途中で、宝良がしなやかに背を反らせてトスを上げ、サーブを打った。

パァン、と音を立ててボールはみちる側のサービスコートを打ち

問1 ――線①「読書の必要」とありますが、なぜ、読書は必要なのですか。その理由として、ふさわしくないものを次から選びなさい。

ア 個人の考えは、体験や周囲の人々の影響など様々な要素がからみ合っているものだが、読書から得たものも重要だから。

イ 文章を正確に読みとることを通じて、自身の考えをはっきりと、より精密で複雑なものにしてゆくことができるから。

ウ 頭が良くなるきっかけとなり、読書を蓄積していくことでテストの点がどんどん良くなっていくことにつながるから。

エ 継続していくうちに自分の考えを固めていくことができ、自分の心の支えとなるものを見つけだすこともできるから。

問2 ――線②「私たちはそろそろ意見をもつ人間になりたい」とありますが、筆者は意見をもつために必要なものは何だと考えていますか。適切なものを次から二つ選びなさい。

ア ジャンルを決めて読書すること。

イ 文章を正確に読解すること。

ウ 形式にこだわって文章を書くこと。

エ あらすじを追ってすばやく読むこと。

オ 言葉に表して話したり書いたりすること。

問3 ――線③「漱石」とありますが、漱石の著した作品名として、適切なものを次から選びなさい。

ア 「坊つちゃん」　イ 「蜘蛛の糸」

ウ 「伊豆の踊子」　エ 「人間失格」

問4 ――線④「どういうちがいがあるのでしょう」とありますが、その「ちがい」について対照的に説明した部分を本文中から六十四字で探し、最初と最後の五字を書き抜きなさい。

問5 [X]に入る言葉として、最も適切なものを次から選びなさい。

ア さらに　イ ところで

ウ つまり　エ そのため

問6 ――線⑤「大きな強味」とありますが、「強味」と比較して「弱味」はどのようなことだと筆者は考えていますか。説明しなさい。

問7 ――線⑥「後者」とありますが、ここで「前者」にあたる部分を本文中から二字で探し、書き抜きなさい。

ることができるところに⑤大きな強味があります。

しかし、よく考えてみると、それらの映像は、あらかじめ三十分、五十分といったきめられた時間の枠と制作者の意図する構成の中でつくられ、それにたえず出演者の言葉（談話・解説・台詞など）がともなうわけですし、それもつねに一定の制作意図の制約の下におかれます。ビデオの場合はいっそう甚しくなります。つまり、私たちは自分自身が対象の事物を直接見ているような気持ちで、実は制作者の意図どおりの見方をさせられているわけですし、直接映像によるだけにいっそう効果的にその中につれこまれるのです。

ドラマの場合には、作品のイメージは出演者の個性的なイメージや演技により強く影響されるでしょう。色彩や効果は映像の役割をいっそう強めます。それだけに視聴者の内部に、言葉とはちがった形で、より直接的な感応をあたえることができるのです。

これを文学作品の場合にくらべると、⑥後者は、登場人物のイメージや性格、心理の変化、事件の展開や背景などを、すべて作者によって組み立てられた言葉の表現を通して、読者の知的な働きや想像力を活発に働かせることによって感じとらせてゆくわけです。映像では一気にあたえられてしまう主人公のイメージや背景描写なども、一つ一つの言葉の働きによって形づくられていくわけですが、そこには読者の積極的で自由な働きかけと判断（選択）もありうるし、一方向に流れ去る映像にたいして、何度もくり返して言葉の効果を確かめたり味わったりすることもできます。一般に、映像から受けとる視聴者の印象は、かなり不正確であったり、人によって相当の違いもあるようですが、ことばではその点はより正確にきめ細かく押さえることができます。

こうしてみると、読むということには、つねに読者の側の主体的な働きかけが必要ですが、映像の場合はまったく一方的な受け身の立場におかれているといえるでしょう。また、それはあとで言語的に追認されたり点検されることはほとんどないのです。

まして、評論文になれば、私たちは、言葉のもつ概念を文法のきまりに従ってたえず正しく関係づけながら、筆者の思考の道すじを論理的に追っていかなければなりません。個々の語の意味や、部分的な思考の点検だけでなく、全体としての論理の組み立て方をはっきりさせていくには、高度の知的活動が必要になるのはいうまでもありません。

要は、映像の働きにせよ、言語の働きにせよ、それぞれの果たす積極的な役割を正しく認識して、精神的な発達に欠けるところのないようにしてゆくことが大切だと思います。

（『高校生になったら』田代三良）

る一つ一つのことまで考えることをしなかった。その上、読書量が少ないときているから、表現力も考える力ももたなかったのだ。であるから、現在の中学生には、暇を見つけては読書をつづけていってほしい。そういうなかで、自分の考えもかたまってゆくし、自分の心の支えとなるものを見つけだすこともできる。そして、いろいろな感想をもったら、上手に書こうと思わずに、それを正直に文字にしていってもらいたい。どんな文章を書くにしても、それが原点だと思うからである。」

読むことの大切さ

読むことの大切さについて、もう少しくわしく考えてみましょう。私たちの考え（思考）は、ことばによってつくられるということ、また、私たちは言葉に表して話したり、書いたりすることによって、思考の内容をいっそうはっきりしたものにすることができるということもいいました。それでは、テレビを見る場合と、とくに文字で書き表わした文章を読む場合とは④どういうちがいがあるのでしょう。

文字で（あるいは音声で）表わされた言葉というものは、物の名前とか意味、あるいは概念などといったものを表わしています。いいかえれば、一つ一つの言葉は、その背後にそれに対応する事物や事実、私たちの感じ、考えなどをもっているわけですが、その対応のしかたは、事物をそのものとして直接に視覚や聴覚、その他の感覚に訴えるというしかたではなく、経験に基づいた約束や、想像の力に訴える象徴というしかたでなされます。

たとえば、「犬」「虹」といった言葉を文字や音声であたえられると、私たちは自分の経験の中から瞬間的にそれに対応する事物を思い出しますし、「青」「赤」という言葉から交通信号を思い出したりします。それらの経験は必ずしも直接的なものでもなく、また、一つだけに限ったものではありません。「虹」といっても自然のそれではなく、誰かの描いた美しい絵を思い出してもよいわけですし、「青」「赤」も交通信号に限られるわけでなく、細かく見れば、言葉に対応して思い出される内容はきわめて複雑なものがあります。

そこで、もし考えの内容を正確にくわしくひとに伝えたければ、それにふさわしい言葉の使い方をしなければなりません。また、その逆に、ひとの話や文章の内容を正しく受けとるためには、それに対応した言葉のたくわえが私たちになければなりません。また、私たちの経験や思考の内容が豊かで、想像力が生きいきとしていればいるほど、言葉の表現を通して伝えあう内容が高度のものになるわけです。

X、テレビなどの映像の場合はどうでしょう。人や事物、自然などの姿があたえられるのは、私たちが直接現実に経験する場合と非常に近い形であたえられるといってよいでしょう。その点、印象も鮮明でわかりやすく、ふだん私たちの経験できないことも、ごく身近に、あたかも私たち自身が直接経験したかのように感じさせ

女とはほど遠い人間だが、読書しなかったことの見返りは受けている。

私たち個人の考えというものは、いままでの体験、親や友人の影響など、いろいろな要素がからみ合っているものであろうけれども、読書から得たものも重要な一つだと思う。（中略）私たちが一生を通じて経験することでさえ限られたものであるし、周囲の人びとも自分と同じような環境で、同じようなことをしている人が多いであろう。

また一方、②私たちはそろそろ意見をもつ人間になりたい、自分自身の考えというものを確立しようと思う時期にある。そのためには、できるだけ多くの人に接し、いろいろな活動をしなければならないが、本というものは、同時代はもちろん、異なった時代、異なった境遇の人びととの体験、考えが書かれている点で、もっとも広い経験が得られると思う。最初の一回は文字を追うことしかできなくても、二回、三回と読むうちに、なにかしら感じとれるもの、考えさせられることなどが必ずあるはずである。」

「中学時代にやっておけばよかった、と思われることの第一は、本を読んでおくべきだったということ。実際、クラスの友人を見ると、本を読んでいる人ほどものごとにたいする感じ方が鋭く、考えも深い。自分自身の向上のために、本は読むべきだなあ、とつくづく思いながら、いまさらながら③漱石なんか読んでいるわけである。悪いことに、中学の〝国語〟は選択問題と漢字の書きとり程度だから、本を読んでいないと、本当に国語の勉強をしようとしたときに必ずつまずく。本は絶対に読むべきだった。」

私たちは、文章を正確に読みとることを通じて、自分自身の考えをはっきりしたもの、より精密で複雑なものにしてゆくことができるのです。この点について生徒はつぎのようにいっています。

「多くの文章を読むことによって、自分自身を表現する手段を新たに得ることができるだろう。言葉の意味、その正しい用法を知ることによって、自分の〝もち言葉〟がふえ、自分の考え、気持ちなどをより正確にはっきりと表現できるし、相手にも正確に伝わる。本を一冊読んだからといって、すぐ頭がよくなるわけではないし、テストの点がよくなるわけでもない。しかし、その蓄積というものは絶大である。」

「よく（中）学校では、作文・感想文などを書かされるが、そういう時、人の文章のすばらしさに驚きながら、自分は結局あたりさわりのないことを書きならべ、心にもないようなことばで原稿用紙を埋めていくだけのものだった。その上、三年になると（高校入試のための）二六〇字の作文なるものを書かされ、先生にいわれるままに、形式だけにこだわって心にもないことを書きたてるようになった。

どうして、そんな文章しか書けなかったのか、いま考えてみると、当時、私たちはものごとを考えるということをしなかったし、本を読んだとしても、あらすじだけを追って、その中に書かれてい

＊小松の三位中将維盛卿……平重盛の長男。
＊北の方……妻。
＊阿波国……現在の徳島県。

（1）――線①「三月」の月の異名として正しいものを次から選びなさい。
ア　弥生　　イ　水無月　　ウ　神無月　　エ　師走

（2）――線②「しのびつつ屋島の館をまぎれ出で」とありますが、なぜ「屋島の館をまぎれ出で」たのですか。最も適切なものを次から選びなさい。
ア　屋島にいる家来たちは幼い人が多く、戦に巻き込まれないよう妻子のもとに避難させようと考えたため。
イ　心を通わせるための手紙に返事もない妻子に対して失望し、自分がここにいる意味がわからなくなってしまったため。
ウ　都へ置いてきた妻子への思いを忘れることはできず、このまま生きているだけでは役に立たない存在だと考えたため。
エ　妻子に会えない上に出世もできなくなることを恐れ、屋島の有力者の家へ身を寄せる必要があると思ったため。

二　次の文章を読んで、後の問いに答えなさい。

読書のすすめ

高校に入ってから、中学時代をふり返ってみて、あらためて反省されることの一つは、①読書の必要ということです。

青少年のいわゆる〝読書ばなれ〟ということがいわれ出してからずいぶん久しくなりますが、その間にも少しずつの変化はあるようです。最近は、少数の非常にたくさん読む人と、本らしい本をほとんどまったく読まない多数の人との分かれ方がいっそうはっきりしてきているようです。つぎのような生徒の反省がそのままあてはまるような人が、ずいぶん多いのではないでしょうか。

「なにかを読むといえば、週刊誌、推理小説、ＳＦなど。放課後帰宅すると、宿題を片づけるほかは、なんとなく週刊誌を読み、レコードを聴き……。試験前だけは、さすがに怠け者の目の前にも点数がちらついて、一夜づけをする。試験が終われば、頭はからっぽ。『手伝いをしなさい』といわれれば、きまって『そんな時間ないわよ』と口答え。いや、時間なんていくらだってあったのだが、それをなにもせずに無駄につぶしていたのだ。」

「中学時代は、マンガばかり読み、そうでなければ、雑誌・ＳＦ・推理小説ときまったジャンルしか読まなかった。たまに、薄い（本の）文学作品を読んだりしたが。」

そして、高校でほぼ一年たった現在考えていることは、

「私はいまになって、中学時代、時間のあるときに読書しなかったのは、大きな失敗であると思っている。私自身、読書家や文学少

二〇二二年度 日本大学豊山高等学校

【国語】（五〇分）〈満点：一〇〇点〉

〔注意〕解答する際、句読点なども一字と数えること。

一 次の問いに答えなさい。

問1 ――線を漢字に直しなさい。ただし、送りがなの必要なものは、それも含めて書きなさい。

① 壁に新しいペンキをヌル。

② コヨウ契約を結んだ上で仕事を始める。

問2 ――線の漢字の読みを、ひらがなで書きなさい。

① 拙い技術を頼りに勝負に挑む。

② 誰しもが平和を渇望している。

問3 ――線の敬語について、正しい使い方をしているものを次から選びなさい。

ア 兄がいらっしゃるまでお待ちください。

イ 先生が申し上げたことを聞く。

ウ 私があなたの家へうかがう。

エ 母が召し上がるのを待ちましょう。

問4 ――線の意味として、最も適切なものを次から選びなさい。

結果だけでなくプロセスも大切にして取り組みたい。

ア 理由　イ 基本　ウ 発想　エ 過程

問5 次の□に適当な語を入れて四字熟語を完成させるとき、一つだけ他とは違う読み方をするものを次から選びなさい。

ア 栄枯□衰　イ 意味□長

ウ 粉骨砕□　エ □機一転

問6 次の漢文を書き下し文にしなさい。

我思フ㆓故郷ヲ㆒。

問7 次の文章を読み、後の問いに答えなさい。

さる程に、*小松の三位中将維盛卿（さんみのちゅうじゃうこれもりのきゃう）は、身がらは屋島にありながら、心は都へかよはれけり。故郷に留めおき給ひし*北の方、をさなき人々の面影のみ、身にたちそひて、忘るるひまもなかりければ、「あるにかひなきわが身かな。」とて、元暦（げんりゃく）元年三月十五日の①暁（あかつき）、②しのびつつ屋島の館をまぎれ出でて、与三兵衛重景（よさうびゃうゑしげかげ）、石童丸と云（い）ふ童、船に心得たればとて武里と申す舎人（とねり）、これら三人を召し具して、*阿波国結城（あはのくにゆふき）の浦より小船に乗り、鳴門浦（なるとのうら）を漕（こ）ぎとほり、紀伊路（きのぢ）へおもむき給ひけり。

（『平家物語』）

英語解答

1 (1) 4 (2) 3 (3) 4 (4) 1
(5) 3

2 (1) 1 (2) 4 (3) 1 (4) 4
(5) 2

3 (1) 2 (2) 1 (3) 2 (4) 3
(5) 2

4 (1) introduce (2) aunt
(3) absent (4) empty (5) fix

5 (1) were rich enough to buy
(2) The mountain covered with snow is
(3) spoken to by a foreigner in
(4) from her made him happy
(5) how many countries there are

6 A 5 B 4 C 1 D 2
E 3

7 A 5 B 4 C 2 D 3
E 1

8 (1) 3 (2) 4 (3) 1
(4) 1, 5

1〔放送問題〕解説省略

2〔対話文完成─適文選択〕

(1)A：あなたは仕事が好き？／B：いや，そうでもない。／A：どうして好きではないの？／B：長時間働かなくてはいけないから。／／Why not? は Why don't you like your job? ということなので，仕事が好きではない理由となるものを選ぶ。

(2)A：この3冊の本を借りてもいいですか？／B：いいえ，一度に2冊までしか貸し出しはできません。／A：わかりました。この2冊はどれくらい借りられますか？／B：2週間です。／／空所の前で3冊借りられるか尋ねたAが，この後では2冊の貸し出し期間について尋ねていることから判断できる。 at a time「一度に」

(3)A：もしもし。ジェイムズさんとお話しできますか？／B：申し訳ありません。現在席を外しております。／A：では，伝言をお願いできますか？／B：ちょっと待ってください。ペンを取ってきます。／／この後Aが伝言を頼んでいることから，ジェイムズは不在だとわかる。 leave a message「伝言を残す」 at the moment「現在，ちょうど今」

(4)A：僕らは環境を守るべきだよ。／B：あなたの考えは正しいと思うけど，どうやって？／A：そのことについてずっと考えてみたんだけど，まだどんなアイデアも浮かばないんだ。／B：じゃあ，まずはそれについて考えた方がいいね。／／直後の but how?「でもどうやって？」から，BはAの環境保護に対する考えを肯定していると判断できる。

(5)A：パスポートをお願いします。／B：はい，どうぞ。／A：訪問の目的は何ですか？／B：大学で勉強します。／／Bの返答は入国の目的となっている。

3〔適語(句)選択〕

(1)比較級を「ずっと」の意味で修飾する場合は much や far が使われる。very だけでは比較級を修飾できないことに注意。 「あなたの計画は私のよりずっといい」

(2)後ろの in Okinawa につながるのは be動詞の過去分詞である been だけ。 「あなたはどれくらい沖縄にいるのですか」

(3)to不定詞の形容詞的用法で「話をする友達」という意味になる。「友達と話す」は talk with friends となるので，「話をする友達」は friends to talk with となる。最後の with を忘れないように注意。 （類例）a house to live in「住む家」←live in a house「家に住む」／a pen to write with「書くペン」←write with a pen「ペンで書く」／paper to write on「書く紙」←write on paper「紙の上に書く」　「私には話をする友達がいない」

(4) mine「私のもの」に対応する部分。「彼のもの」はhis。　he－his－him－his　「このカメラは私のものですが，あのカメラは彼のものです」

(5) 'either *A* or *B*'「*A*か*B*のどちらか」　「私はバイオリンかピアノのどちらかの演奏の仕方を習いたい」

4〔和文英訳―適語補充〕

(1) introduce「～を紹介する」　(2) aunt「おば」　(3) be absent from ～「～を欠席する」

(4) empty「空の」　(5) fix「～を修理する」　*cf.* repair「～を修理する」

5〔整序結合〕

(1)「買えるくらいに十分なお金を持っていた」は「買えるほど金持ちだった」と読み換え，'形容詞〔副詞〕+enough to ～'「～できるほど〔～するほど〕十分…」の形にまとめる。

(2) 主語の「雪で覆われたその山」は，'名詞+過去分詞+その他の語句'の形でThe mountain covered with snowとまとめる(過去分詞の形容詞的用法)。　(be) covered with ～「～で覆われる」

(3) speak to ～「～に話しかける」という動詞句の受け身形はbe spoken to by ～「～に話しかけられる」となる。このように動詞句の受け身形は，過去分詞の後ろにその動詞句を構成する語(句)をそのままの順で置き，その後に「～によって」のbyを置く。　in front of ～「～の前で」

(4) 'make+目的語+形容詞'「～を…(の状態)にする」の形にまとめる。主語の「彼女からの手紙」はThe letter from her。

(5)「ヨーロッパにはいくつの国があるか」はknowの目的語になる部分なので，'疑問詞+主語+動詞...'の間接疑問にする。how many countriesでひとまとまりなのでこれが1つの疑問詞となる。

6〔長文読解―適語選択―説明文〕

≪全訳≫❶アメリカの映画製作者は，年間約600本の映画を製作する。他の国ではそれより多くの映画が製作される。インドでは毎年850本以上の映画が製作される。しかし，世界中の多くの人々がアメリカ映画を見る。もちろん，映画製作者はこのことを知っている。アメリカでもうからない映画もあるが，他国の人々はそれらの映画を大変気に入る。❷今日では，ハリウッドという名前は映画を意味する。1910年以前は，ハリウッドはロサンゼルス近郊の小さな町にすぎなかった。映画製作者たちは，カリフォルニアの太陽を求めて，ニューヨークからそこに移り住んできた。天候に恵まれて，彼らの仕事は楽になった。1920年，ハリウッドはアメリカ映画の中心地となった。もちろん，初期の映画にはどんな音もなかった。全てが1927年の『ジャズ・シンガー』で一変した。その映画でアル・ジョルソンは歌った。映画の大部分は無音だったが，ジョルソンが語る場面もあった。その後，人々はますます音の出る映画を求めるようになった。❸映画は他の点でも変わった。映画はより大きく，より質が良くなった。『ジャズ・シンガー』の6年後，1933年の最も有名な映画の1つだった『キング・コング』という映画の中で，キング・コングがニューヨークで飛行機と戦った。❹何年もの間，ハリウッドのほぼ全てのスターは1つの映画会社にしか所属していなかった。今日では，スターはさまざまな映画会社で働くことができる。もちろん，ハリウッドの有名人たちは大金を稼ぐ。彼らは1本の映画に2000万ドル以上を要求することもある。

＜解説＞A．each year「毎年」　B．more than ～「～より多くの」　C．音が出なかったのは「初期の」映画。　D．almost every ～「ほとんど全ての～」　E．前文のonly one movie companyと対比されていることを読み取る。このdifferentは「さまざまな」という意味。

7〔長文読解―適文選択―物語〕

≪全訳≫❶「お父さん，どうしていつもそんなに帰りが遅いの？」と彼の息子は尋ねた。❷アレックスは答えた。「$_A$お父さんはとても重要な仕事に取り組んでいたんだ」❸「お父さん，１時間にいくら稼ぐの？」と息子は尋ねた。❹「お前には関係ないことだ！」とアレックスは怒りながら言った。「こんなに夜遅くまで何してるんだ！　もうお前は寝ている時間のはずだ！　寝なさい！」　父親が怒っているのに驚き，息子は泣き出して，階段を駆け上がった。❺アレックスはテーブルに向かい，冷めた夕食を食べ始めた。少しして，彼はフォークを置いた。息子に厳しくしすぎたかな？　アレックスはひどい一日を過ごしたが，それは息子には関係なかった。$_B$彼は息子とあまり一緒に過ごしていなかった。もっと息子に優しくした方がいいな，とアレックスは思った。❻アレックスは２階に上がり，息子の部屋のドアをノックした。❼「おい？　まだ起きてるか？」と彼は尋ねた。❽「うん」と息子は静かに言った。❾「入っていいかい？」とアレックスは尋ねた。❿「うん」と息子はまた答えた。⓫アレックスはドアを開け，中に入った。息子はベッドの中にいた。泣きやんでいたが，息子の目はまだ涙でぬれていた。⓬「怒ったのは悪かった。そんなつもりじゃなかったんだ。お父さんは重要な仕事に取り組んでいて，今日はとても大変な日だったんだ」とアレックスは言った。⓭息子はうなずいたが，何も言わなかった。⓮「知りたいんだろ，お父さんの時給は20ドルだ」とアレックスは言った。⓯「$_C$それなら，10ドルもらえる？」と息子は尋ねた。⓰「何だって？」とアレックスは怒って言った。「それが知りたかった理由なのか？　それでお前はお父さんにお金を要求するのか？」⓱$_D$息子はまた泣き出した。アレックスはすぐに，怒ったことを後悔した。彼はとても疲れていた。彼は息子がなぜお金を要求してくるのか理解できなかったが，彼はとても疲れていてどうでもよかった。彼はただ寝たかった。明日も長い一日が待っていた。⓲「おい，すまなかった。ほら，10ドルだ」と彼は言った。彼は財布からお札を取り出し，息子に渡した。息子はすぐに泣きやんだ。息子は興奮した顔で10ドル札を受け取った。すると，彼は枕の下に手を入れて，しわくちゃの１ドル札を10枚取り出した。彼はそのお金をまとめて父親に差し出した。⓳「お父さん，１時間だけお父さんの時間をくれない？」と息子は尋ねた。⓴アレックスは驚いた。彼は息子が父親がいなくて寂しく感じているとは思いもしなかった。彼は息子にお金は取っておくように言い，明日は一緒に遊ぶ時間があると伝えた。㉑「お父さん，約束してくれる？」と息子は尋ねた。㉒「もちろんさ。約束する。明日は遊ぼう。好きなだけ何時間でも」とアレックスは言った。彼は息子を抱きかかえてベッドに寝かせてキスをした。アレックスはベッドに入ると，寝ている妻に「明日は病気で休むと電話するよ」と言った。

＜解説＞A．息子に帰りが遅い理由を尋ねられた父親の返答である。 work on ～「～に取り組む」　B．次の文の内容から，これまでの息子との接し方について思いを巡らしている場面だと考えられる。　C．直後の父親の反応から，息子がお金を要求したのだとわかる。　D．直後で，父親は再び息子に対して怒りをあらわにしてしまったことを後悔している。それは，息子を泣かせてしまったからだと考えられる。　E．父親はこの前で，明日は好きなだけ一緒に遊べると息子に伝えていることから，仕事を休むつもりであるとわかる。call in sick は「病気で休むと電話する」という意味。

8〔長文読解総合―説明文〕

≪全訳≫❶博物館で骨を見ると，骨は硬くて乾いていて，死んでいるように見える。しかし，私たちの体の中にあるときは，骨は生き物である。骨は成長し，変化し，折れたときは修復さえすることができる。骨は驚くべきものなのだ。❷人間の赤ちゃんには生まれたとき，約270個の柔らかい骨がある。赤ちゃんが成長し始めると，それらの骨は大きく硬くなり，いくつかは結合する。大人には206個の骨しかない。25歳くらいになると，骨の成長は止まる。その人の身長は，その先もう変わらない。❸骨格の中で最も重要な部分の１つは頭蓋骨だ。22個の頭蓋骨は，脳のケースのようなものだ。ほとんどの人には，肋骨（ろっこつ）が24本，体の左側に12本，右側に12本ある。しかし，生まれつき肋骨が１，２本，多い人や少ない人がいる。肋骨は心臓のケースのようなものだ。だから，もし誰かが転んだら，肋骨は傷つくかもしれないが，心臓は無事だろう。❹人の骨の50パーセント以上は手足にある。手には左右それぞれに27個，足にはそれぞれ26個ずつ骨がある。このことが意味するのは，私たちは手と足でさまざまな動きをすることができるということだ。骨はとても丈夫でとても軽い。体重が100キログラムの人なら，そのうち骨は15キログラムしかない。❺しかし，人が死んだら骨はどうなるのだろうか。骨は長い間，もしかすると何百万年も破壊されないこともある。古生物学者と呼ばれる特別な科学者は，古い骨や歯を研究する。彼らは次のような質問をする。／頭蓋骨は全て結合しているのだろうか。(この答えがわかれば，科学者たちはその人の年齢がわかる)／歯はどんな形だろうか。(この答えがわかれば，科学者たちはその人が何を食べていたかがわかる)❻骨は，歴史の秘密を解く鍵でありうるのだ。❼今日では，恐竜は本や映画や博物館の中に限られるが，どこにでも存在する。本物の恐竜は6500万年から２億3000万年前の期間に私たちの世界に生息していた。それは最古の人類が誕生する約6200万年前のことだ。では，どうして私たちは恐竜についてそんなに詳しいのだろうか。❽動物が死ぬと，体の柔らかい部分は自然の力で破壊される。しかし，骨格や歯のような硬い部分は破壊されないことがある。これは，動物の骨がすぐ岩に覆われるときに起こる。骨が岩の下にずっとあると，骨は化石になる。だから，科学者は数百万年後に化石を研究することができるのだ。❾最初の恐竜の化石は，おそらく何千年も前に発見されたが，人々はそれが何であるのかわからなかった。中国人は竜の骨だと思い，彼らはそれらを薬に入れて使った。また，1676年にイングランドでは，オックスフォード大学の教師がとても大きな脚の骨を発見したが，彼はそれが巨人のものだと信じた。❿1841年，イギリスの科学者リチャード・オーウェンは，ある動物の集団を「恐竜」と名づけた。彼は骨の研究から，その動物たちは全て同じ骨盤と真っすぐな脚(現在の人間の骨盤と脚に少し似ている)を持っていることを示した。彼はこの名前をギリシア語から取った。「恐ろしい」という意味の deinos と，「トカゲ」を意味する sauros である。⓫それ以来，古生物学者は世界中で恐竜の骨を掘り起こすようになった。現在では，約700種類のさまざまな恐竜の名前がある。植物だけを食べていた恐竜もいれば，肉を食べていた恐竜(わずか３パーセント)もいた。⓬長い間，恐竜は怠け者で，頭をあまり使わないと信じられてきた。他の恐竜と戦うことだけが得意だと思われていた。⓭しかし現在では，恐竜の骨の研究によりもっと多くのことがわかっている。恐竜の脳にはかなり大きなものもあったので，おそらくそうした恐竜は賢かったのだろう。また，集団で生活していた恐竜もいたので，そのような恐竜はいつも戦いをしていたわけではなかったのだ。

(1)＜適語選択＞生まれたときに約270個あった骨は，成長するにつれ結合するとあるのだから，大人の骨の数は270より少なくなるはずである。選択肢で270より少ないのは１の120と３の206だが，第３，４段落で説明されている骨の数を足すと120を超える。

(2)＜用法選択＞①この like は「～のような」という意味の前置詞。これと同じ用法は，イ．「私は彼のようにサッカーを何年間も練習している」。　ア．動詞。　「コーヒーを１杯いかがですか」
②この can は「～でありうる」という‘可能性’を表す用法。これと同じ用法は，エ．「次の英語のテストはとても難しくなることもありうる」。　ウ．‘能力’を表す用法。　「私はピアノをとても上手に弾くことができる」

(3)＜適語選択＞自然の力で破壊されるのは体のどの部分で，そうでないのはどの部分かを考える。

(4)＜内容真偽＞１．「赤ちゃんは大人よりも骨の数が多い」…○　第２段落第１～３文に一致する。
２．「骨は人の体重の50パーセントを占めているため，とても丈夫である」…×　第４段落最終文参照。　３．「人が死ぬと，１年で全ての骨が破壊される」…×　第５段落第１，２文参照。
４．「リチャード・オーウェンは巨人の化石を発見した」…×　第９段落最終文，第10段落第１文参照。　５．「中国では，化石を薬として使っていた」…○　第９段落第２文に一致する。
６．「恐竜は戦いが得意で，いつも他の恐竜と戦っていた」…×　最終段落参照。

数学解答

1 (1) -11　(2) $\dfrac{-x+3y}{12}$　(3) $7xy^5$
(4) $14+\sqrt{6}$　(5) $(a-1)(2a+b)$

2 (1) $a=3,\ b=4$　(2) $x=\dfrac{1\pm\sqrt{13}}{2}$
(3) 18 個　(4) 75 点

3 (1) $\dfrac{1}{9}$　(2) ① $45°$　② $3\sqrt{2}+3\sqrt{6}$

4 (1) $(-1,\ 5)$　(2) $(-1,\ 1)$
(3) $y=3x+4$

5 (1) $3\sqrt{39}$　(2) $8\sqrt{39}$　(3) $\dfrac{3\sqrt{39}}{2}$

6 (1) $\dfrac{1}{2}$　(2) 回数…5 回　頂点…C

1〔独立小問集合題〕

(1)<数の計算>与式$=-64\times\dfrac{1}{8}-4\times\dfrac{3}{4}=-8-3=-11$

(2)<式の計算>与式$=\dfrac{4(2x-3y)-3(3x-5y)}{12}=\dfrac{8x-12y-9x+15y}{12}=\dfrac{-x+3y}{12}$

(3)<式の計算>与式$=-8x^3y^6\times\left(-\dfrac{5}{8x^3y^4}\right)\times\dfrac{7xy^3}{5}=\dfrac{8x^3y^6\times5\times7xy^3}{8x^3y^4\times5}=7xy^5$

(4)<数の計算>$\sqrt{18}=\sqrt{3^2\times2}=3\sqrt{2}$ だから，与式$=(3\sqrt{2}+\sqrt{3})(2\sqrt{3}-\sqrt{2})+(2\sqrt{3}-\sqrt{2})^2=6\sqrt{6}-3\times2+2\times3-\sqrt{6}+(4\times3-4\sqrt{6}+2)=6\sqrt{6}-6+6-\sqrt{6}+12-4\sqrt{6}+2=14+\sqrt{6}$ となる。

(5)<式の計算―因数分解>与式$=a(2a+b)-(2a+b)$として，$2a+b=A$とおくと，与式$=aA-A=(a-1)A$となる。Aをもとに戻して，与式$=(a-1)(2a+b)$である。

2〔独立小問集合題〕

(1)<連立方程式―解の利用>$ax+by=10$……①，$bx-ay=5$……②とする。①，②の連立方程式の解が$x=2$，$y=1$であるから，解を①に代入して，$a\times2+b\times1=10$，$2a+b=10$……③となり，②に代入して，$b\times2-a\times1=5$，$-a+2b=5$……④となる。③，④を連立方程式として解くと，③+④×2より，$b+4b=10+10$，$5b=20$，$b=4$となり，これを③に代入して，$2a+4=10$，$2a=6$，$a=3$となる。

(2)<二次方程式>$x^2-x-3=0$として，解の公式を用いると，$x=\dfrac{-(-1)\pm\sqrt{(-1)^2-4\times1\times(-3)}}{2\times1}=\dfrac{1\pm\sqrt{13}}{2}$となる。

(3)<数の性質>$4\leqq\sqrt{a}<5.8$より，$\sqrt{4^2}\leqq\sqrt{a}<\sqrt{5.8^2}$，$\sqrt{16}\leqq\sqrt{a}<\sqrt{33.64}$，$16\leqq a<33.64$となる。これを満たす自然数$a$は16以上33以下の自然数だから，求める自然数$a$の個数は，$33-15=18$(個)である。

(4)<データの活用―中央値>クラスの人数は40人だから，中央値は，得点の小さい方から20番目と21番目の平均値である。70点未満が$2+10+6=18$(人)，80点未満が$18+9=27$(人)だから，得点の小さい方から20番目と21番目はともに70点以上80点未満の階級に含まれる。よって，中央値もこの階級に含まれる。70点以上80点未満の階級の階級値は$\dfrac{70+80}{2}=75$(点)だから，中央値が入る階級の階級値は75点となる。

3〔独立小問集合題〕

(1)<確率―さいころ>大小2つのさいころを振るとき，それぞれ6通りの目の出方があるので，目の出方は全部で$6\times6=36$(通り)あり，a，bの組も36通りある。また，右図1で，$BD=a$，$CE=b$だから，$CD=BC-BD=8-a$となり，$\triangle CDE=\dfrac{1}{2}\times CD\times CE=\dfrac{1}{2}\times(8-a)\times b=\dfrac{1}{2}(8-a)b$と表せる。

図1

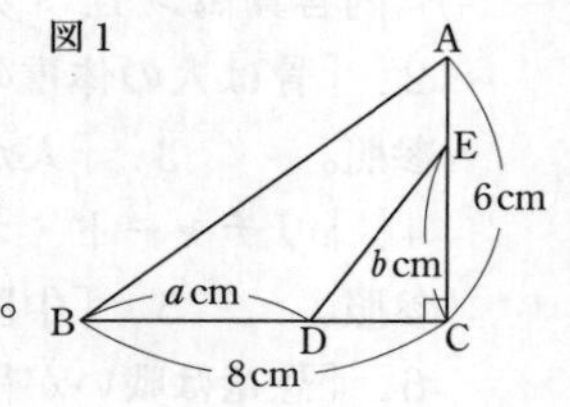

△CDE＝6となるとき，$\frac{1}{2}(8-a)b=6$が成り立ち，$(8-a)b=12$となる。aは1以上6以下の自然数だから，$8-a$は，$8-1=7$，$8-6=2$より，2以上7以下の整数である。また，bも1以上6以下の自然数だから，$8-a$，bは12の約数となる。これより，$8-a$，bの組は$(8-a,\ b)=(2,\ 6)$，(3，4)，(4，3)，(6，2)が考えられ，a，bの組は$(a,\ b)=(6,\ 6)$，(5，4)，(4，3)，(2，2)の4通りであり，求める確率は$\frac{4}{36}=\frac{1}{9}$となる。

⑵＜平面図形―角度，長さ＞①右図2で，線分BCが円Oの直径より，∠BAC＝90°となるので，△ABCで，∠ACB＝180°－∠ABC－∠BAC＝180°－60°－90°＝30°となる。また，△ABHで，∠BAH＝180°－∠ABH－∠AHB＝180°－60°－90°＝30°となり，APは∠BAHの二等分線だから，∠BAP＝$\frac{1}{2}$∠BAH＝$\frac{1}{2}$×30°＝15°となる。$\overset{\frown}{BP}$に対する円周角より，∠BCP＝∠BAP＝15°となる。よって，∠ACP＝∠ACB＋∠BCP＝30°＋15°＝45°である。　②図2で，∠ABC＝60°，∠BAC＝90°より，△ABCは3辺の比が$1:2:\sqrt{3}$の直角三角形だから，AC＝$\sqrt{3}$AB＝$\sqrt{3}\times6=6\sqrt{3}$である。①より∠ACQ＝45°であり，∠AQC＝90°だから，△ACQは直角二等辺三角形である。これより，AQ＝CQ＝$\frac{1}{\sqrt{2}}$AC＝$\frac{1}{\sqrt{2}}\times6\sqrt{3}=3\sqrt{6}$である。また，$\overset{\frown}{AC}$に対する円周角より，∠APQ＝∠ABC＝60°となり，∠AQP＝90°だから，△APQは3辺の比が$1:2:\sqrt{3}$の直角三角形である。よって，PQ＝$\frac{1}{\sqrt{3}}$AQ＝$\frac{1}{\sqrt{3}}\times3\sqrt{6}=3\sqrt{2}$である。以上より，PC＝PQ＋CQ＝$3\sqrt{2}+3\sqrt{6}$となる。

図2

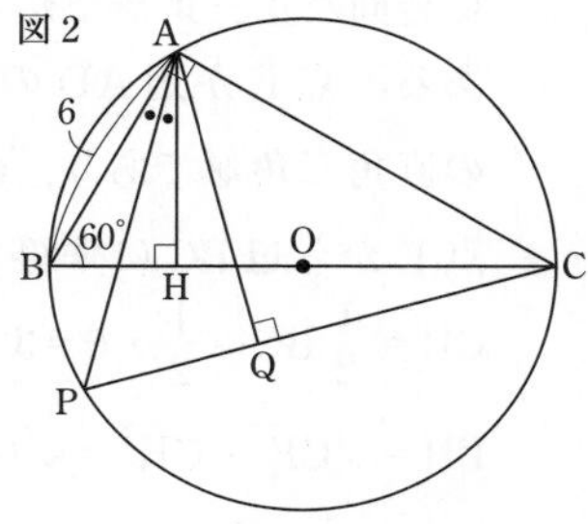

4 〔関数―関数$y=ax^2$と一次関数のグラフ〕

≪基本方針の決定≫⑵　△APBと△AOBの底辺をABと見ると，高さは等しい。　⑶　平行四辺形の面積を2等分する直線は，対角線の交点を通る。

⑴＜座標＞右図で，2点A，Bは放物線$y=x^2$上にあり，x座標がそれぞれ-2，1だから，$y=(-2)^2=4$，$y=1^2=1$となり，A$(-2,\ 4)$，B(1，1)である。四角形OACBが平行四辺形より，OB∥AC，OB＝ACだから，2点B，Oのx座標の差と2点C，Aのx座標の差は等しく，2点B，Oのy座標の差と2点C，Aのy座標の差は等しくなる。B(1，1)より，2点B，Oのx座標の差は1，y座標の差は1だから，2点C，Aのx座標の差は1，y座標の差は1となり，A$(-2,\ 4)$より，点Cのx座標は$-2+1=-1$，y座標は$4+1=5$となる。よって，C$(-1,\ 5)$である。

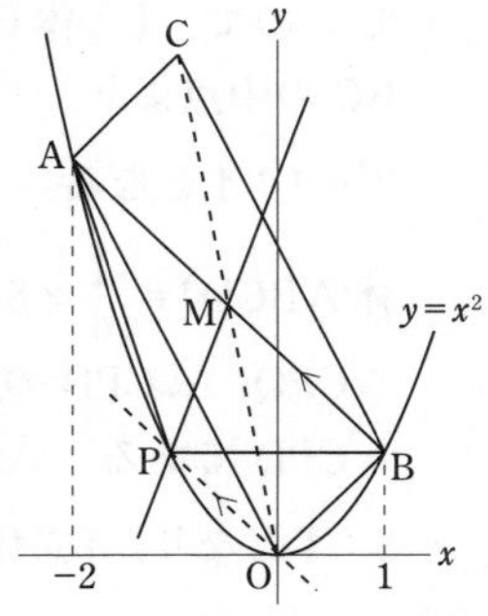

⑵＜座標―等積変形＞右図で，△APB，△AOBの底辺をABと見ると，△APB＝△AOBより，この2つの三角形は高さが等しくなるので，PO∥ABとなる。⑴より，A$(-2,\ 4)$，B(1，1)だから，直線ABの傾きは$\frac{1-4}{1-(-2)}=-1$である。よって，直線POの傾きも-1となり，直線POの式は$y=-x$となる。これより，点Pは，放物線$y=x^2$と直線$y=-x$の交点となる。この2式より，$x^2=-x$，$x^2+x=0$，$x(x+1)=0$となり$x=0$，-1である。したがって，点Pのx座標は-1だから，$y=(-1)^2=1$より，P$(-1,\ 1)$である。

⑶＜直線の式＞右上図で，▱OACBの対角線OC，ABの交点をMとすると，▱OACBは点Mを対称の中心とする点対称な図形だから，点Pを通り▱OACBの面積を2等分する直線は点Mを通る。点Mは線分ABの中点であるから，x座標は$\frac{-2+1}{2}=-\frac{1}{2}$，$y$座標は$\frac{4+1}{2}=\frac{5}{2}$となり，M$\left(-\frac{1}{2},\ \frac{5}{2}\right)$である。⑵よりP$(-1,\ 1)$だから，直線PMの傾きは$\left(\frac{5}{2}-1\right)\div\left\{-\frac{1}{2}-(-1)\right\}=\frac{3}{2}\div$

$\frac{1}{2}=3$となり，その式は$y=3x+b$とおける。点Pを通るので，$1=3\times(-1)+b$，$b=4$より，求める直線の式は$y=3x+4$である。

5〔空間図形—四面体〕

≪基本方針の決定≫(2)　AD⊥〔面ECB〕であることに気づきたい。

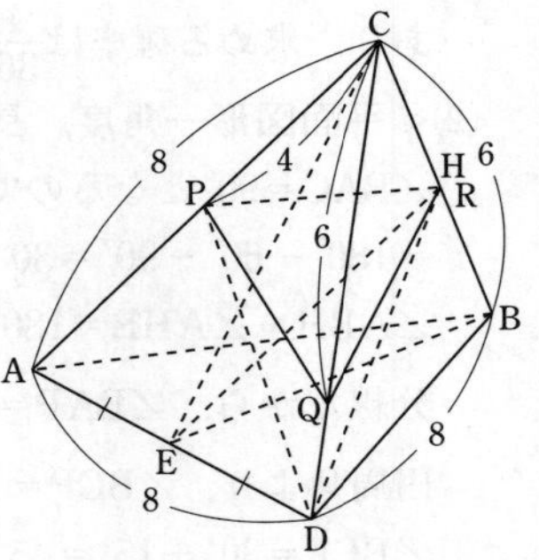

(1)＜面積＞右図で，AD＝AB＝AC＝DB＝DC＝8より，△ACD，△ABDは合同な正三角形だから，CE＝BEとなり，△ECBは二等辺三角形である。点Eが辺ADの中点だから，△ACEは3辺の比が$1:2:\sqrt{3}$の直角三角形であり，$\mathrm{CE}=\frac{\sqrt{3}}{2}\mathrm{AC}=\frac{\sqrt{3}}{2}\times8=4\sqrt{3}$となる。また，点Eから辺BCに垂線EHを引くと，点Hは辺BCの中点となるから，$\mathrm{CH}=\frac{1}{2}\mathrm{BC}=\frac{1}{2}\times6=3$となる。よって，△CEHで三平方の定理より，$\mathrm{EH}=\sqrt{\mathrm{CE}^2-\mathrm{CH}^2}=\sqrt{(4\sqrt{3})^2-3^2}=\sqrt{39}$となるので，$\triangle\mathrm{ECB}=\frac{1}{2}\times\mathrm{BC}\times\mathrm{EH}=\frac{1}{2}\times6\times\sqrt{39}=3\sqrt{39}$である。

(2)＜体積＞右上図で，△ACD，△ABDは正三角形であり，点Eは辺ADの中点だから，CE⊥AD，BE⊥ADである。これより，AD⊥〔面ECB〕となる。$\mathrm{AE}=\mathrm{DE}=\frac{1}{2}\mathrm{AD}=\frac{1}{2}\times8=4$だから，〔三角錐A-ECB〕＝〔三角錐D-ECB〕＝$\frac{1}{3}\times\triangle\mathrm{ECB}\times\mathrm{AE}=\frac{1}{3}\times3\sqrt{39}\times4=4\sqrt{39}$となり，〔立体ABCD〕＝2〔三角錐A-ECB〕＝$2\times4\sqrt{39}=8\sqrt{39}$である。

(3)＜体積＞右上図で，(1)よりCH＝3だから，点Rは点Hと一致し，辺BCの中点である。AP＝AC－CP＝8－4＝4より，AP＝CPだから，点Pは辺ACの中点である。点Pと点D，点Rと点Dを結ぶ。立体CPDR，立体ABCDを，それぞれ，△PRC，△ABCを底面とする三角錐と見ると，高さが等しいので，〔立体CPDR〕：〔立体ABCD〕＝△PRC：△ABCとなる。2点P，Rがそれぞれ辺AC，BCの中点より，△PRC∽△ABCとなり，相似比はPC：AC＝1：2だから，$\triangle\mathrm{PRC}:\triangle\mathrm{ABC}=1^2:2^2=1:4$となる。よって，〔立体CPDR〕：〔立体ABCD〕＝1：4となるから，〔立体CPDR〕＝$\frac{1}{4}$〔立体ABCD〕＝$\frac{1}{4}\times8\sqrt{39}=2\sqrt{39}$となる。次に，立体C-PQR，立体CPDRを，それぞれ，底面が△CPQ，△CPDの三角錐と見ると，高さが等しいので，〔立体C-PQR〕：〔立体CPDR〕＝△CPQ：△CPDである。△CPQ：△CPD＝CQ：CD＝6：8＝3：4だから，〔立体C-PQR〕：〔立体CPDR〕＝3：4となり，〔立体C-PQR〕＝$\frac{3}{4}$〔立体CPDR〕＝$\frac{3}{4}\times2\sqrt{39}=\frac{3\sqrt{39}}{2}$である。

6〔関数—関数と図形〕

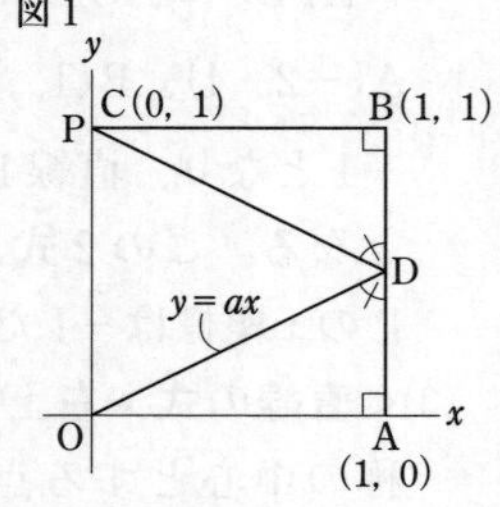

(1)＜比例定数＞右図1で，∠OAD＝∠PBD＝90°，OA＝PB＝1であり，∠ODA＝∠PDBより，∠AOD＝∠BPDとなるから，△OAD≡△PBDである。これより，AD＝BDとなるから，点Dは辺ABの中点である。A(1，0)，B(1，1)より，点Dのy座標は$\frac{0+1}{2}=\frac{1}{2}$となり，$\mathrm{D}\left(1,\ \frac{1}{2}\right)$である。関数$y=ax$のグラフが点Dを通るので，$\frac{1}{2}=a\times1$より，$a=\frac{1}{2}$である。

(2)＜反射する回数，頂点＞次ページの図2で，点Pが正方形OABCの辺上で反射する点を，順に，E，F，G，……とする。$a=\frac{3}{4}$より，1回目は辺AB上で反射するので，点Eは辺AB上にある。x座標は1だから，$y=\frac{3}{4}\times1=\frac{3}{4}$より，$\mathrm{E}\left(1,\ \frac{3}{4}\right)$である。2回目は辺BC上で反射するので，点Fは辺BC上にある。このとき，∠OAE＝∠FBE＝90°，∠OEA＝∠FEBより，△OAE∽△FBEとなる。直線OEの傾きが$\frac{3}{4}$より，OA：AE＝4：3だから，FB：BE＝4：3となる。BE＝$1-\frac{3}{4}=\frac{1}{4}$だから，FB＝$\frac{4}{3}$BE＝$\frac{4}{3}\times\frac{1}{4}=\frac{1}{3}$より，点Fの$x$座標は$1-\frac{1}{3}=\frac{2}{3}$となり，F$\left(\frac{2}{3},\ 1\right)$である。3回目は辺OC上で反射するので，点Gは辺OC上にある。同様にして，△FBE∽△FCGとなるので，FB：BE＝4：3より，FC：CG＝4：3である。FC＝$\frac{2}{3}$だから，CG＝$\frac{3}{4}$FC＝$\frac{3}{4}\times\frac{2}{3}=\frac{1}{2}$となり，点Gの$y$座標は$1-\frac{1}{2}=\frac{1}{2}$となるので，G$\left(0,\ \frac{1}{2}\right)$である。以下同様にして，4回目の反射する点Hは辺OA上にあり，HO：OG＝4：3より，HO＝$\frac{4}{3}$OG＝$\frac{4}{3}\times\frac{1}{2}=\frac{2}{3}$だから，H$\left(\frac{2}{3},\ 0\right)$である。5回目の反射する点Iは辺AB上にあり，HA：AI＝4：3，HA＝$1-\frac{2}{3}=\frac{1}{3}$より，AI＝$\frac{3}{4}$HA＝$\frac{3}{4}\times\frac{1}{3}=\frac{1}{4}$だから，I$\left(1,\ \frac{1}{4}\right)$である。ここで，BI＝$1-\frac{1}{4}=\frac{3}{4}$より，CB：BI＝1：$\frac{3}{4}$＝4：3だから，点Iで反射した点Pは頂点Cに到達して停止する。よって，反射する回数は5回，停止する頂点はCである。

図2

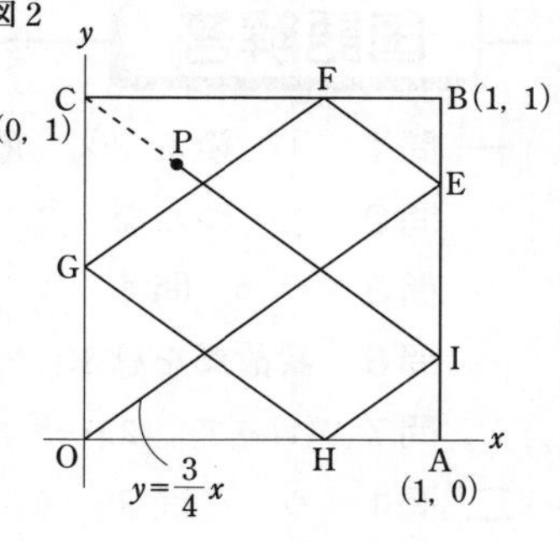

═読者へのメッセージ═

関数$y=ax^2$のグラフは放物線です。放物線は英語でパラボラ(parabola)といいます。パラボラアンテナは放物線の形を利用してつくられています。

国語解答

一　問1　①　塗る　②　雇用

問2　①　つたな　②　かつぼう

問3　ウ　問4　エ　問5　ア

問6　我故郷を思ふ。

問7　(1)…ア　(2)…ウ

二　問1　ウ　問2　イ，オ　問3　ア

問4　読むという～るといえる

問5　イ

問6　映像の弱味は，視聴者が制作者の意図どおりの見方をさせられているということ。

問7　映像　問8　ウ

三　問1　イ　問2　エ

問3　雪代のアドバイスどおりのふわっとしたチャンスボールがやってきたから。

問4　みちるが楽しくてうれしいのが一番なんだ

問5　エ　問6　ア　問7　イ

問8　エ

一〔国語の知識〕

問1<漢字>①音読みは「塗料」などの「ト」。　②「雇用」は，賃金を払って人を雇うこと。

問2<漢字>①音読みは「拙劣」などの「セツ」。　②「渇望」は，切実に望むこと。

問3<敬語>「私」の動作に謙譲表現の「うかがう」を用いるのは適切だが(ウ…○)，「兄」や「母」といった身内の動作に「いらっしゃる」「召し上がる」などの尊敬表現を用いるのは適切ではない(ア・エ…×)。また「先生」など目上の人の動作には，「申し上げた」などの謙譲表現ではなく，尊敬表現の「おっしゃった」などを用いる(イ…×)。

問4<語句>「プロセス」には，過程，経過，などの意味がある。

問5<四字熟語>「栄枯盛衰(えいこせいすい)」は，栄えたり衰えたりすること。「意味深長(いみしんちょう)」は，非常に深い意味や含みがあって複雑なこと。「粉骨砕身(ふんこつさいしん)」は，力の限り努力すること。「心機一転(しんきいってん)」は，あることをきっかけにして気持ちをすっかり入れかえること。

問6<漢文の訓読>「我」→「故郷」→「思」の順に読む。一二点は，一点の施された文字の次に二点の施された文字に，二字以上返って読む。

問7《現代語訳》ところで，小松の三位中将維盛卿は，体は屋島にありながら，心は都へと通っていらっしゃった。住み慣れた土地にとどめ残しなさった妻，幼い人々の幻影だけが，(維盛卿の)身に寄り添い，忘れるときもなかったので，「生きていてもどうにもならぬ我が身であることよ」と思って，元暦元年三月十五日の未明，人目を忍びつつ屋島の館を抜け出して，与三兵衛重景，石童丸という童，船に心得があるということで武里という舎人，これら三人を召し出してお連れになり，阿波国結城の浦から小船に乗り，鳴門浦を漕いで通り，紀伊路へとお向かいになった。

(1)<古典の知識>旧暦の月の異名は，一月から順に，睦月，如月，弥生，卯月，皐月，水無月，文月，葉月，長月，神無月，霜月，師走となる。　(2)<古文の内容理解>維盛卿は，「故郷」に残してきた「北の方」や「をさなき人々」のことが頭から離れず，「忘るるひま」もなかったので，このまま生きているだけではどうにもならないと思い，都へ向かった。

二〔論説文の読解―芸術・文学・言語学的分野―読書〕出典；田代三良『高校生になったら』。

≪本文の概要≫青少年の読書離れということがいわれて久しいが，中学時代に読書をしなかったことを後悔している人は多い。私たち個人の考えというものは，今までの体験や親や友人の影響などの要素が絡み合って形成されるものだが，読書から得たものも重要な一つなのである。本には時代や境遇の異なる多くの人の体験や考えが書かれているので，読書は私たちが意見を持つ人間になるために必要であり，さらに，多くの文章を読むことで，自分の語彙が増え，自分の考えや気持ちをより正確に表現できるようになる。読書をすると，自分の考えも固まっていくし，自分の心の支えとなるものを見つけ出すこともできるようになるのである。また，制作者の意図どおりの見方をさせられる映像とは異なり，言葉による理解には，読者の知的なはたらきや想像力を活発にはたらかせることが必要となる。つまり，読むということには，常に読者の側の主体的なはたらきかけが必要だが，映像の場合は全く受け身の立場に置かれるのである。

問１＜文章内容＞「個人の考え」は，「いままでの体験，親や友人の影響など」が「からみ合って」形成されるものであり，それにあわせて「読書から得たもの」も重要な要素の一つであると考えられる(ア…○)。また，私たちは「文章を正確に読みとること」で，「自分自身の考えをはっきりしたもの，より精密で複雑なもの」にしていくことができる(イ…○)。本を一冊読んでも「すぐ頭がよく」なったり，「テストの点がよく」なったりするわけではないが，読書の「蓄積」によって，「自分の考えもかたまってゆくし，自分の心の支えとなるものを見つけだすこともできる」のである(ウ…×，エ…○)

問２＜文章内容＞自分の意見を持つためには，「文章を正確に読みとること」を通じて「自分自身の考えをはっきりしたもの」にし(イ…○)，さらに思ったことや考えたことを「言葉に表して話したり，書いたりすること」が必要で(オ…○)，それによって「思考の内容をいっそうはっきりしたものにすること」ができる。

問３＜文学史＞『坊っちゃん』は，明治39(1906)年に発表された夏目漱石の小説。『蜘蛛の糸』は，大正７(1918)年に発表された芥川龍之介の小説。『伊豆の踊子』は，大正15(1926)年に発表された川端康成の小説。『人間失格』は，昭和23(1948)年に発表された太宰治の小説。

問４＜文章内容＞映像では，主人公のイメージや背景描写などが視聴者に「一気にあたえられてしまう」のに対し，文章においては「読者の積極的で自由な働きかけと判断」もありうる。つまり「読むということには，つねに読者の側の主体的な働きかけが必要」であるのに対して，「映像の場合はまったく一方的な受け身の立場におかれているといえる」のである。

問５＜接続語＞「言葉の表現」には，伝える内容に「ふさわしい言葉の使い方」などが必要となり，「経験や思考の内容が豊かで，想像力が生きいきとして」いれば「伝えあう内容が高度のもの」になる。ここから話題を転じて，「テレビなどの映像の場合」について考察すると，「言葉の表現」とは異なる，「直接現実に経験する場合と非常に近い」という映像表現の特徴が見えてくるのである。

問６＜文章内容＞映像には，経験できないようなことでも「ごく身近に，あたかも私たち自身が直接経験したかのように感じさせることができる」という「強味」があるが，「制作者の意図どおりの見方をさせられている」という「弱味」もある。

問７＜文章内容＞ドラマなどの「映像」の場合は，「視聴者の内部に，言葉とはちがった形で，より直接的な感応をあたえることができる」のに対し，文学作品の場合は「すべて作者によって組み立てられた言葉の表現を通して，読者の知的な働きや想像力を活発に働かせることによって」作品のイメージを感じ取らせていく。

問８＜要旨＞言葉による表現において，自分の「考えの内容を正確にくわしく」他者に伝えるためには「それにふさわしい言葉の使い方」をしなければならないし，「ひとの話や文章の内容を正しく受けとるため」には「それに対応した言葉のたくわえ」が必要となる。

三〔小説の読解〕出典；阿部暁子『パラ・スター〈Side 百花〉』。

問１＜文章内容＞宝良は，「手加減してほしいの？」という問いに，「どうしようもない負けず嫌い」のみちるが，「手加減なんかいらない！」と反発すると予想していたので，「意地悪な笑み」を浮かべて尋ねたのである。

問２＜文章内容＞志摩は，みちるを相手に「すさまじい高速サーブ」をいきなり打ち込んだ宝良に対して「おとなげねー」と言ったが，今度は宝良を相手に「弾丸サーブ」を打ち込んだ元プロの雪代に対して「おとなげねー」と言った。

問３＜文章内容＞百花は，「ふわっとしたチャンスボールがきたら思いっきりぶっ叩けよ」という雪代のアドバイスどおりの「ふわっと宙を舞ったボール」が来たので，絶好のチャンスだと思って，みちるを見た。

問４＜心情＞佳代子は，「底抜けに明るい，うれしさと楽しさではちきれそうな，くしゃくしゃの笑顔」になったみちるを見たとき，感動して何も言えなくなったが，みちるが新しい車椅子でがんばりたいという決意を言葉にしたときは，「みちるが楽しくてうれしいのが一番なんだ」と率直に気持ちを伝えることができた。

問５＜文章内容＞試合に勝ってうれしそうに喜ぶみちるの様子を見た宝良は，人生を投げ出そうとしていたみちるを救うために，コートに連れ出した効果があったかどうかを，「小さく頭を傾け」て，無言で百花に尋ねた。

問６＜文章内容＞百花は，人生を投げ出そうとしていたみちるに，「何も終わってない」ということを伝えるためにテニスコートに連れてきたが，「みちるの笑顔」を見たことで，「いろんな人が，たくさんの人が，競技用車いすに乗って，青空の下を心のままに駆けまわって，そうして浮かべる笑顔」を何度でも見たいというのが，自分が「車いすエンジニアになりたい」と思う理由であることに気づかされたのである。

問７＜指示語＞「車いすはパートナー」だから，車椅子がみちるを動かしてくれるという受け身の姿勢ではなく，みちる自身が自ら「動こうと努力」したときに「車いすが最大限にサポート」するなどということは，「説教臭いだけで言うまでもないことなのかもしれない」と，百花は思った。

問８＜要旨＞試合前は人生を投げ出そうとしていたみちるだったが，試合を終えて前向きな気持ちになることができ，学校生活に希望を持てるようになったので，「お金たくさんかかるけど，いい？」と母に気兼ねしながらも，「新しい車いす」で「学校に行きたい」と言った。

2021年度 日本大学豊山高等学校（推薦）

【英　語】（数学・国語と合わせて70分）〈満点：40点〉

〔注意〕　特にスペルに関して，はっきり読み取れる文字で書くこと。

1　次の英文の(　　　)に入る最も適切なものを，１～４から１つ選び，番号で答えなさい。

（1）　Yuki is good (　　　) cooking.

1. of　　2. by　　3. at　　4. from

（2）　The actor is known (　　　) many people.

1. as　　2. to　　3. for　　4. of

（3）　I don't (　　　) finish my homework today.

1. need　　2. able to　　3. want　　4. have to

（4）　Your kind words (　　　) me happy.

1. made　　2. gave　　3. became　　4. was

（5）　He can dance better than any (　　　) dancer in this school.

1. some　　2. other　　3. many　　4. another

（6）　It stopped (　　　) this morning.

1. rain　　2. to rain　　3. raining　　4. to raining

2 次の日本文の意味に合うように，空所に指定された文字で始まる適切な１語を書きなさい。ただし，（　）内に与えられた文字で始め，**解答は単語のつづりをすべて書きなさい**。

（１）その患者は長い間入院しなければなりませんでした。

That (p　　　) had to be in the hospital for a long time.

（２）私のおじは東京に住んでいます。

My (u　　　) lives in Tokyo.

（３）彼女の兄は何年も外国で働いています。

Her brother has worked (a　　　) for years.

（４）私はあなたの意見に賛成です。

I (a　　　) with your opinion.

3 次の各組の（Ａ），（Ｂ）がほぼ同じ内容を表すように，（　　）に適切な語を１語ずつ入れなさい。

（１）（Ａ）Math is more difficult than English for me.

（Ｂ）English is (　　　) than math for me.

（２）（Ａ）He enjoyed himself at the dinner party.

（Ｂ）He had a good (　　　) at the dinner party.

（３）（Ａ）Let's go swimming tomorrow.

（Ｂ）(　　　) we go swimming tomorrow?

（４）（Ａ）All animals need water to live.

（Ｂ）No animals can live (　　　) water.

4 次の英文を読んで，あとの設問に答えなさい。

Australia is a very large country. ①**(21 times / Japan / as / it / large / is / as).** Australia is famous for its natural environment and unique animals. There are 19 places on the *World Heritage List.

Uluru is one of Australia's most popular places. Uluru is the second largest rock in the world. It is in a national park. And the park became a *World Natural Heritage Site in 1987 and a *World Cultural Heritage Site in 1994. There are very few such World Heritage Sites. People understood its natural and cultural importance. Uluru was called Ayers Rock for a long time. Uluru was named Ayers Rock by an Englishman. He found it in 1873. When it was put on the World Cultural Heritage List, people decided to call it Uluru, its original name. They wanted to show their respect to the culture of the native people. In fact, Uluru is a *sacred place for ②**them**. Today, we can see it and walk around it, but we are not allowed to climb it.

Another popular place is the Great Barrier Reef. It is a large *coral reef, and is also a World Heritage Site. It is about the same size as Japan. It is about 2,300 kilometers long from north to south. In recent years, sea water has become warmer and warmer. Because of this, corals are dying. This is a big problem not only for the people of Australia but also for all of us. We have to solve this problem as soon as possible.

Koalas are also popular. They are one of Australia's most famous animals. We can see koalas in some zoos in Japan. However, year by year, there are fewer and fewer koalas. There are a few reasons for this. A lot of trees are cut down, so koalas lose their homes. Some of them are even hit by cars. Also, forest fires have killed many koalas. People all over the world worry about koalas now.

Australia is a culturally and naturally rich and beautiful country. To protect that, we must take care of our environment.

*World Heritage List「世界遺産リスト」

*World Natural Heritage Site「世界自然遺産」

*World Cultural Heritage Site「世界文化遺産」

*sacred「神聖な」　　*coral reef「サンゴ礁」

（1） 下線部①を文脈が通るように正しく並べかえなさい。ただし，文頭にくるものも小文字にしてある。

（2） 下線部②の them は何を指していますか。本文中の 3 語で答えなさい。

（3） 次の問いに対して，最も適切な答えを下から 1 つ選び，番号で答えなさい。

Which is true about Uluru?

1. There is no rock larger than it in the world.
2. People thought it was important only because of its cultural value.
3. It is called Ayers Rock now.
4. We can't climb it but can enjoy seeing it.

（4） 本文の内容と一致しているものを下から 1 つ選び，番号で答えなさい。

1. The Great Barrier Reef is larger than Japan.
2. Kangaroos are the most popular animals among Australian people.
3. Some drivers hit koalas in Australia.
4. The people of Australia have solved a big environmental problem.

【数　学】（英語・国語と合わせて70分）〈満点：40点〉

〔注意〕　1．定規，コンパス，分度器，計算機などを使用してはいけません。
　　　　　2．答えが分数のときは，約分して最も簡単な形で答えなさい。
　　　　　3．根号の中はできるだけ小さい自然数になおしなさい。

1　次の問いに答えよ。

(1)　$\dfrac{7}{3}-\dfrac{7}{6^2}\div\left(-\dfrac{2}{3}\right)$ を計算せよ。

(2)　$12a^3b\div(-2ab)^2\times a^4b^3$ を計算せよ。

(3)　$\dfrac{9}{\sqrt{12}}-\sqrt{27}$ を計算せよ。

(4)　$ax^2-11ax+18a$ を因数分解せよ。

2　次の問いに答えよ。

(1)　連立方程式 $\begin{cases}3x+2y=2\\4x-3y=14\end{cases}$ を解け。

(2)　2次方程式 $x^2-3x+1=0$ を解け。

(3)　A組5人，B組6人の中から2人の代表をくじで選ぶとき，代表がA組とB組からそれぞれ1人ずつとなる確率を求めよ。

(4)　右の表は，あるクラスの家庭における学習時間を調べて，度数分布表に表したものである。7日間の学習時間の平均値を求めよ。

7日間の学習時間調べ

階級（時間）			度数（人）
以上		未満	
0	～	10	8
10	～	20	17
20	～	30	10
30	～	40	5
計			40

3 下の図のように，関数 $y=\frac{1}{2}x^2$ のグラフ上に x 座標が -2 の点Aと x 座標が6の点Bがある。このとき，次の問いに答えよ。

(1) 点Aの座標を求めよ。

(2) 2点A，Bを通る直線の式を求めよ。

(3) x 軸上の $x>0$ の部分に点Cをとる。△ABCの面積が△OABの面積の2倍であるとき，点Cの x 座標を求めよ。

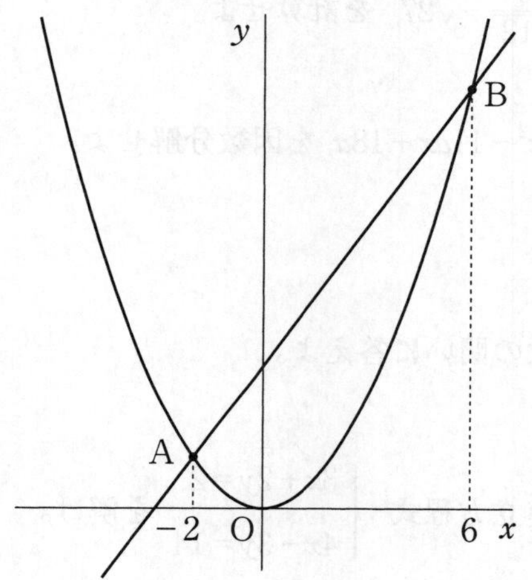

4 下の図のような1辺が4の立方体ABCD-EFGHがある。辺ABの中点をM，辺ADの中点をNとし，四角形MFHNをつくる。このとき，次の問いに答えよ。

(1) 辺MFの長さを求めよ。

(2) 四角形MFHNの面積を求めよ。

(3) 点Eから四角形MFHNにひいた垂線の長さを求めよ。

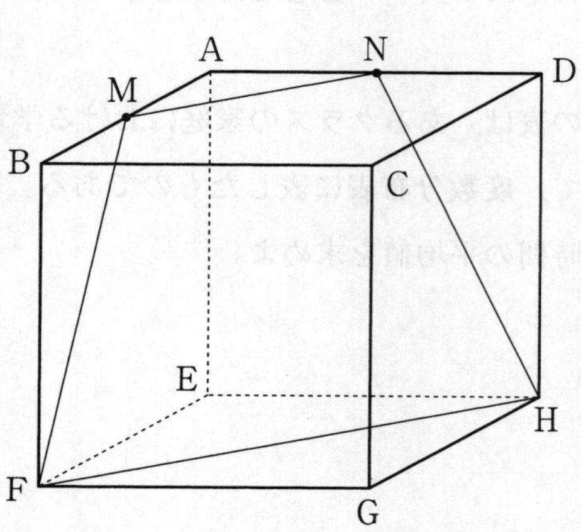

問4　——線②「ぼくにもこれと似た経験がある」とありますが、どのような点で「似た経験」なのですか。最も適切なものを、次から選びなさい。

ア　狩猟で得た動物を侮辱するようなことをしてしまい、それを現地の先住民の人々に戒められたという点。

イ　狩猟で動物の命を奪ったあとで後悔したが、それを現地の先住民の人々に優しく慰められたという点。

ウ　動物の狩猟という行為を例に、現地の先住民の人々が自分たちの世界観への理解を求めたという点。

エ　狩猟で得た動物を解体するとき、動物へのあわれみは必要ないと現地の先住民の人々に言われたという点。

問5　——線③「女たちは例によって下を向いた」とありますが、女たちの心情として適切でないものを、次から選びなさい。

ア　とまどい　　イ　恐れ

ウ　批判　　エ　嘲笑

問6　——線④「現代日本という社会に生きているぼくたちが、どのように動物と向き合っているか」とありますが、「ぼくたち」の動物との向き合い方が具体的に述べられている一文を探し、初めの五字を書きなさい。

問7　筆者は長田弘の詩の引用によって、どのようなことを伝えたいのですか。次の［　］にあてはまる言葉を、「関係」という言葉を用いて三十字以内で答えなさい。

＊人は、世界が［　］ながら成り立っているということを、知らない。

問8　筆者の主張として最も適切なものを、次から選びなさい。

ア　北米の先住民の中には、無生物さえ一種の「人間」だと考えて、その声を聞き取る人々がいるが、これを迷信だと言い切ってしまう現代社会の人々はそのおごりを反省すべきだ。

イ　現代社会に生きるわたしたちは、狩猟社会の人々の暮らしから、ヒトの食料として獲物となる動物を必要以上に殺すことなく絶滅させずにおく、優れた知恵を学ぶべきだ。

ウ　現代社会のヒトは自分たちを強者として、自然を一方的、暴力的に支配してきたが、今後はそれを改め、自然の声を聞きながら平等で双方向的なつながりを築いていくべきだ。

エ　現代社会のヒトは、自分たちがかつてはもっていた動物や自然の声を聞き取る能力をいつの間にか失ってしまったことに気づき、詩や物語を通じて思い出す努力をすべきだ。

「鹿の黄いろな横っ腹なんぞに、二三発お見舞いもうしたら、ずいぶん痛快だろうねぇ。」

こんな態度を見て、北方の狩猟民ならなんと言うだろう？　それを考えただけでも冷や汗が出る。

（『弱虫でいいんだよ』辻信一（つじしんいち））

＊フィールドワーク…現地での調査研究。

＊長田弘…詩人・児童文学作家・文芸評論家。一九三九～二〇一五。

＊キンポウゲ…キンポウゲ科の多年草。春に黄色い花が咲く。

＊タビラコ…キク科の越年草。「ホトケノザ」ともいう。春の七草の一つ。春に黄色い花が咲く。

問１　本文中からは、次の段落が抜けています。入る場所として最も適切なものを、本文中の【　１　】～【　４　】から選びなさい。

先住民の生き方、考え方を通じて、強い人間が弱い自然界を支配するというのとは、全くちがう、人間と自然とのもっと対等でバランスのとれた関係について、見てきた。

問２　空欄 A ・ B に入る言葉の組み合わせとして最も適切なものを、次から選びなさい。

ア　A　なぜなら　　B　例えば

イ　A　とはいえ　　B　ところで

ウ　A　だから　　B　さらに

エ　A　そのうえ　　B　というのは

問３　――線①「こうしたふるまい」とはどのようなことを指しますか。本文中から十二字で抜き出しなさい。

動物と向き合っているかを考え直してみる必要がありそうだ。

[B]、北米の先住民の中には、動物ばかりでなく、樹木のような植物、さらに岩石のような無生物さえ、知的な存在であり、みな一種の「人間」なのだと考えている人々がいたし、今もいる。彼らは、木との関係や石との関係をも、「人間」同士の社会的な関係としてとらえている。

【３】

良好な関係をつくり、保つためには、当然、コミュニケーションが大切だ。先住民の中に、動物の声、植物の声、石の声、森の声、川の声を聞き取り、それらと、同じ「人間」同士として語り合うことのできる人々がいたとしても、驚くにはあたらない。

ぼくたちの現代社会では、そういう能力をもった人のことを「詩人」と呼ぶのかもしれない。ここでまた、最近亡くなったばかりの、大好きな詩人、*長田弘の詩を引用したくなった。『人はかつて樹だった』という詩集の中にある詩から……。

タンポポが囁いた。ひとは、
何もしないでいることができない。
*キンポウゲが嘆いた。ひとは、
何も壊さずにいることができない。
……（中略）……
*タビラコが呟いた。ひとは未だ、
この世界を讃える方法を知らない。（「草が語ったこと」より）

【４】

一方、ぼくたちの現代社会の姿はどうだろう。そこでは「唯一の人間」を自称する「ヒト人間」たちが、他の命を命とも思わない暴君ぶりを発揮しているではないか。それはもう「百獣の王」ライオンどころの騒ぎではない。そこでは自然は単なる資源として、ヒトが勝手気ままに利用するためにあると考えられている。動物の多くが家畜化され、食料となり、野生動物は害獣として駆除されたり、ペット化されたり、観光資源と見なされたり……。

今のぼくたちの社会にとって、狩猟社会はすでにはるか昔のお話。まだあったとしてもどこか遠い世界のことと考えられがちだが、きみにとってはどうだろう？　でも実は、過去は過去でも、意外と近いところに、ヒトと動物との豊かな心の交流の記録が残っている。宮沢賢治の一連の物語だ。それなら、きみも読んだことがあるかもしれないね。

狩猟と言えば、真っ先に思い浮かぶのは「注文の多い料理店」だろう。狩猟とは言っても、これは伝統的な狩猟社会のできごとではない。ハンター気どりの「紳士」ふたりが、娯楽のために狩りをしようと、ピカピカの鉄砲を担いで、山奥にやってきたのだ。

「なんでも構わないから、早くタンタアーンとやって見たいもんだなあ。」

しく、まるで自分が悪いことをしたとでもいうように、視線を落とすのだった。

【 1 】

夕食はもちろんビーバーのあぶり焼き。ぼくはみんなが建ててくれた専用のテントの中に置かれた薪（まき）ストーブの脇に肉片を吊（つ）るす。すると下の容器がすぐいっぱいになるほど脂が出る。塩もコショウもいらない。これほど濃密な味の肉を食べたことはなかった。旨（うま）い。でもしつこい。これは食べ過ぎに注意しないといけない、と思う頃には、もう食べ過ぎて胸焼けになっている。それほどパワフルな肉だった。

テント中に充満したビーバーの脂の匂いと胸焼けに苦しみながら、ともかくぼくは床についた。これがまた一仕事だった。薪が早く燃え尽きないように、ストーブの空気穴をしぼって、ミノムシ形の寝袋に入る。さらにその上に貸してもらったいろいろな動物の毛皮をかけて、ローソクを吹き消し、最後に寝袋のジッパーを引き上げて、頭部をくるむようにして、目以外を覆いつくす。

ぼくは悪夢を見た。それは拷問（ごうもん）らしかった。ぼくはビーバーの毛皮の中にすっぽりと入れられて、凍るように冷たい水の中に沈められ、窒息する寸前に引き上げられる。その繰り返しだった。だが、次第にわかったのは、自分がビーバーになり始めていて、冷たい水も平気になり、長い時間水中に留（とど）まれるようになっていくことだった。

翌朝、ぼくはキャンプの人々にこの夢の話をした。③女たちは例によって下を向いたが、ぼくと一番親しいハンターがいつになく少し怖い顔をして、「これからは気をつけなくちゃいけないね、友人」と言った。するとその弟が続けて、「今回はこれくらいですんだからよかった」と言う。本当にそうだ、とぼくも思った。

毛皮や肉という贈り物をもってきてくれた動物に対してぼくは敬意を欠いていたばかりか、失礼なことをしてしまった。だから「罰（バチ）が当たった」のだ。今でも、ぼくはそう思っている。

こういう話をすると、「そんなのは迷信だ」という声が聞こえてきそうだ。きみはどう思うだろう？

【 2 】

誤解してほしくないのは、クルアネの人々にしても、ケベック・クリーにしても、「動物は人間だ」と考えているからといって、何も、ヒトと動物とを混同しているわけではない、ということだ。彼らはただ、多くの異なる種類の「人間」があって、ヒト人間はその一種だと考えている。そして、自分たち同士の社会に規則やしきたりがあるように、ウサギ人間との社会関係にも、ヘラジカ人間との社会関係にも、それぞれ別の規則やしきたりがあると考えている。

ここまで、人類学とともに考えてきたことをまとめてみよう。大事なことは、狩猟社会には、強者が弱者を一方的、暴力的に支配するのとは違う、ヒトと動物との関係があるということだ。そこから、改めて、④現代日本という社会に生きているぼくたちが、どのように

めて見て彼はショックを受ける。「私は一人であり、自分でウサギの首の骨を折らなければならないことを悟った」。それまでに自分の素手で何かを殺した経験がなかった彼は、夢中で、やるべきことをやった。「その動物は苦しみ、私はみじめな気持ちになった」

落ち込んでいるナダスディに、クルアネの人々はこう諭したという。殺した動物の苦しみを考えるのは、失礼だ。それはポトラッチの時に、もらった贈り物にけちをつけるようなものだ、と。ポトラッチとは、北米大陸の北西部に住む先住民の間で広く行われた伝統的な祭り。主催者が客に、自分の気前よさを誇るかのように、大量の贈り物をしたり、ごちそうを振る舞ったりすることで知られている。

あるクルアネの女性はナダスディにこう説明したという。

「もし動物が自らを捧(ささ)げたなら、人は感謝の祈りを捧げ、与えられた肉の贈り物を受け取らねばならない。動物の苦しみを考えることは、贈り物にけちをつけることであり、そもそも、その動物がその人に、自身を捧げるべきであったかどうかについて、疑いの目を向けることだ」

そして彼女はつけ加えた。①「こうしたふるまいは、動物を侮辱することになり、二度とそのような贈り物を受け取れなくなるおそれがある」と。

この女性が人類学者に教えようとしているのは、単に狩猟の時の心構えではない。「こう考えればやりやすくなる」といったテクニ

ックのことでもない。ちょっと大げさに聞こえるかもしれないが、彼女は、「この世界がどのようにできているか」についての彼女なりの見方――それを「世界観」という――を話してくれたのだ。

②実はぼくにもこれと似た経験がある。カナダ、ケベック州北部のツンドラ地帯に住むクリー族の冬の狩猟キャンプに滞在させてもらった時のことだ。ある日、猟師の兄弟について、近くの池へ前日仕掛けた罠を見にいったところ、三頭のビーバーがかかっていた。ぼくはまるで手品を見るような思いで、次々と雪と氷の下から引き出される動物の死体を見ていた。

キャンプへ帰ると早速、女性たちが解体にとりかかる。冬のビーバーは毛皮の下に分厚い脂肪を蓄えている。それを、大型獣の骨をヘラにして巧みに毛皮から剥(は)がしていく。それはゴミも出なければ、血ひとつ出ない終始整然とした作業だ。

その黙々とした作業が終わると、きれいな楕円形(だえんけい)の毛皮の上に、それを今脱がされたばかりの丸裸の白っぽい生きものが、神妙に、仰向(あおむ)けになっている。その姿を見て、ぼくはつい吹き出さずにはいられなかった。滑稽でもあり、哀れでもあったろう。しかし何よりも、いのちの内側を覗(のぞ)きみたような感動を、笑い以外にどう表現したらいいかわからない、という感じだった。

しかし、次の瞬間には、自分が過ちを犯したことをぼくは知った。ぼくの笑いを部屋に集った人々全員が気まずい沈黙で迎えた。なじるような視線を向けるかわりに、穏やかで優しいクリーの人たち

二〇二一年度 日本大学豊山高等学校（推薦）

【国 語】〈英語・数学と合わせて七〇分〉〈満点：四〇点〉

〔注意〕解答する際、句読点や記号なども一字と数えること。

一 **次の問いに答えなさい。**

問１ **次の――線を漢字で書きなさい。**

外国のカヘイを集める。

問２ **次の――線の読み方をひらがなで書きなさい。**

権利には義務が伴う。

問３ **次の――線の読み方を現代仮名遣いのひらがなで書きなさい。**

仏（ほとけ）九体（くたい）、いとたふとくてならびおはします。

問４ **「解放」の対義語として最も適切なものを、次から選びなさい。**

ア　干渉　　イ　束縛　　ウ　閉鎖　　エ　忍耐

問５ **次の作品の中から詩集を一つ選びなさい。**

ア　『伊豆の踊子』　　イ　『坊っちゃん』

ウ　『ノルウェイの森』　　エ　『智恵子抄』

二 **次の文章を読んで、後の問いに答えなさい。**

カナダのユーコン準州に住むクルアネ民族のもとでフィールドワーク*を行った人類学者、ポール・ナダスディによると、北方の狩猟民たちは、ヒトだけではなく、多くの動物を含んだ大きな「社会」を想定している。その「社会」では、ヒトだけでなく、ウサギやヘラジカも感情をもったり、考えたりする「人間」として対等に関係し合っている。そして、「動物人間」たちからの贈り物に対して、「ヒト人間」たちは、一連の儀礼を行い、さまざまな決まりごとをきちんと守ることによって応え、ヒトとそれ以外の動物との間の穏やかで友好的な関係を保とうとしてきたのだという。

例えば、必要以上に狩猟しないこと、動物の悪口を言ったり、からかったりしないこと、ある種の食べ物を食べないこと、獲物の残骸を正しく処理すること。祝宴の場では、ヒトと動物との、切っても切れない親戚のような深い関係を、歌や踊りや演劇で表現する。

ナダスディはこう言っている。このような社会で伝統的に行われてきた狩猟を、猟師が力ずくで動物の命を奪う暴力行為だと考えるべきではない。むしろ、動物と猟師との間に、長い間、成り立ってきた「贈与交換」の関係として考える方が適切だ、と。

［A］、狩猟が相手の命をとる行為であることには変わりはない。ナダスディが、クルアネ先住民の地に住みこみ、狩猟を学び始めた時のことだ。自分でかけた罠（わな）の中に、生きたウサギがいるのをはじ

英語解答

1 (1) 3　(2) 2　(3) 4　(4) 1
(5) 2　(6) 3

2 (1) patient　(2) uncle
(3) abroad　(4) agree

3 (1) easier　(2) time　(3) Shall
(4) without

4 (1) It is 21 times as large as Japan
(2) the native people　(3) 4
(4) 3

数学解答

1 (1) $\frac{21}{8}$　(2) $3a^5b^2$　(3) $-\frac{3\sqrt{3}}{2}$
(4) $a(x-2)(x-9)$

2 (1) $x=2$, $y=-2$　(2) $x=\frac{3\pm\sqrt{5}}{2}$
(3) $\frac{6}{11}$　(4) 18時間

3 (1) $(-2, 2)$　(2) $y=2x+6$
(3) 3

4 (1) $2\sqrt{5}$　(2) 18　(3) $\frac{8}{3}$

国語解答

一 問1　貨幣　問2　ともな
問3　とうとくてならびおわします
問4　イ　問5　エ

二 問1　4　問2　イ
問3　動物の苦しみを考えること
問4　ア　問5　エ
問6　動物の多く
問7　ひとと，他の動物や植物など多くの自然が友好的な関係を保ち(28字)〔ひとも自然も同じ「人間」どうしとして，対等に関係し合い(27字)〕
問8　ウ

2021年度 日本大学豊山高等学校

【英　語】（50分）〈満点：100点〉

〔注意〕 1 はリスニングテストです。放送をよく聴いて，それぞれの設問の選択肢から解答を選び，その番号を解答用紙に記入しなさい。なお，放送される内容は，メモをとってもかまいません。

■リスニングテストの音声は，当社ホームページで聴くことができます。（実際の入試で使用された音声です）再生に必要なIDとアクセスコードは「収録内容一覧」のページに掲載しています。

1 【リスニングテスト】

これから，５つの文章を放送します。それぞれの文章のあとに質問が放送されます。その質問に対する答えとして最も適切なものを，１～４の中から１つ選び，番号で答えなさい。文章と質問は２度ずつ読まれます。放送される内容は，メモをとってもかまいません。

(1)　1．Carrots.　2．Potatoes.　3．Tomatoes.　4．Onions.

(2)　1．To practice hard.　2．To go to the ground.
　3．To join the baseball team.　4．To be in the starting lineup.

(3)　1．In the park.　2．In a person's pocket.
　3．In the police station.　4．On a bench.

(4)　1．She bought a new video game.
　2．She bought a book yesterday.
　3．She can't buy a new video game.
　4．She has a part-time job.

(5)　1．To meet Lucy.　2．To buy something.
　3．To do his homework.　4．To send a letter.

※<リスニングテスト放送原稿>は英語の問題の終わりに付けてあります。

2 次の対話文を完成させるために（　）に入る最も適切なものを，１～４から１つ選び，番号で答えなさい。

(1)　A：Your face is red, Robert.　You may have a high fever.　Would you like to sit here ?
　B：No.　I'm OK.
　A：(　　　　　)　My stop is the next one.
　B：Well, if you say so.　Thank you.
1．Please take my hand.　2．Please take my seat.
3．I'll take your seat.　4．You should take a temperature.

(2)　A：Hurry up, John !　You'll be late for school !
　B：Mom !　(　　　　　)　I worked hard on it.
　A：Did you look in your desk ?
　B：Yes !
1．I want to sleep for five more minutes.
2．Where is my school bag ?
3．I can't find my homework.
4．I wrote a speech for my English class.

(3) A : I'm very hungry. Joseph, (　　　　　)
B : Sure. Why don't we try that new Vietnamese restaurant across the street ?
A : That sounds nice ! I love Vietnamese food.
B : OK. Let's go !
1. do you want to make lunch together ?
2. how was lunch yesterday ?
3. did you have breakfast this morning ?
4. do you want to go for lunch now ?

(4) A : Excuse me. Can you tell me how to get to the Sunflower Festival ?
B : The Sunflower Festival ? (　　　　　)
A : Oh, really ? I will be busy that day.
B : That's too bad.
1. It's next Sunday.　　2. I don't know.
3. It's in the City Park.　　4. It's cancelled.

(5) A : Can I use your eraser ?
B : OK, but don't you have yours ?
A : No. (　　　　　) I think I lost it.
B : Oh, then I'll give you one. I have many in my bag.
1. I didn't buy one.　　2. I gave it to you.
3. I can't find it.　　4. I forgot mine.

3 次の英文の(　)に入る最も適切なものを，1～4から1つ選び，番号で答えなさい。

(1) In the US, clerks often say "(　　) can I help you ?" to you at a clothing store.
1. How　　2. Why　　3. What　　4. When

(2) The class was so (　　) that everybody was listening to the teacher.
1. interested　　2. interesting
3. boring　　4. bored

(3) I couldn't read the words (　　) the blackboard.
1. in　　2. with　　3. on　　4. to

(4) Katsuya studies English every day (　　) he wants to study in Canada.
1. so　　2. because　　3. though　　4. while

(5) Tom's family is (　　) good care of their pet dog Pochi.
1. take　　2. took　　3. taken　　4. taking

4 次の日本文の意味に合うように，空所に指定された文字で始まる適切な1語を書きなさい。ただし，(　)内に与えられた文字で始め，**解答は単語のつづりをすべて書きなさい**。

(1) お母さんはお金をくれました。
My mom gave me some (m　　).

(2) 私には昨日の授業がわかりませんでした。
I didn't (u　　) the lesson yesterday.

(3) 朝は晴れますが，のちに曇るでしょう。
It will be clear in the morning, and (c　　) later.

(4) 私の姉はたいてい７時に起きます。

My sister (u　　) wakes up at 7 o'clock.

(5) 明日あなたはゆっくり休むべきです。

You should rest well (t　　).

5 次の日本文の意味を表すように(　)内の語を並べかえ，英文を完成させなさい。ただし，文頭に来るものも小文字にしてある。

(1) ソフィアがいつ来るか知っていますか。

(Sophia / know / when / will / do / you) come ?

(2) 私の授業では一生懸命勉強する生徒が良い成績を取るでしょう。

(who / students / hard / will / do / study) well in my class.

(3) どれくらいここに住んでいますか。

(here / have / how / lived / you / long) ?

(4) ご参加をお待ちしております。

We (able / will / hope / to / be / you) join us.

(5) 彼が彼女と結婚したという知らせに私たちは喜んだ。

The news (her / he / made / married / us / that) happy.

6 次の英文の意味が通るように(Ａ)～(Ｅ)に入る最も適切なものを【語群】から１つずつ選び，番号で答えなさい。ただし，それぞれ１度しか使えないものとする。

If you want to go from one city to another, airplanes are popular, but the *Shinkansen* "bullet trains" are faster, easier, and go to more places. *Shinkansen* trains (A) Tokyo Station about every 15 minutes, so they are very convenient. But if you have a lot of heavy baggage, it might be difficult to go up and down all the station stairs.

In the mornings and evenings, the trains are very crowded. Unless you have to, try to (B) using the trains from 7:00 to 9:00 a.m. and from 6:00 to 8:00 p.m. During these hours, it is very difficult to get on and off trains because they are filled with people.

But you don't have to (C) to catch a train in Tokyo. Trains run every few minutes, so you can catch the next one. On the Yamanote Line, trains run every three minutes. But they are all crowded during rush hour.

I once had a really busy day scheduled. I needed to get from one appointment to another and had just enough time to get there on the train if I ran. I told my friend about this, and he volunteered to (D) me by car. He said that I could get there twice as fast by car. It was a really important appointment, and so I appreciated his kindness. In the end, it (E) me twice as long to get there by car, and I missed the important appointment. I was kind of mad at my friend. Trains in Japan can be really crowded, but at least they run on time.

【語群】

1．avoid　　2．took　　3．leave　　4．take　　5．run

7 次の英文の(A)～(E)に入る最も適切なものを，1～5から1つずつ選び，番号で答えなさい。ただし，それぞれ1度しか使えないものとする。

*Long, long ago, there was a princess who lived in Ryugu, a dragon's castle under the sea. She became sick and went to see a *fortuneteller. The fortuneteller said, "Eat the heart of a monkey, and you'll get better." The king of Ryugu, her father, ordered a *jellyfish to bring her a monkey.

The jellyfish came to an island and saw a monkey at the top of a tree. "Monkey, why don't you come to Ryugu to enjoy yourself?" she asked. "I'd love to, but (A)," the monkey said. "Don't worry. You can sit on my head," said the jellyfish. "That's very kind of you," said the monkey.

The monkey sat on the jellyfish's head, and she began to swim. The jellyfish thought, "What a foolish monkey. He doesn't know (B) and take out his heart!" But she couldn't keep the information to herself. She said, "To tell the truth, the princess of Ryugu is sick, and she needs your heart."

"What?" said the monkey. He was very surprised, but he *pretended not to be worried. He said, "Why didn't you tell me that when we left the beach? My heart is in the tree because (C)." The jellyfish stopped and said, "We must go and get it." They hurried back to the island.

When they came to the island, the monkey jumped down from the jellyfish's head and climbed the tree. "Jellyfish, (D). No one can take his heart out of his body," said the monkey.

The jellyfish returned to Ryugu and told the whole story to the king. The king was very angry. "I'm going to *punish you," said the king, and he told his men to *beat her 100 times. She was beaten 100 times, and that is the reason that today, (E).

* long, long ago 「昔々」　* fortuneteller 「占い師」　* jellyfish 「クラゲ」
* pretend 「～のふりをする」　* punish 「～を罰する」　* beat 「～をたたく」

1. you are so foolish
2. I can't swim
3. jellyfish have such soft bodies
4. I forgot to bring it
5. they are going to kill him

8 次の英文を読んで，あとの問いに答えなさい。

Ruth Eisenberg and Margaret Patrick played the piano together for several years. They gave concerts in the United States and in Canada, and they were often on TV. They were famous.

Why were they famous? They played the piano well, but they were not famous because they played well. They were famous because Mrs. Eisenberg played the piano with only her right hand, and Mrs. Patrick played the piano with only her left hand. They sat ①(　　　　) each other and played the piano together. Mrs. Eisenberg played one part of the music, and Mrs. Patrick played the other part.

Mrs. Eisenberg and Mrs. Patrick didn't always play the piano with only one hand. When they were younger, they played with two hands. Mrs. Patrick was a piano teacher. She taught hundreds of students. She taught her own children, too. Then, when she was 69 years old, Mrs. Patrick had a *stroke. She couldn't move or speak. Gradually she got better, but her right side was still very weak. She couldn't play the piano anymore. She was very sad.

Playing the piano was Mrs. Eisenberg's hobby. She often played five or six hours a day. Then, when she was 80 years old, she, too, had a stroke. She couldn't move the left side of her body, so she couldn't play the piano anymore. She was very sad.

A few months after her stroke, Mrs. Eisenberg went to a senior citizens' center. There were a lot of activities at the center, and Mrs. Eisenberg wanted to keep busy. Mrs. Patrick wanted to keep busy, too. A few weeks later, she went to the same center. The director was showing her around the center when Mrs. Patrick saw a piano. She looked sadly at the piano. "Is anything wrong ?" the director asked. "No," Mrs. Patrick answered. "The piano brings back memories. Before my stroke, I played the piano." The director looked at Mrs. Patrick's weak right hand and said, "Wait here. I'll be right back." A few minutes later, the director came back with Mrs. Eisenberg. "Margaret Patrick," the director said. "Meet Ruth Eisenberg. Before her stroke, she played the piano, too. She has a good right hand, and you have a good left hand. I think ②(wonderful / do / you two / something / can) together."

"Do you know Chopin's Waltz in D flat ?" Mrs. Eisenberg asked Mrs. Patrick. "Yes," Mrs. Patrick answered. The two women sat down at the piano and began to play. Mrs. Eisenberg used only her [X] hand, and Mrs. Patrick used only her [Y] hand. The music sounded good. The women discovered that they loved the same music. Together they began to play the music they loved. They were not sad anymore.

Mrs. Patrick said, "Sometimes God closes a door and then opens a window. I lost my music, but I found Ruth. Now I have my music again. I have my friend Ruth, too."

* stroke「脳こうそく」

(1) 下線部①に入る最も適切なものを下から１つ選び，番号で答えなさい。

1．across from　　2．away from　　3．next to　　4．in front of

(2) 下線部②の(　)内の語(句)を並べかえ，適切な英文を作りなさい。

(3) 本文中の[X]と[Y]にそれぞれ入る語の組み合わせとして，最も適切なものを下から１つ選び，番号で答えなさい。

1．[X]＝right　[Y]＝right
2．[X]＝left　[Y]＝left
3．[X]＝left　[Y]＝right
4．[X]＝right　[Y]＝left

(4) 本文の内容と一致するものを下から２つ選び，番号で答えなさい。

1．Ruth and Margaret were well-known because they were good pianists.
2．Mrs. Patrick was a piano teacher and she taught a lot of students.
3．Mrs. Eisenberg often played many hours a day but when she was 69 years old, she had a stroke.
4．The director of the center introduced Mrs. Eisenberg to Mrs. Patrick.
5．When the two pianists first played the piano together, they couldn't play well.
6．Mrs. Patrick said that she lost both her music and friends.

<リスニングテスト放送原稿>

1 のリスニングテストを始めます。

これから，5つの文章を放送します。それぞれの文章のあとに質問が放送されます。その質問に対する答えとして最も適切なものを，1～4の中から1つ選び，番号で答えなさい。文章と質問は2度ずつ読まれます。放送される内容は，メモをとってもかまいません。

それでは始めます。

(1) Man : No.(1)

Woman : Have you ever made curry and rice? It is easy to make. First, prepare onions, carrots, potatoes and curry sauce mix. Next, cut the vegetables. Mix them together in a pot with water, and boil. Curry and rice is delicious!

Man : Question : What vegetable was NOT used?

(2) Woman : No.(2)

Man : David joined the baseball club at school. He wants to be in the starting lineup, but his teammates are very good at baseball. David practices hard every day.

Woman : Question : What does David want?

(3) Man : No.(3)

Woman : Yesterday I was walking in the park and found a wallet on the ground near a bench. I think it fell out of a person's pocket. I took it to the police station and gave it to a police officer.

Man : Question : Where was the wallet found?

(4) Woman : No.(4)

Man : Taylor has a problem. She wants to buy a new video game, but she doesn't have enough money now. Last week, she went to a restaurant with her friends, and yesterday she bought a new book. Taylor is looking for a part-time job, because she doesn't want to ask her parents for money.

Woman : Question : What is Taylor's problem?

(5) Man : No.(5)

Woman : One day, Sam walked around his neighborhood. He first went to the convenience store and he bought tea and a snack. Then, he went to the library to do his homework. Before he reached the library, he met his friend, Lucy. Lucy was going to the post office to send a letter.

Man : Question : Why did Sam go to the convenience store?

これで，リスニングテストを終わります。続いて 2 へ進みなさい。

【数　学】 (50分) 〈満点：100点〉

〔注意〕 1．定規，コンパス，分度器，計算機などを使用してはいけません。
2．答えが分数のときは，約分して最も簡単な形で答えなさい。
3．根号の中はできるだけ小さい自然数になおしなさい。

1 次の問いに答えよ。

(1) $64\times\left(-\dfrac{3}{2}\right)^2+\dfrac{15}{16}\times(-4^2)$ を計算せよ。

(2) $2\sqrt{12}-\sqrt{\dfrac{5}{3}}\times\sqrt{\dfrac{1}{5}}-\sqrt{27}$ を計算せよ。

(3) $(-4ab^2)^2\times\left(-\dfrac{1}{3}a^2\right)^3\div\left(-\dfrac{2}{3}a^2b\right)^4$ を計算せよ。

(4) $\dfrac{4x-5y}{3}-\dfrac{3x-5y}{4}$ を計算せよ。

2 次の問いに答えよ。

(1) 連立方程式 $\begin{cases}4(x-y)+3y=10\\7x-5(2x-y)=1\end{cases}$ を解け。

(2) $(a+3)(b+3)+8(ab-1)$ を因数分解せよ。

(3) 2次方程式 $5(x-2)^2=10-(x-4)(x+4)$ を解け。

(4) $x=\sqrt{5}+2$ のとき，$2x^2-9x-3$ の値を求めよ。

(5) 右の表は，あるバレーボール部の部員20人の身長を度数分布表に表したものである。部員20人の身長の平均値を求めよ。

身長(cm) 以上　未満	度数(人)
162 ～ 166	2
166 ～ 170	3
170 ～ 174	6
174 ～ 178	4
178 ～ 182	3
182 ～ 186	2
計	20

3 次の問いに答えよ。

(1) 下の図において，AB∥EF∥CD である。このとき，線分 EF の長さを求めよ。

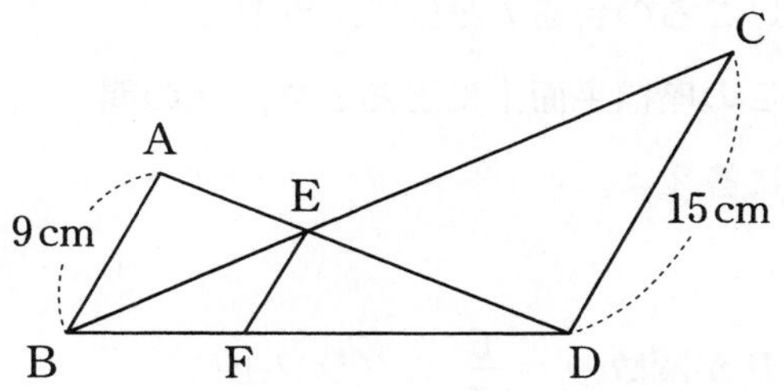

(2) 下の図のように，円周上の点は円周を 12 等分している。BH と EL の交点を P とするとき，∠BPL の大きさを求めよ。

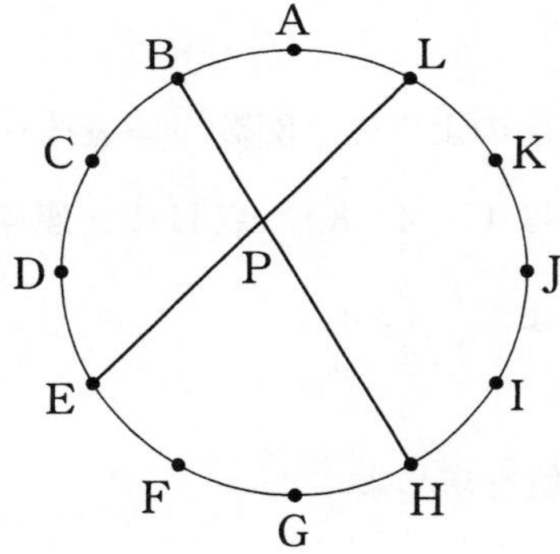

(3) 下の図のように，立方体が球に内接している。立方体の 1 辺の長さが 2 cm のとき，この球の体積を求めよ。

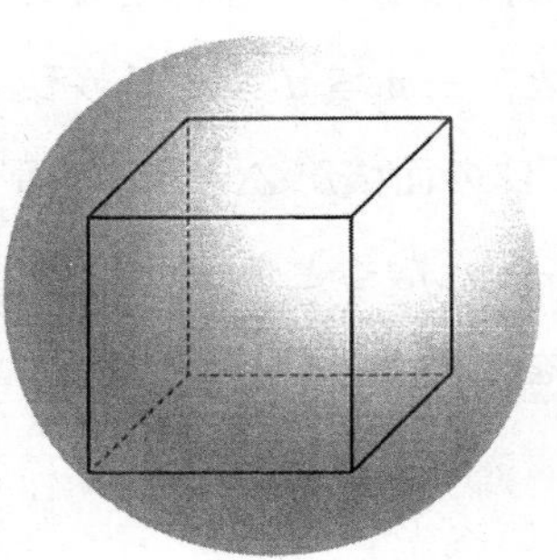

4 座標平面上に点 A(4, 4), B(2, 0) がある。大小 2 つのさいころを同時に振り，大きいさいころの目を s, 小さいさいころの目を t として，点 P(s, t) をこの座標平面上にとるとき，次の問いに答えよ。

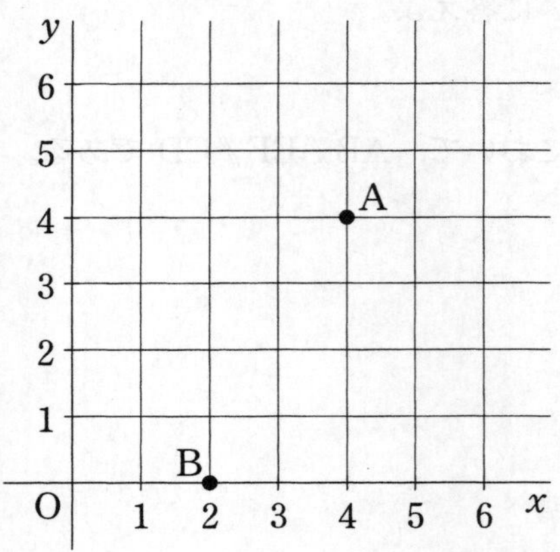

(1) 点 P が関数 $y=\frac{6}{x}$ のグラフ上にあるときの確率を求めよ。

(2) △PAB の面積が 4 以上になるときの確率を求めよ。

5 下の図のように，関数 $y=ax^2$ …… ① のグラフ上に 3 点 A, B, C をとる。点 A の座標は (-4, 8)，点 B の x 座標は 2，点 C の x 座標は 6 であるとき，次の問いに答えよ。

(1) a の値を求めよ。

(2) 2 点 A, C を通る直線の式を求めよ。

(3) ① のグラフ上に，点 D をとる。ただし，点 D の x 座標を d とすると，$-4 \leqq d \leqq 2$ である。△ACD の面積が △ABC の面積の $\frac{2}{3}$ となるとき，点 D の座標を求めよ。

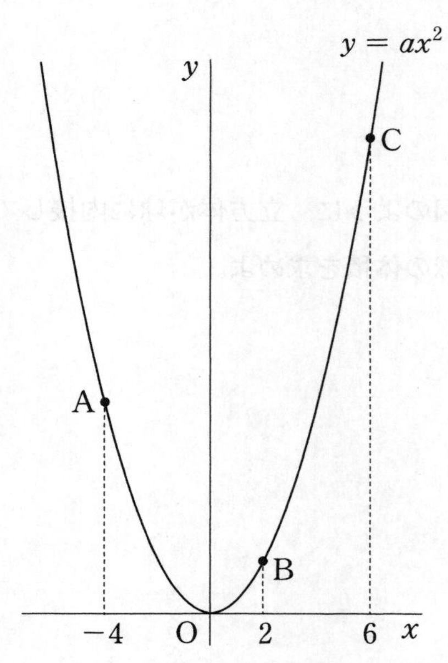

6 下の図のように，点Oを中心とし，半径 r cm の円を底面とする半球がある。
3点B，C，Dはこの底面の円周上にあり，点Aは半球上にある点である。また，
BC ＝ CD ＝ DB，AB ＝ AC ＝ AD，AO ⊥ DE で，点Eは辺BCの中点である。
BC ＝ 4 cm のとき，次の問いに答えよ。

(1) DEの長さを求めよ。

(2) r の値を求めよ。

(3) 四面体ABCDの表面積を求めよ。

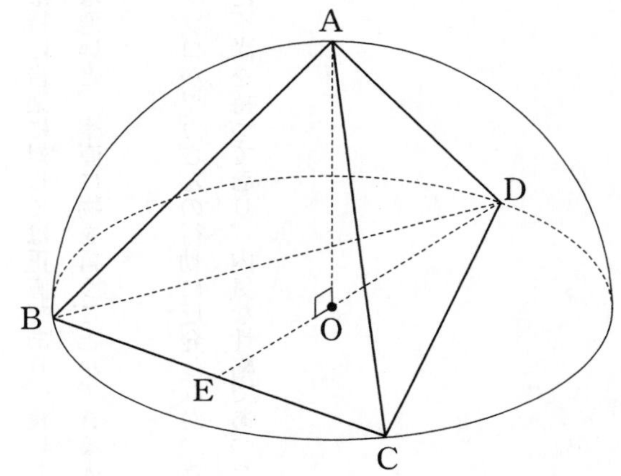

問7　――線⑦「右Ａ左Ａ」が、この場面に適切な四字熟語になるように、Ａに共通して入る漢字一字を答えなさい。

問8　登場人物の説明として最も適切なものを、次から選びなさい。

ア　「僕」は、神の声を聞くことのできる指揮者ならば、楽団全体のことを気にしつつも理想を押しつけない方が良いと思っている。

イ　キーチさんは面倒見はよいが、自分の理想的な楽団のあり方について熱く「僕」に語るような、ややしつこい性格である。

ウ　ヅカさんは特に音楽に対しては正直であり、良いものは良い悪いものは悪いと、率直に物を言うことができる人物である。

エ　バイオリンソロがヅカさんの行動に反発しなかったのは、自分の出来に不満を持っており、内気な性格であったためである。

問9　本文の内容に合致するものとして最も適切なものを、次から選びなさい。

ア　「僕」はこれまで、ミスを華やかな見せ場で挽回するようなムラのある演奏をしていた。しかし、ヅカさんに一人前と認めてもらうには音楽に誠実に向き合わざるを得ないと、慢心を捨てて覚悟を決めた。

イ　「僕」はヅカさんの行動で楽団の雰囲気が悪くなり、崩壊に至るのではないかと危うんでいた。しかし、他の団員が音楽に人間関係を持ち込まずけじめを保っていることを知り、自分の幼さに思い至った。

ウ　「僕」は楽団の最年少で経験が浅いため、自身の演奏のことしか考えられていなかった。しかし、コンマスとして楽団全体の音に耳を澄ますキーチさんの哲学に触れ、他者と共に音を奏でる喜びを知った。

エ　「僕」は自分の演奏のムラをさほど気に留めず、音楽にはいろんなよさがあると思っていた。しかし、それしかない音を追求するキーチさんの姿勢から、音楽に正直になるということを学び取った。

問1　――線①「若いんだよな」とありますが、このときの口調の説明として最も適切なものを、次から選びなさい。

ア　相手を諭すような口調

イ　釘をさすような口調

ウ　さじを投げるような口調

エ　ごまかすような口調

問2　――線②「態度で表す」とありますが、どのようなことをしたのですか。二十五字以内で具体的に説明しなさい。

問3　――線③「心配もしてない」とありますが、なぜですか。その理由を説明しなさい。

問4　――線④「神の声」とはどのようなものですか。比喩表現で表した箇所を本文中から七十五字以内で探し、その最初と最後の五字を書き抜きなさい。

問5　――線⑤「だけど、俺たちはオーケストラだ」とありますが、どういうことですか。その説明として最も適切なものを、次から選びなさい。

ア　楽団の中では周りの音に耳を澄ます意識が必要だということ。

イ　お互いに正直に意見をぶつけあうことが大切だということ。

ウ　神の声とは何かについて皆で考える意識が大切だということ。

エ　個々がミスを減らすように練習することが必要だということ。

問6　――線⑥「言えない。言いたくない」とありますが、このときの「僕」についての説明として最も適切なものを、次から選びなさい。

ア　団員のことを理解できていなかった自分には、お礼を述べる資格すらないと反省している。

イ　キーチさんの言うように音楽に正直になれば神の声が聴けるのか、いまだ確信が持てずにいる。

ウ　今の自分ではキーチさんにとても敵わないが、いずれは追いつこうと意気込んでいる。

エ　神の声よりも、本当に楽団がびくともしていないのかを問いただすのが先だと考えている。

チェロにはチェロの、ティンパニにはティンパニの神の声があって、団員たちはそれぞれその声を聴いているのだとしたら——たしかに、わかってないのは僕だけだった。

顔を上げると、キーチさんはもう涼しい顔でグラスに手を伸ばしていた。

僕はぐっと唇を噛んで黙った。貴重なアドバイスだった。⑥ありがとうと言うべきかもしれない。だけど、言えない。言いたくない。お礼を言うとしたら、僕が神の声を聴いてからだという気がした。

「つまり」

僕は言い淀む。

「楽団はびくともしてないんですね」

ヅカさんとキーチさんが平然とうなずく。

「そして、ええと、正直になるしかないんですね」

音楽の前では自分を偽っても太刀打ちできない。だから、謙虚になる。嘘をついてもしかたがない。正直になるしかない。

ヅカさんもキーチさんも、正直に徹している。団員たちもそれをちゃんとわかっているとしたら、やはり僕だけが取り残されてひとりで⑦右[A]左[A]していたことになる。

(『宇宙小説』「楽団兄弟」宮下奈都)

*生中…生ビールの中サイズのこと。
*ソリスト…ここでは「独奏者」のこと。
*コンマス…「コンサートマスター」の略。オーケストラで指揮者の次に責任と権限を持っている人。
*ロングトーン…一つの音をできるだけ長く伸ばして吹くこと。
*穴熊…将棋における守りの型の一つ。
*パッセージ…短いメロディーのひとまとまりのこと。

「神の声っていうのはさ」
キーチさんが話を引き取った。
「自分の音だけ聴いてても聴こえないんだよ」
どういうことだろう。自分の楽器が奏(かな)でるはずの音なのに。
「楽団の中にいて、まわりの音に耳を澄ませていると、音色が聴こえてくるんだ。ここにこんな音が響いたら完璧だっていう、まさに神の声。そのときにその音色を吹いているのが自分のトロンボーンだっていうのが後からついてくるんだな」
キーチさんの静かで美しい*ロングトーンの音色が耳によみがえる。決して派手ではないのに力強く、冷たいようで、熱があるようで、硬いようでいて、やわらかくて。
あの音が、そんなふうに聴こえてくる神の声だとしたら、とても敵(かな)わない。
どこにどんなふうに入れてもいいゴールに、ここしかない、と思わせるシュートを決める。
どんなふうに攻めてもいい王将を、この一手しかない、という手で詰む。
何かそんなふうな、これしかない、という音を、きっとキーチさんは聴いている。だから吹けるのだ。聴いてしまえばこれしかなかったと深く納得せざるを得ないのに、僕には見つけることのまだできない音。僕がどんなに考えて、工夫をし、技巧を凝らしても、それをやすやすと裏切る音をキーチさんは吹く。

僕には聴く耳が足りなかったということか。人の音に耳を澄ませる、それができていなかったということか。
自分の中に神の声を聴くのではなく、楽団の響きの中から聴き取る。神の声は、僕の外にある。だから、僕ごときが考えたり悩んだりしたって駄目なわけだ。
不意に、*穴熊で囲った王将が脳裏に浮かんだ。ミスのないように、負けないように、手堅く守るキーチさんの将棋。あれは、トロンボーンだったのか。穴熊のように堅実なトロンボーンで、いざというときに存分に仕掛けるための布石だったのか。
そうだ、キーチさんは不用意な一手を指さない。勝ちに拘(こだわ)るからだ。飄々(ひょうひょう)とした人だとばかり思っていた。僕はいったいキーチさんの何を見ていたんだろう。絶対に勝ちたいからこそ、勝ち負けから解放されたときに神の声が聴こえるんじゃないか。だからキーチさんの大胆な*パッセージに、繊細なロングトーンに、あんなに胸が揺さぶられるのだ。
音楽は勝ち負けじゃない。いろんなよさがあるのだから勝ちも負けもない。そんなことを嘯(うそぶ)いている僕の音とは決定的に違う。どんなにいろんなよさがあったとしても、神の声は、そこにしかない音色だ。「この音」しかない音だ。そこから外れればみんな負けなんだと思う。
ヅカさんにはヅカさんの「この音」があるのだろう。もしかして、バイオリンにも神の声があるのだろうか。

でも、そんなことは言わない。キーチさんの音に憧れてトロンボーンに転向しただなんて一度も口にしたことはない。
「もう聴いたのかよ」
「何をですか」
ああ、まただ。また、キーチさんがにやりと笑った。なんとなく、次に来る言葉がわかった気がした。
④「神の声に決まってるじゃないか」
神の声——聴けるようなら苦労はしない。毎日トロンボーンを吹いて、うまく吹けた気がしても、トロンボーンの音色はトロンボーンでしかない。神の声に聴こえる日なんて、そもそもほんとうに来るんだろうか。
「何の話だか知らないけどさ」
ヅカさんが口を挟んだ。見れば、すっかり顔が赤くなっている。見かけによらずアルコールに弱いみたいだ。
「おまえのトロンボーン、いいときはすごくいいよ。華やかで、キレがあってさ」
えっ、と思った。どうしたんだ、急に。
そう思いながらも、気持ちがぶわりと浮き立つのがわかる。僕のトロンボーンに華があると、コンマスにほめてもらえたうれしさがこみ上げる。
「だけどさ」
ヅカさんは続けた。
「ムラがあるんだよ。ミスしてもいいってどこかで思ってないか？見せ場でちゃんとカバーしてみせるって思ってるところ、ないか？」
声も出なかった。浮き立った気持ちが喉元まで届かないうちに、またするすると萎（しぼ）んでいく。陰にある慢心まで見抜かれていたことに、愕然（がくぜん）とした。
「ソロならいいんだ。むしろ人気が出るかもしれない。人間味があるとか評価されるよ、きっと」
辛辣（しんらつ）な冗談のようだった。
⑤「だけど、俺たちはオーケストラだ」
酔っているようで、目はしっかりと僕を見据えていた。
もしかして、さっき僕がバイオリンソロについて正直な感想をいったから、だろうか。だから、ヅカさんも正直に僕にアドバイスをくれているのか。皮肉でも何でもなく、厳しいけれど正直で、真正面から受け止めるしかない意見。考えてみれば、これまで楽団内の誰かからちゃんとしたアドバイスなどもらったことがあったろうか。
この人の率直さには覚えがある。今まで僕が汲（く）み取ろうとして取りこぼしてしまっていた、キーチさんから染み出す何かととてもよく似ている。正直さ。やさしいとか、辛辣であるとか、まわりは勝手に判断するけれど、このふたりはただ正直だった。その加減が似ているせいで、兄弟のように見えてくるのかもしれない。

おかしいんだ。

「妄想激しいなあ。そんなこと、まさか本気で思ってないだろ?」

残念ながら思ってますけど。あなたのせいで団員の気持ちがバラバラです。でも、さすがに本人に直接言う勇気はない。

「じゃあさ、おまえ、今日のバイオリンソロ、どう思ったわけ?」

「それは、僕も『なってない』とは思いました。ネームバリューだけで呼んじゃった気はします」

「だろ?」

「けど、それをあんなふうに②態度で表すのもどうかと思うんです」

ヅカさんは、枝豆を口に運びながら、不思議そうに首を傾(かし)げた。

「なんで?」

「なんでって、楽団がまとまらなくなるでしょう?」

「だから、なんでよ? なんで楽団がまとまらなくなるの? あのソロは駄目だった。いいじゃない、その正直な感想。正直にいかなくてどうすんの」

「いや、でも、正直であればいいってもんじゃないですよね」

「ん」

相変わらず平然と枝豆を食べているヅカさんを見ていたら、この際、遠慮せずに思っていることを言ってやろうという気になった。

「指揮者には指揮者の考えがあってやってるんじゃないですか。外から呼んできたソリスト*に対する礼儀だってあるでしょ。それをコンマス*に否定されたら立つ瀬ないですよ。みんなひやひやしてると思いますよ」

横で聞いていたキーチさんが、薄く笑う。

「ははーん、おまえ、さては他の団員を甘く見てるね」

「甘く? 僕がですか?」

どういうことだろう。甘く見ているつもりなどなかった。

「あのね、他の団員は誰もひやひやしてないし、③心配もしてないぜ。わかってないのはおまえだけなんだよ」

隣でヅカさんも笑っている。

「ついでにいうと、指揮者もいらいらしてないよ。敢(あ)えていうなら、ソリストはあまりの己の不出来さに今頃いらいらしてるかもしれないがな。むしろそうでなきゃ困る」

「おまえさ、見くびっちゃいけないよ。俺たちのこと。楽団のこと。正直でいればいいんだよ。っていうか、音楽やるんだったら正直でいるしかないんだよ」

それじゃなんだか僕が何もわからずに、楽団内の人間関係に汲々(きゅうきゅう)とするつまらない人間みたいじゃないか。楽団内最年少の僕が楽団の心配をしているというのに、この人たちはのんきなものだ。

少し酔ったのか、赤らんだ顔のキーチさんが僕を見た。

「おまえ、なんでトロンボーン吹いてるの」

キーチさんのせいじゃないか。十年前にトロンボーンは神の声だと誘惑したのはキーチさんだったじゃないか。

問4 [A]に入る語句として最も適切なものを、次から選びなさい。

ア 稲がしゃべるだろう　イ 声を聞いてやろう

ウ 一緒に時を過ごそう　エ 稲の声を翻訳しよう

問5 ――線③「自身」が示すものとして最も適切なものを、次から選びなさい。

ア 人　イ 百姓　ウ 生き物　エ 食べ物

問6 ――線④「食べものも同じような道をたどっている」とありますが、筆者はこれに対してどのように考えていますか。本文中の言葉を使って、解答欄に合うように答えなさい。

問7 [B]に入る語として最も適切なものを、次から選びなさい。

ア 意志　イ アニミズム　ウ 正体　エ 習慣

問8 ――線⑤「こういう能力」とは何のことですか。二十字以内で答えなさい。

問9 本文の内容として最も適切なものを、次から選びなさい。

ア 好きだったものに花を供えて通い合うものを感じようとする習慣が、日本人のアニミズムの始まりである。

イ 擬人法という表現の仕方は、わたしたち現代人が「物語」を生み出し後世に伝えていくために重要なものである。

ウ 人は食べ物を味だけではなく「物語」も含めて判断しているので、自分で育てたお米に愛着がわき、特別に感じる。

エ 友だちの表情や言葉や仕草から相手の心を読み取ろうとすることは、豊かな文化を作るために必要不可欠である。

三 次の文章を読んで、後の問いに答えなさい。

①「若いんだよな」

急にキーチさんが僕にそう言い放った。おそらく今日の事件に対する僕の反応のことを言っているのだろう。聞き流そうか、迷った。でも、*生中に手を伸ばしかけてから翻(ひるがえ)ってキーチさんに向き直った。

「若いといけないんですか?」

「いけなくなんかないさ。でも、若くてびくびくしてるのはかっこ悪いよ」

「誰がびくびくしてるんですか?」

「おまえがだよ。ヅカさんの行動で楽団がバラバラになるんじゃないかって心配してるだろ」

「キーチさんは、心配じゃないんですか?」

「ぜんぜん。心配じゃないさ。僕らはみんな、音楽をしに集まってるんだよ。みんなで仲良くするために集まってるわけじゃない」

僕は思わずヅカさんを見てしまう。ヅカさんはどうして黙っているんだ。いったいどう思ってこの会話を聞いているんだ。目が合うと、重い口をやっと開く気になったようだった。

「ああ、つまり、俺か? 俺が拍手しなかったから、指揮もソロも気を悪くして楽団の雰囲気も悪くなって崩壊の危機に、とかそういうこと?」

ヅカさんはだるそうに言ったかと思うと、目尻に深い皺(しわ)を寄せた。笑っているのだ。いきなり笑う意外さに、言葉も出ない。何が

手にしているのです。

私たちが「物語」を生みだすのも、そして宗教までつくりあげて信仰するのも、⑤こういう能力を備えてしまったからなのです。「擬人法」という表現の仕方は、決して昔の古い習慣などではなく、現代にいかす大切なものなのです。

この能力・感覚と習慣がなかったなら、日本人に限らず人間が自然を好きになったり、自然にひかれたりすることなどはなかったでしょう。これからもこの感覚と習慣をもっともっと大事にしていかねばならないと思います。

(『日本人にとって自然とはなにか』宇根豊)

問1　本文中からは、次の一文が抜けています。入る場所として最も適切なところを、本文中の【1】～【4】から答えなさい。

つくづく反省しています。

問2　――線①「仮名序」を書いた人物は、『古今和歌集』の撰者の一人であり、『土佐日記』の作者です。その人物として最も適切なものを、次から選びなさい。

ア　菅原道真　　イ　紀貫之

ウ　紫式部　　エ　十返舎一九

問3　――線②「そうなるかもしれない」とありますが、なぜそのように思ってしまうのですか。その理由として最も適切なものを、次から選びなさい。

ア　日本には生き物にも心があり話ができるという感覚や、人以外を人に例える文化があるため、無機物であるロボットが感情を持つという可能性を受け入れやすくなっているから。

イ　日本人は、古来より万物には人間と同じ感覚があると知っていたため、最新の科学技術で生み出したロボットが感情を持つということを否定できなくなっているから。

ウ　自然のものと会話ができると信じられていた非科学的な時代は終わり、現在の最新の技術をもってすれば、いずれロボットが意思を持って話し出すことはあり得ることだから。

エ　自然界にあるものと共存しながら生活していた日本人は、身近にあるものに愛着を持つため、今の生活を支えるロボットにも人間と同じ感覚があると考えると安心できるから。

て、最後は私たちの身体の中に入っていくのですから。

しかし百姓でなくても、食べものを前にすると「これはどこで穫(と)れたものかな」と思うことが多いでしょう。それは別に「産地表示」を求めているのではありません。その食べものは生きものだったときに、どういう自然の中で、どういう自然のめぐみを受けて育ったのか、そして③自身も自然のめぐみとして、この食卓に上がったいきさつを物語として伝えようとしている、とあなたが感じているからです。そう感じるからこそ、「きみはどこから来たの。どのように育ってきたの」とあなたは尋ねるのです。

食べものを食べることは、生きものを殺して、その命をもらうことです。その生きものと話をする最後のひとときが食卓なのです。ぜひ、そういう会話をしてほしいと思います。【3】

残念ながら、工業製品にはこういう気持ちが湧きません。「この時計はどこで、だれがどういう気持ちで製造したのだろうか」と想像することすらなくなりました。まだ時計が職人の手でつくられていたときには、そういう感覚もあったでしょう。しかし大量に同じ製品が工場生産されるようになると、関心は性能と価格とデザインとブランドだけになりました。【4】

じつは、④食べものも同じような道をたどっているのです。品質と価格と安全性だけが表示され、評価されつつあります。「中身がよければ、どこでとれたものでもいいんです」と言われつつあります。生きものの生を「中身」とか、「品質・価格・安全性」などの性質で表現できるでしょうか。妻が言う「物語」とは、生きものが語る「物語」なのです。

これこそ、食べものアニミズムの豊かな世界です。

心の理論

アニミズムが現代人にとっても、かけがえのない豊かな文化だと見直されてきた理由のひとつは「心の理論」が一九七〇年代に生まれたからです。あなたはなぜ、友だちの気持ちがわかるのですか。友だちの表情や言葉や行動や仕草から、読み取っているからでしょう。どうやら他の動物にはこうした能力はないことがわかってきました。みなさんの相手の心を読む能力は人間だけのものです。このように人類は進化してきた、と言われています。

ところがみなさんは、この相手の心を読み取る能力を動物や植物や、そして物にも使ってしまうのです。あなたが生きものが好きなのは、生きものの中に通い合うものを感じるからなのです。これこそ、アニミズムの正体なのではないでしょうか。約五万年前から、人類には死んだ人の墓に花を添える習慣が始まりました。「あの人が好きだった花を供えよう」という気持ちは現代でも続いています。こうしたアニミズムが生まれたからこそ、虫や草だけでなく、雲や雨や太陽や山や川にも心や意図を読み取るのです。「どうして、こんなに雨が降らないんだ。そろそろ降ってくれ」と本気で空を見上げて祈るのです。まるで空に［B］があるかのように、相

間の能力で読み取るのですから、人間が主役です。科学的に観察したり、分析したりして、稲の状態を知ることとあまり変わりません。そうではなく、稲が出している声が、聞こえてくるのですから、稲が主役で、百姓は受け身です。【1】

つまり「　A　」と思っているうちは、人間が主体ですから、稲の声は聞こえないでしょう。むしろ受け身になって、稲の声に耳を傾けているときに、稲の方から声がするのです。そういう感じになるのです。もちろんその声は、自分の身体の中で、人間の声に翻訳されます。

稲の葉が、虫（コブノメイ蛾や稲苞虫など）に食べられているのを目にすると、悲鳴が聞こえるのです。日照りが続いて水が極端に少なくなって、田んぼの中でも特に乾いた部分の稲は葉が巻き始めます。じっと絶えているように感じるのです。もちろん、爽やかな夏の風にそよいで、葉が複雑な模様を描いているときは、まるで踊っているように見えます。風の音を、稲が歌っているように聞こえる時があります。

それにしても年寄りはなぜ「稲の声が聞こえるようになれ」と私に言ったのでしょうか。たぶん、人間がえらそうに技術を行使するのではなく、稲を主役に立たせて、人間は受け身になって耳を傾けなさい。そうするなら、稲という生きもののもっと深いところまで感じることができるよ。そういう境地になるなら、田んぼのことも水のことも、そして天地のこともわかるようになるよ、と教えてくれようとしたのではないでしょうか。それなのに、若かった私は心の中で「何と非科学的で、時代遅れの発想だ」と思ったのでした。【2】

食べもののアニミズム

面白い実験があります。米の食味テストで、あまり味に差のないごはんを二つ用意します。一方はその百姓の田んぼで穫れた米です。それを明かして食べてもらうと、ほとんどの百姓がわが家の米の方がおいしいと答えます。ところが、次に目隠しして、どちらがわが家の米かわからないようにして食べてもらうと、わが家の米がおいしいという比率は50％に近づきます。これは何を物語っているのでしょうか。

人間はごはんに限らず食べものを舌だけで味わっているのではありません。わが家の米を食べるときには、田んぼに通ってその稲の手入れをした記憶が甦ります。田んぼの風景が目の前に広がり、夏の涼しい風が思い出されます。我が子のように育てた米ですから、おいしく感じるはずです。これも立派なアニミズムでしょう。

食べものの物語り

私の妻が食事をしながら「わが家でとれた食べものは、みんな物語があるよね」と言います。私も「そうだな」と応じます。みんな田畑で、私たちと一緒に、生きものだった時を過ごして、こうし

二　次の文章を読んで、後の問いに答えなさい。

天地自然と話をする

日本人は昔から、普通に生きものや山や川などと話をしてきました。いくつか代表的なものを紹介しましょう。

『日本書紀』には、高天原(たかまがはら)から見た下界の葦原中国(あしはらなかつくに)は、「草や木も、ものを言う不気味な世界だ」と書かれています。もっとも高天原の神々も稲作をし、蚕を飼って機織りをしているのですから、とても人間的です。その葦原中国を平定するために遣わされた神々もさぼってなかなか戻らないのですから、神さまのイメージが変わってしまいます（これも神さまに対する擬人法ですね）。

『万葉集』では、男性の山同士が女性の畝傍山(うねびやま)をめぐって恋争いをします。

「香具山(かぐやま)は　畝傍を愛しと　耳成(みみなし)と　相争ひき　神代より」

『古今集』の「①仮名序」には、「花に鳴く鶯(うぐいす)、水に住む蛙(かわず)の声を聞けば、生きとし生きるもの、いづれか歌をよまざりける」という言葉があります。鶯や蛙も歌を詠んでいるのです。

「鳴く虫のひとつ声にも聞こえぬは　こころこころにものやかなしき」（式子内親王(しょくしないしんのう)）

一匹一匹の虫にも、心と心があり魂があるから、様々な悲しみがあると感じます。

江戸時代に百姓たちが書いた「農書」は約七〇〇点が知られています。津軽の中村喜時が書いた『耕作噺(ばなし)』には「土地は口がなく、もの言うことはないけれど、心を込めて手入れを尽くすなら、土地のもの言うことが聞こえ、土地の心がわかる」と書いています。こういう感覚は多くの百姓に共有されてきたのです。

文学にいたっては、アニミズムにかかわっている作品を除いたら、半分以下になるでしょう。何らかの擬人法を用いているのは、ほぼ全部でしょう。

このようにアニミズムは、日本人の表現をじつに豊かにして来ました。「雷さまに、臍(へそ)をとられるよ」「狐(きつね)にだまされるよ」「罰が当たる」というような言い方は、非科学的で古くさいと思われています。しかし現代でも平気で「車が走る」「朝日が昇る」「雨が降る」「宝くじに当たる」「電車が遅れる」などと表現するのは、擬人法そのものではありませんか。

さらに、科学者が「ロボットが感情を持ち、判断するようになります」と語っているのを聞いて、案外「②そうなるかもしれない」と感じるのは、先端科学のことがわかってそう判断しているのではなく、伝統的なアニミズムや擬人法に馴染(なじ)んできたから、ついそう思ってしまうのではないでしょうか（私はロボットに感情や意識を植え付けることはできないと考えています）。

稲の声

「稲の声が聞こえるようになれ」という百姓の教えも、擬人法と言うよりは、アニミズムと言った方がいいかもしれません。稲の表情から、稲が何を求めているかを読み取るというのなら、やはり人

問7　次の古文を読み、後の問いに答えなさい。

これも今は昔、ある僧、人のもとへ行きけり。酒など勧めけるに、氷魚(ひを)*はじめて出で来たりければ、あるじ珍しく思ひて、もてなしけり。あるじ用の事ありて、内へ入りて、また出でたりけるに、この氷魚の殊(こと)の外に少なくなりたりければ、あるじ、いかにと思へども、*いふべきやうもなかりければ、物語しゐたりける程に、この僧の鼻より氷魚の一つふと出でたりければ、あるじ①あやしう覚えて、「その鼻より氷魚の出でたるは、いかなる事にか」といひければ、*取りもあへず、「この比(ごろ)の氷魚は目鼻より降り候(さぶら)ふなるぞ」といひたりければ、人皆、「は」と②笑ひけり。

（『宇治拾遺物語』）

*はじめて出で来たりければ…初物として出回り始めたので。
*いふべきやうもなかりければ…口にすべきことでもなかったので。
*取りもあへず…即座に。

（1）――線①「あやしう」を現代仮名遣いに直し、すべてひらがなで答えなさい。

（2）――線②「笑ひけり」の理由として、最も適切なものを、次から選びなさい。

ア　僧がまるで幼い子どものように駄々をこねたから。
イ　世間知らずな僧がたやすくだまされてしまったから。
ウ　僧が苦し紛れに突拍子もないことを言い出したから。
エ　氷魚を独り占めした僧があるじにやりこめられたから。

二〇二一年度　日本大学豊山高等学校

【国　語】（五〇分）〈満点：一〇〇点〉

〔注意〕解答する際、句読点なども一字と数えること。

一　次の問いに答えなさい。

問1　――線を漢字に直しなさい。ただし、送りがなの必要なものは、それも含めて書きなさい。

①　村のカソ化が深刻だ。

②　過去の事例をフマエ、検討する。

問2　――線の漢字の読みを、ひらがなで書きなさい。

①　彼は能力が傑出している。

②　運営費は会費で賄う。

問3　次の例文の――線部と同じ働きのものを、後から選びなさい。

例　草むしりをしてハチに刺される。

ア　昔のことが思い出される。

イ　彼は人から信頼される人だ。

ウ　僕は彼よりもたくさん食べられる。

エ　全校集会で校長先生がお話される。

問4　敬語の使い方として適切なものを、次から選びなさい。

ア　お客様、ぜひご覧になってください。

イ　どうぞ、私の作品をご自由に拝見してください。

ウ　先生が申されることに、とても感動しました。

エ　父が、あなたからのお土産を召し上がっていました。

問5　ことばと意味の組み合わせとして正しいものを、次から選びなさい。

ア　歯が浮く…うれしいあまり、思わず笑顔を見せる。

イ　色を失う…冷ややかな、悪意のこもった目つきで見る。

ウ　身につまされる…痛みや悔しさをやせ我慢する。

エ　襟を正す…気持ちが緩まないように引きしめる。

問6　次の文章は、小説の一部をそれぞれ抜粋したものです。この小説の著者として適切なものを、後から選びなさい。

・ほんとうにジョバンニは、夜の軽便鉄道の、小さな黄いろの電燈のならんだ車室に、窓から外を見ながら座っていたのです。

・カムパネルラ、また僕たち二人きりになったねえ、どこまでもどこまでも一緒に行こう。

ア　宮沢賢治　　イ　志賀直哉

ウ　川端康成　　エ　安岡章太郎

2021年度／日本大学豊山高等学校

英語解答

1 (1) 3　(2) 4　(3) 1　(4) 3
(5) 2

2 (1) 2　(2) 3　(3) 4　(4) 1
(5) 3

3 (1) 1　(2) 2　(3) 3　(4) 2
(5) 4

4 (1) money　(2) understand
(3) cloudy　(4) usually
(5) tomorrow

5 (1) Do you know when Sophia will
(2) Students who study hard will do
(3) How long have you lived here
(4) hope you will be able to
(5) that he married her made us

6 A 3　B 1　C 5　D 4
E 2

7 A 2　B 5　C 4　D 1
E 3

8 (1) 3
(2) you two can do something wonderful
(3) 4　(4) 2, 4

1〔放送問題〕解説省略

2〔対話文完成―適文選択〕

(1)A：顔が赤いよ，ロバート。高熱があるかもしれないね。ここに座ったらどうだい？／B：いや，大丈夫だよ。／A：僕の席に座ってよ。僕は次の停留所で降りるから。／B：ああ，そう言ってもらえるなら。ありがとう。／／high fever「高熱」がありそうなロバートに，席を譲ろうと申し出る2が適切。ここでのstopは「停留所」という意味。

(2)A：急いで，ジョン！　学校に遅れるわよ！／B：ママ！　宿題が見つからないんだ。一生懸命やったのに。／A：机の中は見たの？／B：うん！／／直後のitが受けるものを考える。work (hard) on ～は「～に(一生懸命)取り組む」という意味なので3のmy homeworkか4のa speechのどちらかになるが，直後の「机の中は見たの？」から判断できる。

(3)A：すごくおなかがすいたな。ジョセフ，今ランチに行かない？／B：いいよ。通りの向かいにある新しくできたベトナムレストランを試してみない？／A：それはいいね！　僕はベトナム料理が大好きなんだ。／B：オッケー，行こう！／／直後で新しくできたベトナムレストランを試す話をしているので，これから食べに行くことを誘う4が適切。Why don't we ～？は「～しませんか」と‘提案’を表す表現。

(4)A：すみません，ひまわり祭への行き方を教えてくれませんか？／B：ひまわり祭ですか？　来週の日曜日ですよ。／A：えっ，本当に？　その日は忙しいなあ。／B：それは残念。／／直後のthat dayで受けられる内容を含むのは1のみ。

(5)A：消しゴム借りてもいい？／B：いいよ。でも自分のを持ってないの？／A：持ってないんだ。見つからないんだよ。なくしたんだと思う。／B：そうか，じゃあ1つあげるよ。カバンの中にたくさんあるんだ。／／直後の「なくしたと思う」につながるのは3だけ。

3〔適語選択・語形変化〕

(1)How can〔may〕I help you？はお店などで客を迎えるときの定型表現。What can I do for you？とも言う。「アメリカの衣料品店で店員はよく『何かお役に立てることはございますか』と言う」

(2)interestingは「おもしろい，興味深い」，interestedは「(人)が興味を持った」。boringは「つまらない，退屈な」，boredは「(人)が退屈した」。exciting「わくわくさせる」，excited「(人)が興奮した」などと合わせて違いを明確にしておくこと。「授業がとてもおもしろかったので，全員が先生の話を聞いていた」

(3)‘接触’を表すonが適切。the words on the blackboardで「黒板に書かれた単語」という意味。「私は黒板に書かれた単語が読めなかった」

(4)空所後の内容が空所前の内容の‘理由’になっている。‘理由’を表す接続詞はbecause。so「だから」では因果関係が逆になってしまう。 though「〜だが」 while「〜の間」 「カツヤはカナダに留学したいので，毎日英語を勉強している」

(5)take (good) care of 〜「〜を(十分)世話する」の現在進行形。 「トムの家族はペットの犬のポチの面倒をよくみています」

4〔和文英訳—適語補充〕

(1)money「お金」

(2)understand「〜を理解する」

(3)clear「晴れた」と並ぶ形容詞が入る。cloudy「曇った」 *cf.* rainy「雨降りの」 snowy「雪の降る」

(4)usually「いつもは，ふだんは」

(5)tomorrow「明日(は)」

5〔整序結合〕

(1)Do you know「〜を知っていますか」で始め，knowの目的語となる「ソフィアがいつ来るか」を‘疑問詞＋主語＋動詞’の語順の間接疑問でwhen Sophia will comeとまとめる。

(2)主語は「一生懸命勉強する生徒」。語群にwhoがあるのでstudentsを関係代名詞節で修飾する形にする。whoを主格の関係代名詞として使いstudents who study hardとまとめる。「良い成績を取るでしょう」はwill do wellとまとめる。

(3)「どのくらい」はHow longでこれを文頭に置く。この後は現在完了の疑問文の形(‘have/has＋主語＋過去分詞’)でhave you lived hereとまとめる。

(4)まずbe able to 〜「〜できる」がまとまる。主語Weに対応する述語動詞にhopeを置きWe hopeとする。hopeは‘hope (that)＋主語＋動詞...’「〜することを望む」という形をとるので，hopeの後をyou will be able to ...とまとめる。英文の直訳は「あなた方が我々に加わることができるようになることを，我々は望んでいます」。

(5)主語となる「彼が彼女と結婚したという知らせ」は，‘同格’を表すthatを用いてThe news that he married herとまとめる。この後は‘make＋目的語＋形容詞’「〜を…(の状態)にする」の形にする。

6〔長文読解—適語選択—エッセー〕

≪全訳≫❶ある都市から別の都市に行きたいなら飛行機が人気だが，「弾丸列車」こと新幹線の方が早く，簡単で，しかも，より多くの場所に行ける。新幹線はおよそ15分おきに東京駅を出発するので，とても便利である。しかし，もしあなたが重い荷物をたくさん持っているならば，駅の全ての階段を上り下りするのは難しいかもしれない。❷朝と夕方には，電車はとても混雑する。そうせざるをえないときを除いて，午前7〜9時と午後6〜8時の電車を使うのは避けるとよい。この時間帯は，電車は人でいっぱいなので，乗り降りが非常に難しい。❸しかし，東京で電車に間に合うために走る必要はない。電車は数分おきに走っているので，次の電車に乗れる。山手線は3分おきに走っている。しかし，ラッシュアワーにはどれも混雑している。❹私は以前，とても忙しい1日のスケジュールを組まれたことがある。1つの約束から別の約束へと移動する必要があり，走れば電車で目的地に到着できるぎりぎりの時間しかなかった。友人にこのことを話したところ，彼は私を車で連れていくことを申し出てくれた。

車だと２倍早く目的地に到着できる，と彼は言った。とても重要な約束だったので，私は彼の親切心に感謝した。最終的に，私が車で目的地に着くには２倍の時間がかかり，私は重要な約束に間に合わなかった。私は友人にいささか腹を立てた。日本の電車はとても混んでいるかもしれないが，少なくとも時間どおりには走っているのだ。

＜解説＞Ａ．「新幹線は東京駅を出発する」。　Ｂ．「～を避ける」という意味の avoid が適切。avoid ～ing「～することを避ける」　unless「～でなければ，～でないかぎり」　Ｃ．直後の「電車は数分おきに走っている」という記述から「走る必要はない」とする。　Ｄ．'take＋人＋by car'「〈人〉を車で連れていく」　Ｅ．過去の内容なので過去形の took が入る。'It takes＋人＋時間＋to ～'「〈人〉が～するのに〈時間〉がかかる」の形。

7〔長文読解―適文選択―物語〕

≪全訳≫❶昔々，海の下にある竜の城，竜宮で暮らす姫がいた。姫は病気になったので，占い師に会いに行った。占い師は「猿の心臓を食べなさい。そうすれば良くなります」と言った。竜宮の王である姫の父は，姫のために猿を連れてくるようにクラゲに命じた。❷クラゲが島に来ると，木の上に猿がいるのが目に入った。「お猿さん，竜宮に来て楽しみませんか？」とクラゲは尋ねた。「そうしたいんですけど，A僕は泳げないんです」と猿は答えた。「心配いりません。私の頭の上に座っていいですよ」とクラゲは言った。「それはどうもご親切に」と猿は言った。❸猿はクラゲの頭の上に座ると，クラゲは泳ぎ始めた。クラゲは「なんてバカな猿だ。B竜宮では猿を殺して，心臓を取り出すつもりだということを知らないのだ！」と思った。しかし，クラゲはこの情報を秘密にしておけなかった。クラゲは「実を言うと，竜宮の姫が病気で，姫にはあなたの心臓が必要なんです」と言った。❹「何だって？」と猿は言った。猿はとても驚いたが，心配していないふりをした。猿は「なんで浜辺を出るときにそう言ってくれなかったんですか？C私は心臓を持ってくるのを忘れたので，心臓は木の中にありますよ」と言った。クラゲは泳ぐのをやめて，「戻って取ってこなくてはいけませんね」と言った。そして，猿とクラゲは急いで島へ引き返した。❺島に着くと，猿はクラゲの頭から飛び降りて，木に登った。「クラゲさん，Dあんたはとてもバカだね。心臓を体から取り出せる奴(やつ)なんていないよ」と猿は言った。❻クラゲは竜宮に戻って，この話の一部始終を王に伝えた。王はとても怒って，「お前を罰してやる」と言い，家来たちにクラゲを100回たたくように命じた。クラゲは100回たたかれ，それが今日，Eクラゲがあんな柔らかい体になっている理由である。

＜解説＞Ａ．直前の but「しかし」に着目し，I'd love to「行きたい」と相反する内容になるものを選ぶ。直後でクラゲが「私の頭の上に座っていいですよ」と言っていることからも判断できる。
Ｂ．直後の and take out his heart「そして心臓を取り出す」につながる文を選ぶ。they は竜宮の人々，He, him, his は全て monkey を指す。　Ｃ．心臓が木の中にある理由となる４が適切。it が前の文にある My heart を受けている。　Ｄ．心臓を木に忘れてきたという嘘(うそ)を信じて島まで戻ったクラゲに対する猿の言葉。直前の Jellyfish「クラゲ」を you と言い直している。　foolish「バカな，愚かな」　Ｅ．「クラゲは100回たたかれた」という直前の内容から判断できる。　the reason that ～「～する理由」

8〔長文読解総合―ノンフィクション〕

≪全訳≫❶ルース・アイゼンバーグとマーガレット・パトリックは数年間一緒にピアノを弾いてきた。２人はアメリカやカナダでコンサートを行い，テレビにも頻繁に出演した。２人は有名だったのだ。❷なぜ２人は有名だったのだろうか。２人はピアノを上手に弾いたが，上手に弾いたから有名だったわけではない。２人が有名だったのは，アイゼンバーグは右手だけで，パトリックは左手だけでピアノを弾いたからだ。２人はお互いの隣に座って，一緒にピアノを弾いた。アイゼンバーグが曲の一部を弾き，パトリックが残りを弾いた。❸アイゼンバーグとパトリックはずっと片手だけでピアノを弾いていたわけではなかった。２人はもっと若い頃には，両手で弾いていた。パトリックはピアノ教師であり，数百人の生徒を教えていた。自分の子どもたちにも教えていた。そして，69歳のとき，パトリックは脳こうそくになり，動くことも話すこともできなくなった。彼女はしだいに回復したが，右半身は依然としてとても弱っていた。もはやピアノを弾くことができなかった。彼女はとても悲しかった。❹ピアノを弾くのはアイゼンバーグの趣味だった。１日に５，６時間弾くこともよくあった。そして，80歳のとき，彼女も脳こうそくになった。左半身が動かせなくなり，もはやピアノを弾くことができなかった。彼女はとても悲しかった。❺脳こうそくになって数か月後，アイゼンバーグは高齢者センターに行った。センターにはたくさんの活動があり，アイゼンバーグはずっと忙しくしていたかった。パトリックもずっと忙しくしていたかった。数週間後，彼女は同じセンターに行った。館長がセンター内を案内していると，ピアノがパトリックの目に入った。彼女は悲しそうにピアノを見つめた。「どうかしましたか？」と館長は尋ねた。「いいえ」とパトリックは答えた。「ピアノを見ると思い出すんです。脳こうそくになる前は，ピアノを弾いていたんです」 館長はパトリックの弱った右手を見て，「ここで待っていてください。すぐに戻ります」と言った。数分後，館長はアイゼンバーグを連れて戻ってきて，「マーガレット・パトリックさん」と言った。「こちらはルース・アイゼンバーグさんです。彼女も脳こうそくになる前にピアノを弾いていました。彼女には立派な右手があり，あなたには立派な左手があります。あなたたち２人が一緒になれば何かすばらしいことができると思います」❻「ショパンのワルツのDフラットは知っていますか？」とアイゼンバーグはパトリックに尋ねた。「ええ」とパトリックは答えた。２人はピアノの前に座って，弾き始めた。アイゼンバーグは右手，パトリックは左手だけを使った。その曲はすてきな音を奏でた。２人は自分たちが同じ曲を愛していることに気づいた。２人は自分たちが愛する曲を一緒に弾き始めた。２人はもう寂しくなかった。❼パトリックはこう言っていた。「ときとして，神は扉を閉めてから，窓を開けます。私は自分の音楽を失いましたが，ルースを見つけました。今，私は自分の音楽を取り戻しています。そして，友人のルースもいるのです」

⑴＜適語句選択＞片手しか使えない２人が一緒にピアノを弾く姿を考える。隣に座って演奏したのである。 next to ～「～の隣に」 across from ～「～の向かいに」 away from ～「～から離れて」 in front of ～「～の正面に」

⑵＜整序結合＞‘I think (that)＋主語＋動詞...’の形と考え(接続詞のthatは省略されている)，‘主語＋動詞...’の部分を組み立てる。‘主語’はyou two，‘動詞’はcan doとし，最後にdoの目的語をsomething wonderfulとまとめる。このようにsomethingなど-thingで終わる代名詞に形容詞がつく場合，形容詞はその後ろに置かれ‘-thing＋形容詞’の形になることに注意。

⑶＜適語選択＞第２段落第３文参照。アイゼンバーグは右手，パトリックは左手で弾いた。

⑷＜内容真偽＞１．「ルースとマーガレットはピアノが上手なので有名だった」…× 第２段落第２，３文参照。 ２．「パトリックはピアノ教師であり，多くの生徒を教えた」…○ 第３段落第３，４文に一致する。 ３．「アイゼンバーグは１日何時間もピアノを弾くことが多かったが，69歳のとき，脳こうそくになった」…× 第４段落第１～３文参照。アイゼンバーグが脳こうそくになったのは80歳のとき。 ４．「館長はアイゼンバーグをパトリックに紹介した」…○ 第５段落後半に一致する。‘introduce *A* to *B*’「*A*を*B*に紹介する」 ５．「２人のピアニストが最初に一緒にピアノを弾いたとき，うまく弾けなかった」…× 第６段落第４～６文参照。最初からうまく弾けている。 ６．「パトリックは，音楽と友人の両方を失ったと言った」…× 第７段落参照。失った音楽を取り戻し，友人も手に入れたとある。

数学解答

1 (1) 129 (2) $\frac{2\sqrt{3}}{3}$ (3) -3

(4) $\frac{7x-5y}{12}$

2 (1) $x=3$, $y=2$ (2) $(3a+1)(3b+1)$

(3) $x=\frac{5\pm\sqrt{34}}{3}$ (4) $-3-\sqrt{5}$

(5) 173.8cm

3 (1) $\frac{45}{8}$cm (2) 75°

(3) $4\sqrt{3}\pi$ cm^3

4 (1) $\frac{1}{9}$ (2) $\frac{5}{12}$

5 (1) $\frac{1}{2}$ (2) $y=x+12$

(3) $(-2,\ 2)$

6 (1) $2\sqrt{3}$cm (2) $\frac{4\sqrt{3}}{3}$

(3) $4\sqrt{3}+4\sqrt{15}$cm^2

1〔独立小問集合題〕

(1)＜数の計算＞与式$=64\times\frac{9}{4}+\frac{15}{16}\times(-16)=144+(-15)=144-15=129$

(2)＜平方根の計算＞与式$=2\sqrt{2^2\times3}-\sqrt{\frac{5}{3}\times\frac{1}{5}}-\sqrt{3^2\times3}=2\times2\sqrt{3}-\sqrt{\frac{1}{3}}-3\sqrt{3}=4\sqrt{3}-\frac{1}{\sqrt{3}}-3\sqrt{3}=4\sqrt{3}-\frac{1\times\sqrt{3}}{\sqrt{3}\times\sqrt{3}}-3\sqrt{3}=\frac{12\sqrt{3}}{3}-\frac{\sqrt{3}}{3}-\frac{9\sqrt{3}}{3}=\frac{2\sqrt{3}}{3}$

(3)＜式の計算＞与式$=16a^2b^4\times\left(-\frac{1}{27}a^6\right)\div\frac{16}{81}a^8b^4=16a^2b^4\times\left(-\frac{a^6}{27}\right)\times\frac{81}{16a^8b^4}=-\frac{16a^2b^4\times a^6\times81}{27\times16a^8b^4}=-3$

(4)＜式の計算＞与式$=\frac{4(4x-5y)-3(3x-5y)}{12}=\frac{16x-20y-9x+15y}{12}=\frac{7x-5y}{12}$

2〔独立小問集合題〕

(1)＜連立方程式＞$4(x-y)+3y=10$……①，$7x-5(2x-y)=1$……②とする。①より，$4x-4y+3y=10$，$4x-y=10$……①′　②より，$7x-10x+5y=1$，$-3x+5y=1$……②′　①′×5＋②′より，$20x+(-3x)=50+1$，$17x=51$　$\therefore x=3$　これを①′に代入して，$4\times3-y=10$，$12-y=10$，$-y=-2$　$\therefore y=2$

(2)＜因数分解＞与式$=ab+3a+3b+9+8ab-8=9ab+3a+3b+1=3a(3b+1)+(3b+1)$として，$3b+1=X$とおくと，与式$=3aX+X=(3a+1)X$となる。$X$をもとに戻して，与式$=(3a+1)(3b+1)$である。

(3)＜二次方程式＞$5(x^2-4x+4)=10-(x^2-16)$，$5x^2-20x+20=10-x^2+16$，$6x^2-20x-6=0$，$3x^2-10x-3=0$となるので，解の公式より，$x=\frac{-(-10)\pm\sqrt{(-10)^2-4\times3\times(-3)}}{2\times3}=\frac{10\pm\sqrt{136}}{6}=\frac{10\pm2\sqrt{34}}{6}=\frac{5\pm\sqrt{34}}{3}$となる。

(4)＜式の値＞$x=\sqrt{5}+2$を代入して，与式$=2(\sqrt{5}+2)^2-9(\sqrt{5}+2)-3=2(5+4\sqrt{5}+4)-9\sqrt{5}-18-3=2(9+4\sqrt{5})-9\sqrt{5}-18-3=18+8\sqrt{5}-9\sqrt{5}-18-3=-3-\sqrt{5}$となる。

(5)＜資料の活用―平均値＞平均値は，各階級の階級値と度数の積の合計を，度数の合計でわって求められる。各階級の階級値は，小さい方から，164cm，168cm，172cm，176cm，180cm，184cmだから，平均値は，$(164\times2+168\times3+172\times6+176\times4+180\times3+184\times2)\div20=3476\div20=173.8$(cm)である。

3〔独立小問集合題〕

(1)＜図形―長さ＞右図1で，∠AEB＝∠DECであり，AB∥CDより∠BAE＝∠CDEだから，△ABE∽△DCEである。これより，BE：CE＝AB：DC＝9：15＝3：5となる。また，∠EBF＝∠CBDであり，EF∥CDより∠BEF＝∠BCDだから，△BEF∽△BCDである。よ

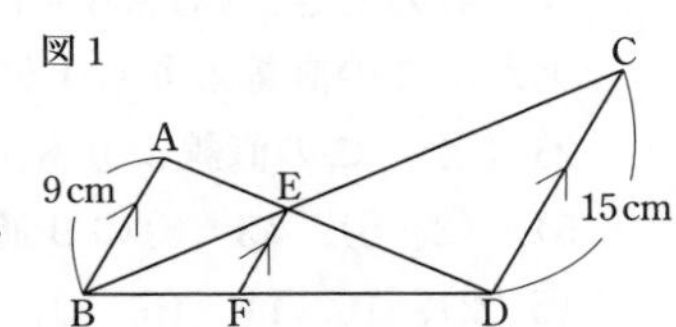

って，EF：CD＝BE：BC＝3：(3＋5)＝3：8となるから，$EF=\frac{3}{8}CD=\frac{3}{8}\times15=\frac{45}{8}$(cm)である。

(2)＜図形—角度＞右図2のように，円の中心をOとし，点Oと点E，点Bと点Lをそれぞれ結ぶ。円周上の点は円周を12等分しているので，$\angle BOE=360^\circ\times\frac{3}{12}=90^\circ$であり，$\overset{\frown}{BE}$に対する円周角と中心角の関係より，$\angle BLP=\frac{1}{2}\angle BOE=\frac{1}{2}\times90^\circ=45^\circ$となる。$\overset{\frown}{BE}:\overset{\frown}{HL}=3:4$より，$\overset{\frown}{BE}$，$\overset{\frown}{HL}$に対する円周角の比も3：4だから，$\angle BLP:\angle PBL=3:4$となり，$\angle PBL=\frac{4}{3}\angle BLP=\frac{4}{3}\times45^\circ=60^\circ$となる。よって，△PBLの内角の和は180°だから，$\angle BPL=180^\circ-\angle BLP-\angle PBL=180^\circ-45^\circ-60^\circ=75^\circ$である。

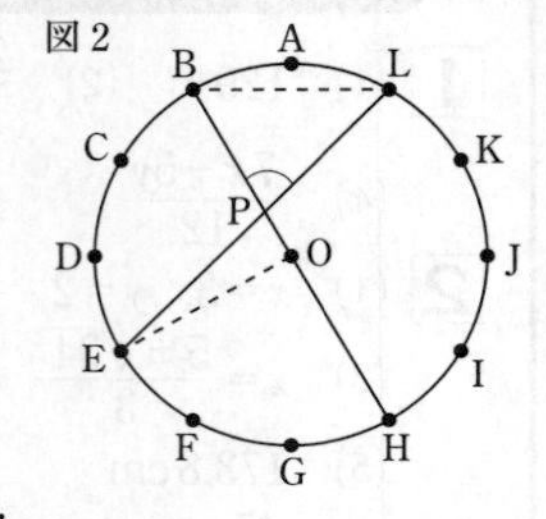

(3)＜図形—体積＞右図3のように，立方体の頂点をA～Hと定め，立方体の対角線AG，BH，CE，DFの交点をOとすると，OA＝OB＝OC＝OD＝OE＝OF＝OG＝OHとなるから，立方体ABCD-EFGHが球に内接している(8個の頂点A～Hが球面上にある)とき，点Oが球の中心となり，線分OAの長さが球Oの半径となる。2点E，Gを結ぶと，△EFGは直角二等辺三角形だから，$EG=\sqrt{2}EF=\sqrt{2}\times2=2\sqrt{2}$となる。また，∠AEG＝90°だから，△AEGで三平方の定理より，$AG=\sqrt{AE^2+EG^2}=\sqrt{2^2+(2\sqrt{2})^2}=\sqrt{12}=2\sqrt{3}$となる。よって，球Oの半径は$OA=\frac{1}{2}AG=\frac{1}{2}\times2\sqrt{3}=\sqrt{3}$だから，球Oの体積は$\frac{4}{3}\pi\times(\sqrt{3})^3=4\sqrt{3}\pi$(cm^3)である。

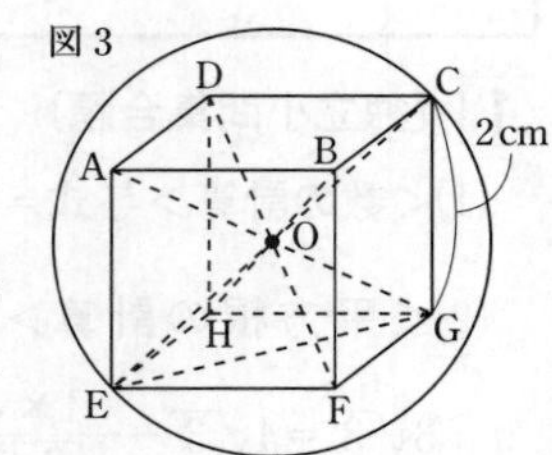

4 〔確率—さいころ〕

(1)＜確率＞大小2つのさいころを同時に振るとき，目の出方はそれぞれ6通りあるから，全部で6×6＝36(通り)となり，P(s，t)も36通りある。このうち，点Pが関数$y=\frac{6}{x}$のグラフ上にあるのは，$t=\frac{6}{s}$となるときだから，(s，t)＝(1，6)，(2，3)，(3，2)，(6，1)の4通りある。よって，求める確率は$\frac{4}{36}=\frac{1}{9}$である。

(2)＜確率＞右図で，x軸上の点Bより左，右に，$\triangle Q_1AB=\triangle Q_2AB=4$となる点$Q_1$，$Q_2$をそれぞれとる。このとき，点$Q_1$または点$Q_2$を通り直線ABに平行な直線上に点Pがあると，$\triangle PAB=\triangle Q_1AB=\triangle Q_2AB=4$となる。$\triangle Q_1AB$，$\triangle Q_2AB$で，$BQ_1$，$BQ_2$を底辺と見ると，点Aの$y$座標より高さは4だから，$\frac{1}{2}\times BQ_1\times4=4$より，$BQ_1=2$となり，同様に$BQ_2=2$となる。よって，点$Q_1$の$x$座標は2－2＝0，点$Q_2$の$x$座標は2＋2＝4となるので，$Q_1$(0，0)，$Q_2$(4，0)である。また，A(4，4)，B(2，0)より，直線ABの傾きは$\frac{4-0}{4-2}=2$である。点Q_1を通り傾きが2の直線の式は$y=2x$だから，P(s，t)が(1，2)，(2，4)，(3，6)のとき，△PAB＝4である。また，点Q_2を通り傾きが2の直線の式を$y=2x+b$とおくと，0＝2×4＋bより，$b=-8$となるので，その式は$y=2x-8$である。これより，P(s，t)が(5，2)，(6，4)のとき，△PAB＝4となる。したがって，△PABの面積が4以上となる点Pは，直線$y=2x$上か，この直線よりも上側，もしくは，直線$y=2x-8$上か，この直線よりも下側にある。直線$y=2x$上か，この直線よりも上側にある点Pは(1，2)，(1，3)，(1，4)，(1，5)，(1，6)，(2，4)，(2，5)，(2，6)，(3，6)の9通りある。直線$y=2x-8$上か，この直線よりも下側にある点Pは(5，1)，(5，2)，(6，1)，(6，2)，(6，3)，(6，4)の6通りある。以上より，△PABの面積が4以上となる

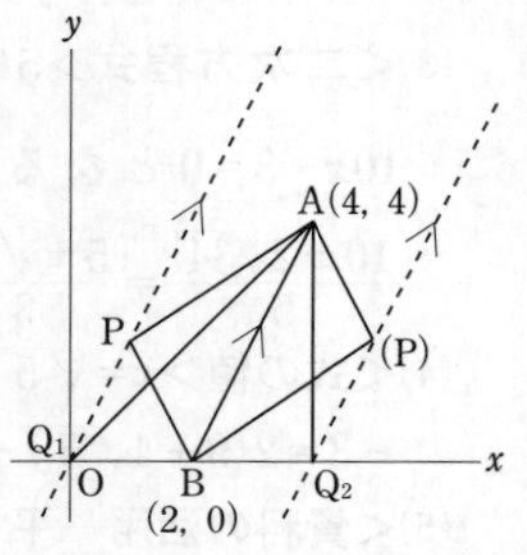

点Pは9+6=15(通り)あるので，求める確率は$\frac{15}{36}=\frac{5}{12}$である。

5 〔関数―関数 $\boldsymbol{y=ax^2}$ と直線〕

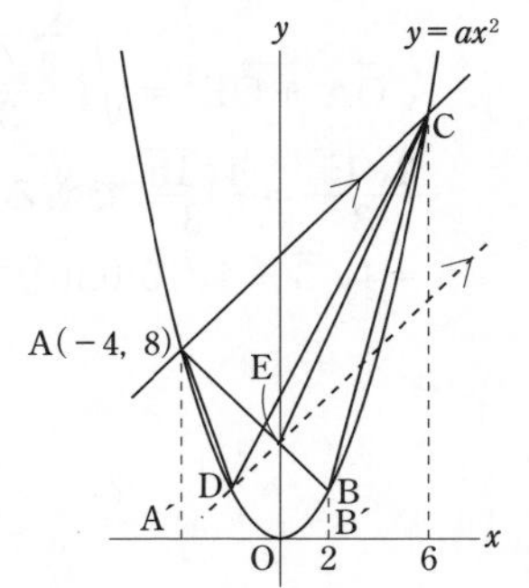

⑴<比例定数>右図で，A(−4, 8)は関数$y=ax^2$のグラフ上にあるので，$x=-4$，$y=8$を代入して，$8=a\times(-4)^2$より，$a=\frac{1}{2}$である。

⑵<直線の式>右図で，⑴より，点Cは関数$y=\frac{1}{2}x^2$のグラフ上にあり，x座標が6だから，$y=\frac{1}{2}\times6^2=18$より，C(6, 18)となる。A(−4, 8)だから，直線ACの傾きは$\frac{18-8}{6-(-4)}=1$となり，直線ACの式は$y=x+b$とおける。これが点Cを通るので，$18=6+b$，$b=12$となり，直線ACの式は$y=x+12$である。

⑶<座標―等積変形>右上図で，2点A，Bからx軸に垂線AA′，BB′を引き，線分ABとy軸の交点をEとする。AA′//EO//BB′より，AE：EB=A′O：OB′={0−(−4)}：2=2：1となるから，AE：AB=2：(2+1)=2：3である。これより，点Cと点Eを結ぶと，△ACE：△ABC=AE：AB=2：3となるから，△ACE=$\frac{2}{3}$△ABCである。よって，△ACD=$\frac{2}{3}$△ABCより，△ACD=△ACEとなるから，AC//DEである。⑴より直線ACの傾きは1なので，直線DEの傾きは1である。また，点Bは関数$y=\frac{1}{2}x^2$のグラフ上にありx座標が2だから，$y=\frac{1}{2}\times2^2=2$より，B(2, 2)である。A(−4, 8)だから，直線ABの傾きは$\frac{2-8}{2-(-4)}=-1$となり，その式は$y=-x+c$とおける。点Bを通ることより，$2=-2+c$，$c=4$となるので，直線ABの切片は4であり，E(0, 4)となる。したがって，直線DEの切片も4だから，直線DEの式は$y=x+4$となる。点Dは，関数$y=\frac{1}{2}x^2$のグラフと直線$y=x+4$の交点となるから，この2式より，$\frac{1}{2}x^2=x+4$，$x^2-2x-8=0$，$(x+2)(x-4)=0$となり，$x=-2$，4となる。点Dのx座標dについて，$-4\leqq d\leqq2$だから，点Dのx座標は−2であり，$y=-2+4=2$より，D(−2, 2)である。

6 〔空間図形―半球〕

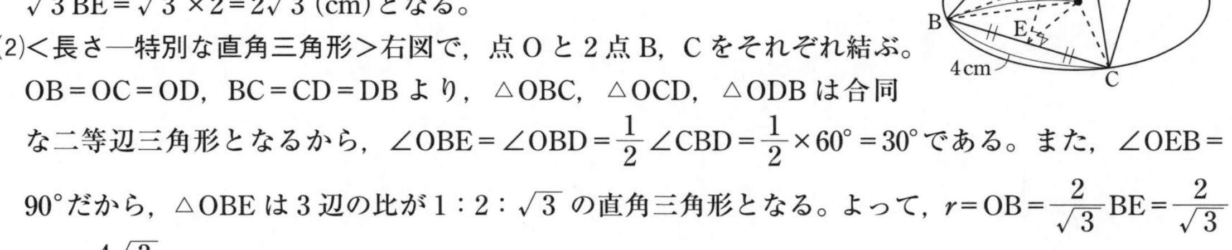

⑴<長さ―特別な直角三角形>右図で，BC=CD=DBより，△BCDは正三角形である。また，点Eは辺BCの中点だから，△DBEは3辺の比が1：2：$\sqrt{3}$の直角三角形となる。BE=$\frac{1}{2}$BC=$\frac{1}{2}\times4=2$だから，DE=$\sqrt{3}$BE=$\sqrt{3}\times2=2\sqrt{3}$(cm)となる。

⑵<長さ―特別な直角三角形>右図で，点Oと2点B，Cをそれぞれ結ぶ。OB=OC=OD，BC=CD=DBより，△OBC，△OCD，△ODBは合同な二等辺三角形となるから，∠OBE=∠OBD=$\frac{1}{2}$∠CBD=$\frac{1}{2}\times60^\circ=30^\circ$である。また，∠OEB=90°だから，△OBEは3辺の比が1：2：$\sqrt{3}$の直角三角形となる。よって，r=OB=$\frac{2}{\sqrt{3}}$BE=$\frac{2}{\sqrt{3}}\times2=\frac{4\sqrt{3}}{3}$(cm)である。

⑶<表面積―三平方の定理>右上図で，BC=CD=DB，AB=AC=ADより，△ABC，△ACD，△ADBは合同な二等辺三角形となるので，四面体ABCDの表面積は，△BCD+3△ABCと表すことができる。まず，△BCD=$\frac{1}{2}$×BC×DE=$\frac{1}{2}\times4\times2\sqrt{3}=4\sqrt{3}$となる。次に，△ABCは二等辺三

角形だから，2点A，Eを結ぶと，AE⊥BCとなる。(2)より$OA=OD=OB=\frac{4\sqrt{3}}{3}$であり，$OE=DE-OD=2\sqrt{3}-\frac{4\sqrt{3}}{3}=\frac{2\sqrt{3}}{3}$となる。$\angle AOE=90^\circ$だから，△AOEで三平方の定理より，$AE=\sqrt{OA^2+OE^2}=\sqrt{\left(\frac{4\sqrt{3}}{3}\right)^2+\left(\frac{2\sqrt{3}}{3}\right)^2}=\sqrt{\frac{60}{9}}=\frac{2\sqrt{15}}{3}$となり，$\triangle ABC=\frac{1}{2}\times BC\times AE=\frac{1}{2}\times 4\times\frac{2\sqrt{15}}{3}=\frac{4\sqrt{15}}{3}$である。以上より，四面体ABCDの表面積は，$\triangle BCD+3\triangle ABC=4\sqrt{3}+3\times\frac{4\sqrt{15}}{3}=4\sqrt{3}+4\sqrt{15}\ (cm^2)$である。

2021年度／日本大学豊山高等学校

国語解答

一 問1 ① 過疎 ② 踏まえ
問2 ① けっしゅつ ② まかな
問3 イ 問4 ア 問5 エ
問6 ア
問7 (1) あやしゅう (2)…ウ

二 問1 2 問2 イ 問3 ア
問4 イ 問5 エ
問6 生き物の生を「品質・価格・安全性」などの性質では表現できない［と考えている。］
問7 ア
問8 全ての事物に通い合うものを感じること。
問9 ウ

三 問1 ア
問2 ヅカさんがバイオリンソロに拍手をしなかったこと。(24字)
問3 音楽の前では正直になるしかないということを他の団員たちはちゃんとわかっているから。
問4 どこにどん～手で詰む。
問5 ア 問6 ウ 問7 往
問8 ウ 問9 エ

一〔国語の知識〕

問1＜漢字＞①「過疎」は，ある地域の人口が非常に少なくなっていること。 ②音読みは「舞踏」などの「トウ」。

問2＜漢字＞①「傑出」は，他から飛び抜けて優れていること。 ②音読みは「収賄」などの「ワイ」。

問3＜品詞＞「刺される」と「信頼される」の「れる」は，受け身の助動詞。「思い出される」の「れる」は，自発の助動詞。「食べられる」の「れる」は，可能の助動詞。「お話される」の「れる」は，尊敬の助動詞。

問4＜敬語＞ア.「ご覧になる」は，「見る」の尊敬語。「お客様」の動作に対して尊敬語を用いているので，適切。 イ.「拝見する」は，「見る」の謙譲語。「私の作品」を見るのは，相手と考えられるので，「見る」の尊敬語の「ご覧になる」を用いるのが正しい。 ウ.「申す」は，「言う」の謙譲語。「先生」の動作なので，「言う」の尊敬語の「おっしゃる」を用いるのが正しい。 エ.「召し上がる」は「食べる」の尊敬語。身内である「父」の動作なので，「食べる」の謙譲語の「いただく」を用いるのが正しい。

問5＜慣用句＞「歯が浮く」は，軽薄な言動に接して不快な気分になる，という意味。「色を失う」は，心配や恐れを感じて顔が真っ青になる，という意味。「身につまされる」は，他人の不幸が他人事ではなく思われる，という意味。

問6＜文学史＞抜粋された二つの文は，宮沢賢治によって書かれた小説『銀河鉄道の夜』の一節である。

問7≪現代語訳≫これも今は昔の話だが，ある僧が，人の家に(呼ばれて)行った。(その家の主人が)酒などを勧めたが，氷魚が初物として出回り始めたので，主人は珍しく思って，(僧に出す食事に加えて)もてなした。主人が用事があって，家の奥へ入って，再び(僧のいる部屋に)戻ってみると，この氷魚がとりわけ少なくなっていたので，主人は，どうしたことかと思ったけれども，口にすべきことでもなかったので，あれやこれやと話をしているうちに，この僧の鼻から氷魚が一匹ふと飛び出したので，主人は不審に思って，「あなたの鼻から氷魚が出てきたのは，どういうことでしょうか」と言ったところ，即座に，(僧が)「この頃の氷魚は目鼻から降ってくるのです」と言ったので，人々は皆，わっと笑ったということだ。

⑴＜歴史的仮名遣い＞現代仮名遣いでは，原則として「iu」は「yuu」と読むため，「あやしう」は「あやしゅう」となる。 ⑵＜古文の内容理解＞本来，仏道を修行する者は，魚や肉などを食べることを，禁じられている。それにもかかわらず，主人と話をしている最中に鼻から氷魚が出てきてしまったため，僧が氷魚をこっそりたくさん食べたことが，露見してしまった。それを主人から指摘された僧は，氷魚を，空から降る「ひょう」にかけ，とっさに苦肉の言い訳をしてその場を逃れようとしたのである。

二 〔論説文の読解―文化人類学的分野―日本文化〕出典；宇根豊『日本人にとって自然とはなにか』。

≪本文の概要≫日本人は昔から，身の回りの生物や自然に親しみを抱いてきた。これは，あらゆる事物には心や魂があると考えるアニミズムの文化である。米を育てる場合には，人間中心で物事をとらえようとするのではなく，稲の声を聞こうと心がけることも，食べ物を食べるときには，目の前の食べ物がどのような自然の恵みを受けて育ったのかを想像し，その背景に命あるものとしてたどってきた物語があるはずだと考えることも，アニミズムの世界である。こうしたアニミズムの考え方は，非科学的なものとして軽視されがちであるが，現代人にとっても重要な文化である。人間は，相手の心を読み取るように進化してきた生物であり，この能力を動植物などにも向けることで自然と心を通わし，さまざまな習慣を生み出してきた。アニミズム的な発想を大事にすることで，現代人もまた心の豊かさを忘れずに生きていくことができるはずである。

問１＜文脈＞「稲の声が聞こえるようになれ」という教えは，自然や生命を深く理解することができる教えであるのに，若い頃の「私」は非科学的な発想であると考えた。そのことを「私」は，「つくづくと反省して」いる。

問２＜文学史＞紀貫之は，『古今和歌集』の撰者の一人で，平安時代に『土佐日記』を著した。

問３＜文章内容＞日本人は，古くから身の回りの自然などに親しみを感じ，それらが心を持っていると考えるアニミズムの文化を育んできた。また，人間以外の物などを人間にたとえる擬人法になじんできた。そのため，ロボットのような機械であっても，人間と同じように心を宿すことができるのではないかと，容易に想像するのである。

問４＜文章内容＞「稲の声が聞こえるようになれ」という教えには，稲という自然に対し，人間は受け身の立場になるべきだという考え方がある。人間の側から稲の声を聞きにいこうとしているうちは，「人間が主体」になっているため，稲のことが感じられる境地には達していないのである。

問５＜文章内容＞食べ物は自然からの恵みであるが，食べ物自身も食卓に上がる以前には，かつて生き物として自然の恵みを受けて生まれ育った存在だったのであり，食卓に上がったいきさつを食べ物が伝えようとしていると感じるからこそ，私たちは「どこから来たの」と尋ねるのである。

問６＜文章内容＞大量生産される工業製品は，それらが誰によってどのように生み出されたかという物語を持たず，「性能と価格とデザインとブランド」ばかりが重視されている。食べ物についても，工業製品と同じように「品質・価格・安全性」だけで評価されつつあるが，そもそも食べ物は，生き物であった存在であるため，「『品質・価格・安全性』などの性質で」表現できるものではなく，人々の口に運ばれるようになるまでの物語を無視してはいけないと，「私」は考えている。

問７＜文章内容＞アニミズムは，人間以外の物などにも心が宿っていると感じることから生まれ，私たちは空にも心や意図を読み取る。日照り続きで雨がなかなか降らないときには，空の心を探るように，空に語りかけて雨を降らせてくれるように祈るのである。

問８＜文章内容＞人間は，相手の心を読み取るように進化をしてきた。この「相手の心を読む能力」は人間に対してだけでなく，身の回りの生き物や自然にも向けられたため，人間以外のあらゆる存在にも心があるのだと感じるようになったのである。

問9＜要旨＞日本人は昔から，身の回りの生き物や自然にも心があると感じるアニミズムの文化を育んできており，死んだ人の墓に花を供える習慣からも，現代にアニミズムが続いていることがわかる(ア…×)。百姓が自分が育てた米をおいしく感じるのも，「立派なアニミズム」であり(ウ…○)，このようなアニミズムの考えは，自然や食べ物の背景にある「物語」を重視する姿勢につながるため，現代人が豊かな精神的生活を送るうえで重要な役割を果たしている(イ・エ…×)。

三〔小説の読解〕出典；宮下奈都『楽団兄弟』(『宇宙小説』所収)。

問1＜文章内容＞ヅカさんの行動によって楽団がバラバラになるのではないかと心配している「僕」に対し，キーチさんは，若いにもかかわらず人間関係を気にしすぎるべきではないと考えている。

問2＜文章内容＞ヅカさんは，バイオリンソロに対し，拍手をしなかった。「僕」は，その出来事が楽団の雰囲気を悪くするのではないかと心配しているのである。

問3＜文章内容＞ヅカさんがバイオリンソロに対して拍手をしなかったのは，演奏の質が低かったからであり，それを「正直」に示した。音楽に対しては正直でいるしかなく，ヅカさんもキーチさんも「正直に徹して」いる。他の団員もそれを理解しているからこそ，楽団の雰囲気が悪くなることはありえないと，キーチさんは確信しているのである。

問4＜表現＞キーチさんの言う「神の声」とは，周囲の人々が奏でているさまざまな音と完全に調和し，すばらしいオーケストラを完成させるには「『この音』しかない」と感じさせる理想的な音色のことである。それは，たとえるなら，「どこにどんなふうに入れてもいいゴールに，ここしかない，と思わせるシュート」であり，「どんなふうに攻めてもいい王将を，この一手しかない，という手で詰む」ようなものである。

問5＜文章内容＞「僕」のトロンボーンの演奏には，華やかな魅力がある一方，ムラがあるという欠点もあった。個人の演奏であれば，それも人間味として評価される場合があるが，オーケストラは楽団として一体となる演奏を要求されるため，自分の演奏ばかりにこだわらず，まわりの音に耳を澄ませていると聴こえてくる，「ここにこんな音が響いたら完璧だ」という音色を意識するべきだと，ヅカさんやキーチさんは考えている。

問6＜心情＞「僕」は，キーチさんやヅカさんに対し，音楽の前では正直になるしかなく，周囲から奏でられる音に耳を澄ませる姿勢が大事であることを気づかせてくれたことへの敬意と感謝を抱いた。そして，すばらしい音楽を追求しようとする者どうしとして，「僕」は，いつか「神の声を聴いて」キーチさんに並ぶほどの実力を身につけたいと感じている。

問7＜四字熟語＞「右往左往」は，あわててあちこちに行ったり来たりするような，混乱した状態のこと。

問8＜文章内容＞「僕」は当初，バイオリンソロに対し拍手をしなかったヅカさんの行動が，楽団の雰囲気を悪くするのではないかと心配していたが，ヅカさんは，音楽に対しては正直になるしかないため，バイオリンソロの演奏の質が低いと感じたことを正直に示しただけであった。また，ヅカさんは，「僕」に率直にアドバイスをしている(ウ…○)。

問9＜要旨＞「僕」は，ヅカさんから演奏にムラがあるという欠点を指摘された。「僕」の演奏は，音楽には勝ち負けがなく，さまざまな音の良さがあってもいいのだという考えの表れであった。しかし，そこにしかない，「この音」しかないという「神の声」を追い求めるキーチさんの姿勢や，ヅカさんの音楽に対して正直に徹している姿勢に触れ，「僕」も音楽に正直になり，本気で理想的な演奏を追求しようと決意したのである(エ…○)。

2020年度 日本大学豊山高等学校（推薦）

【英　語】（数学・国語と合わせて70分）〈満点：40点〉

〔注意〕　特にスペルに関して，はっきり読み取れる文字で書くこと。

1　次の英文の（　　）に入る最も適切な語（句）を，１～４から１つ選び，番号で答えなさい。

（１）　This table is made (　　) wood.

1. from　　2. of　　3. in　　4. into

（２）　The boy (　　) in the next room is my brother.

1. sleep　　2. sleeps　　3. sleeping　　4. slept

（３）　My umbrella is the longest (　　) all.

1. of　　2. in　　3. as　　4. on

（４）　I don't know (　　) course to choose in college.

1. where　　2. how　　3. who　　4. which

（５）　I was watching TV when my mother (　　) home.

1. come　　2. comes　　3. came　　4. will come

（６）　John showed (　　) his new bike.

1. we　　2. us　　3. our　　4. ours

2 次の日本文の意味に合うように，空所に指定された文字で始まる適当な１語を書きなさい。ただし，（　　）内に与えられた文字で始め，**解答は単語のつづりをすべて書きなさい**。

（１） 私は，毎朝早く起きなければなりません。

I have to get up (e　　) every morning.

（２） 彼の考えはあなたのとは違います。

His idea is (d　　) from yours.

（３） このかばんはあのかばんよりも高価です。

This bag is more (e　　) than that one.

（４） 私のおばはとても優しいです。

My (a　　) is very friendly.

3 次の各組の（A），（B）がほぼ同じ内容を表すように，（　　）に適切な語を１語ずつ入れなさい。

（１） （A） Mike plays basketball well.

（B） Mike is a good basketball (　　).

（２） （A） We moved to this town last year and still live here.

（B） We have lived in this town (　　) last year.

（３） （A） Ms. Brown teaches them English.

（B） They are (　　) English by Ms. Brown.

（４） （A） I am able to speak French.

（B） I (　　) speak French.

4 次の英文を読んで，あとの設問に答えなさい。

"Where did I come from?" Have you ever thought about it? To live is to be happy, but we all have to die someday. That is sad. There are a lot of ways to think about what "to live" and "to die" mean. Let's think about ①**them**.

All plants and animals on the earth have a life. But when we think about life, there are many things we don't know. Where did life come from? Where is life taking us? Everyone has parents. We all have a mother and a father. And they each have their own mother and father. Our life looks like a long *chain that always continues. We are given life by our parents, and in turn, we give life to the next *generation. That's wonderful, right? Our life is not only ours.

When we think about what "to live" and "to die" mean, there is another good example. Do you know the *phrase "*itadakimasu*?" Well, we eat food every day and can't live without it. In Japan, before eating we say "*itadakimasu*." It means "to take something." When we eat vegetables, meat, and fish, we take the lives of plants and animals. In other countries, people say or do something before eating, too. For example, some people say words to God before they eat. It's good to think about ②(**that / before / taken / lives / are / the**) we eat.

It is important for us to understand that our lives are supported by many other lives. We mustn't forget this. We should be *thankful for our own lives and have respect for the plants and animals which give us their lives.

*chain「くさり」　　*generation「世代」
*phrase「語句，フレーズ」　　*thankful「ありがたく思う」

（1） 下線部①は何を指していますか。最も適当なものを下から１つ選び，番号で答えなさい。

1. a mother and a father
2. to live and to die
3. to be happy and to be sad
4. plants and animals

(2)　下線部②を文脈が通るように正しく並べかえなさい。

(3)　次の問いに対して，最も適当な答えを下から１つ選び，番号で答えなさい。

What is important for us?

1. To eat food with our parents every day.
2. To know some customs of other countries.
3. To eat more vegetables for our health.
4. To understand that many lives support our lives.

(4)　本文の内容と一致しているものを下から１つ選び，番号で答えなさい。

1. Today, people in other countries say "*itadakimasu*" before eating.
2. In Japan, the phrase "*itadakimasu*" means "to take something."
3. There are no customs in other countries when people eat.
4. It is important for us to grow plants to eat vegetables.

【数　学】（英語・国語と合わせて70分）〈満点：40点〉

〔注意〕　1．定規，コンパス，分度器，計算機などを使用してはいけません。

2．答えが分数のときは，約分して最も簡単な形で答えなさい。

3．根号の中はできるだけ小さい自然数になおしなさい。

1　次の問いに答えよ。

(1)　$-\frac{3}{4}-\frac{3}{7}\div\left(-\frac{9}{14}\right)$ を計算せよ。

(2)　$16a^4b\div(-2ab)^3\times(-3a^2b^4)$ を計算せよ。

(3)　$\frac{1}{2\sqrt{2}}-\sqrt{18}$ を計算せよ。

(4)　$3a^2-18a+24$ を因数分解せよ。

2　次の問いに答えよ。

(1)　連立方程式 $\begin{cases}3x-2y=-12\\4x+3y=1\end{cases}$ を解け。

(2)　2次方程式 $x^2-7x+8=0$ を解け。

(3)　2本の当たりくじを含む7本のくじから，同時に2本をひくとき，1本だけ当たる確率を求めよ。

(4)　右の表は，あるクラスの冬休みの10日間の勉強時間を調べて度数分布表にしたものである。勉強時間の平均値を，小数第1位を四捨五入して整数で求めよ。

冬休み10日間の勉強時間調べ

階級（時間）	度数（人）
0以上　～　10未満	8
10　～　20	12
20　～　30	8
30　～　40	5
40　～　50	3
計	36

3 下の図のように，関数 $y=\frac{1}{4}x^2$ のグラフ上に x 座標が -4 の点Aと x 座標が2の点Bがある。このとき，次の問いに答えよ。

(1) 点Aの座標を求めよ。

(2) 2点A，Bを通る直線の式を求めよ。

(3) x 軸上に x 座標が -2 の点Cをとり，y 軸上の $y>0$ の部分に点Dをとる。△ABCの面積と△ABDの面積が等しいとき，点Dの y 座標を求めよ。

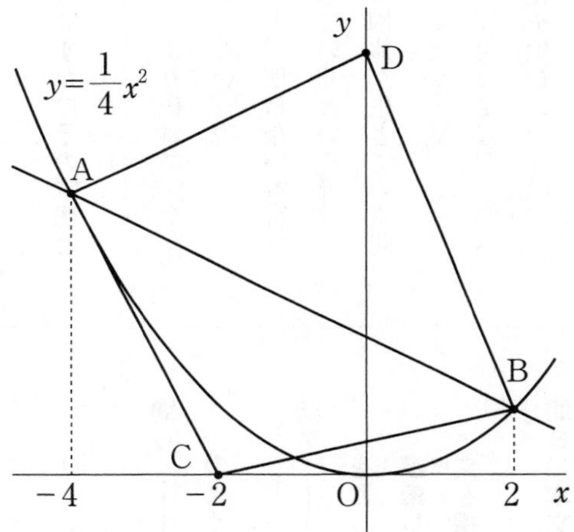

4 右下の図のような1辺が2の正四面体ABCDについて，次の問いに答えよ。

(1) △ABCの面積を求めよ。

(2) 辺BCの中点をEとする。点Eから辺ADに垂線EHをひくとき，線分EHの長さを求めよ。

(3) 正四面体ABCDの体積を求めよ。

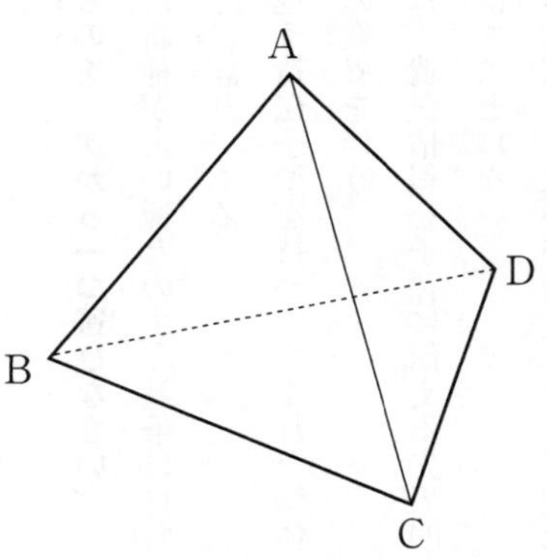

問1 ――線①「彼以前にもさまざまな進化論が唱えられていましたが、それは根本的なところでダーウィンの考え方とは違いました」とありますが、ダーウィン以前の進化論は、どのような点がダーウィンの進化論と違っていたのですか。二十字以内で答えなさい。

問2 ――線②「用不用説」とはどのような説ですか。その説明として最も適切なものを、次から選びなさい。

ア　単純な生物が時間を経ることで、代々、より複雑で完全な生物に進化して、種として生き残っていくという説。

イ　よく使う器官は次第に発達するが、一方、使わない器官は次第に衰えて何世代かたつうちに消滅していくという説。

ウ　個体が後天的に獲得した形質は、その個体が生きている間に限ってのもので、その子には伝わらないという説。

エ　よく使う器官は次第に発達し使わない器官は次第に衰え、それが子に遺伝して、やがて大きな変化を生むという説。

問3 ――線a～dの語とその対義語の組み合わせとして適切でないものを、次から選びなさい。

ア　a複雑　⇕　単純　　イ　b独立　⇕　従属

ウ　c具体　⇕　例外　　エ　d繁栄　⇕　衰退

問4 ――線③「みなさんは、なぜキリンの首が長くなったと思いますか？」という問いに答えているのは、どの段落ですか。最も適切なものを、次から選びなさい。

ア　4・5段落　　イ　5・6段落

ウ　6・7段落　　エ　7・8段落

問5 空欄 X に入る言葉として最も適切なものを、次から選びなさい。

ア　ところが　　イ　ですから

ウ　なぜなら　　エ　たとえば

問6 ――線④「偶然」とありますが、ここでの「偶然」とは、どのようなことですか。本文中の言葉を用いて説明しなさい。

問7 ――線⑤「『長い首』というハンディキャップ的な『特徴』をむしろ『特長』だと考え、新タイプとして自分の生きる道を模索した」とありますが、このことの具体例が示されている一文を探し、初めの五字を答えなさい。

問8 本文の内容に合致しないものを、次から一つ選びなさい。

ア　進化は、環境に適応した新種が古い種との生存競争に打ち勝って起こるという考え方は誤りである。

イ　突然変異によって親と違う遺伝子型を持って生まれた個体は、必ず目に見える形質の変異を伴う。

ウ　後天的に獲得した形質は、遺伝情報を子孫に伝える先天的なDNAにまで影響を及ぼすことはない。

エ　新タイプの変異体は元の集団との違いが大きくなり、交配ができなくなった時に「新種」と見なされる。

るのです。雪の多い時代や地域であれば、体が白い個体の方が敵（捕食者）に見つかりにくいので、黒い個体より生き残りやすいかもしれません。環境が変わればそれが逆転するかもしれません。その時々の環境に選ばれたものが、生き残って子孫を残して繁栄してきたのです。もちろん、我々ホモ・サピエンス*もです。

10 ただ僕は「たまたま運がよかっただけ」とは思いません。たとえば〝キリンの祖先〟となった首の長い新（ニュー）タイプの個体が、旧タイプの仲間と同じように地面の草を食べようとしてばかりいたら、草を食べる競争に負けて生き残れなかったでしょう。しかし、視点を変えて高いところに食べ物があると気づき、自分の身体的特徴を活かしたからこそ生き残ったのです。そのときの〝キリンの祖先〟には人間のような〝ポジティブ・シンキング〟（前向きな考え）はなかったと思いますが、旧タイプの仲間より首が長いと気がついた時点で「どうして自分だけ首が長いんだろう、こんな不遇な体じゃ無理、生きていけない」と思ったら、キリンへの進化への道は閉ざされたでしょう。⑤「長い首」というハンディキャップ的な「特徴」をむしろ「特長」だと考え、新タイプとして自分の生きる道を模索したからこそ、キリンはキリンになったのです。

（『生命の始まりを探して僕は生物学者になった』長沼毅）

＊後天的…生まれた後で、その人の身に備わった様子。
＊先天的…生まれつきその人の身に備わっている様子。
＊ホモ・サピエンス…現在地球上にすむ人類と、その祖先にあたる人類の学名。現生人類。

5 ネオ・ダーウィニズムによれば、キリンの首が長くなったのは、ある個体が生まれた後に〝後天的〟に長い首を獲得したからではありません。DNAの突然変異によって、最初から〝先天的〟に首の長い個体が生まれたのが始まりです。遺伝子（DNA）のミスコピーによって突然変異が起きるわけですが、これは、いつ、どこで起きるかわかりません。ある割合でランダムに親と違う遺伝子型を持つ個体（変異体）が生まれてくるのです。ただ、遺伝子型がちょっと違ったくらいでは、目に見える形質（表現型）の変異には至らない場合もあります。それでも、遺伝子型の変異が蓄積したり、あるいは、遺伝子の〝ヤバい場所〟が突然変異したりすると、目に見える変異が現れます。その一例が「キリンの首」なのです。

6 キリンの首の突然変異は一種の「奇形」ですから、大半はうまく生きられません。仲間より首の長い個体は、もし周囲に低い木や草原しかなくて、高い木がなければ不利なはずです。首が無駄に長いだけで地面付近の低いエサを食べるのに苦労するので、生存競争に負ける可能性の方が高いでしょう。競争に負けると、その個体は子孫を残せないので、〝キリンの祖先〟にはなれません。X、もし周りに高い木が多ければ、首が長い方が有利です。結果、生き残りやすいでしょうし、子孫も残せるし、その子孫も……こうして「進化」したと考えるのがネオ・ダーウィニズムなのです。

7 DNAの突然変異はある割合でランダムに起こりますから、たまたま「他と違う個体」（変異体）が生まれることがある。旧タイプの個体よりも新（ニュー）タイプの変異体の方が子孫を多く残すには？ 新（ニュー）タイプは、旧タイプの異性と交配ができれば、交配によって子孫を作ることができます。逆に、新（ニュー）タイプの体の変異の程度が大きすぎると、もう交配ができなくなって子孫を残せなくなってしまうでしょう。

8 そうして代を重ねていくと、次第に元の集団との違いが大きくなり、やがて交配ができなくなります。そうなった時点で「新種」として独立[b]したと考えます。進化論の誤解で「環境に適応した新種が、古い種（しゅ）との生存競争に勝って生き残った」と勘違いしている人もいますが、進化はあくまでも「種単位ではなく個体単位」がベースです。具体的[c]には、個体間競争や小さな集団の隔離などが、現実に個体（変異体）が子孫を残すメカニズムです。突然変異によって新しい種がいきなり出現するわけでもありません。進化は、突然変異を起こした一つの個体（変異体）から始まり、それが自然環境の中で生き残りやすい性質を持っていれば、やがて独立するであろう新種の祖先になるのです。

9 この話で、生物の進化においては偶然[④]に左右される部分がいかに大であるかがわかってもらえたと思います。突然変異はランダムですから、目的も方向性もありません。そこになんらかの方向性を与えるのは「環境」や「個体間競争」などです。与えられた環境の中で生存競争が行われ、よりよく生き残り、よりよく子孫を残したものだけが繁栄[d]する。なにが生き延びるかは、その時々で違ってく

二 次の文章を読んで、後の問いに答えなさい。1～10は形式段落の番号です。（問題作成の都合上、一部省略した箇所がある。）

1 言うまでもなく、現代の生物学における本格的な進化論は、19世紀イギリスの生物学者、チャールズ・ダーウィンの『種(しゅ)の起源』から始まりました。この考え方に、ダーウィンの時代になかった「遺伝子」に関する知見を加えた〝現代版進化論〟を「ネオ・ダーウィニズム」と呼びます。進化論はダーウィンが唱えていただけではありません。①彼以前にもさまざまな進化論が唱えられていましたが、それは根本的なところでダーウィンの考え方とは違いました。

2 それは、生物の進化に「目的」があると考えるか、進化は単なる「結果」にすぎないと考えるかという点です。ダーウィンの進化論は、後者でした。ダーウィン以前は「進化には目的がある」と考えられていたのです。その中でも有名なのはフランスのジャン＝バティスト・ラマルクが『動物哲学』の中に記した「②用不用説」と呼ばれる進化論でしょう。彼は「単純な生物が時間を経ることで、より[a]複雑で完全な生物に進化する」と考えましたが、ここまでは悪くない。問題になるのは「よく使う器官は次第に発達し、使わない器官は次第に衰える」という「用不用」が親から子に遺伝すると説いたところにあります。実は「用不用」自体は、個体が生きている間に限った（後天的な*）場合においては、確かにそうです。たとえば、寝たきりになると足腰が弱ることはありますが、その変化が子孫に受け継がれる（獲得形質が遺伝する）ことはありません。「用不用説」プラス、ある世代が生涯を通じて獲得した形質が遺伝し、何世代にもわたり積み重ねられることで、最終的には大きな変化が生まれると考えた、そこが問題だったのです。

3 いまだに誤解されがちなのが、「キリンの首」の話です。③みなさんは、なぜキリンの首が長くなったと思いますか？ 小さい頃に読んだ本などで「キリンは高い木の葉を食べるために何世代もかけて首が長くなった」と書いてあるのを読んだことはありませんか。これは、まさしく「用不用説」に基づいた考え方で、ネオ・ダーウィニズムからすると間違いなのです。冷静に考えればこの話がばかげていることがわかります。もし、親が獲得した形質が遺伝するなら、運動選手(アスリート)の子どもは生まれたときから筋肉ムキムキだし、漫画家は手に〝ペンだこ〟のある子どもを産むかもしれません。ケガで手や足を失った場合も遺伝するでしょうか。「美しい」顔の子を産みたければ、両親とも整形手術をして子どもを作ればいいことになる。そんなことは起こるはずはないですよね。

4 現在では遺伝子の研究が進んだこともあって、ある個体が後天的に獲得した形質は子に遺伝しないことがわかっています。生きている間に後天的に個体の形が変わったとしても、遺伝情報を子孫に伝える先天的な*DNAまで変わりはしないのですから、それも当然でしょう。

二〇二〇年度 日本大学豊山高等学校（推薦）

【国語】〈英語・数学と合わせて七〇分〉〈満点：四〇点〉

〔注意〕解答する際、句読点や記号なども一字と数えること。

一 **次の問いに答えなさい。**

問1 **次の――線を漢字で書きなさい。**

粗大ごみの不法トウキを取り締まる。

問2 **次の――線の読み方をひらがなで書きなさい。**

自然の恩恵を被る。

問3 **湯桶（ゆとう）読みをする熟語を、次から選びなさい。**

ア　関所　イ　染料　ウ　微熱　エ　野原

問4 **「ほぞをかむ」という慣用句が表す心情として最も適切なものを、次から選びなさい。**

ア　興奮　イ　緊張　ウ　満足　エ　後悔

問5 **『枕草子』と同じジャンルの作品として正しいものを、次から選びなさい。**

ア　平家物語　イ　土佐日記
ウ　徒然草　エ　万葉集

英語解答

1 (1) 2　(2) 3　(3) 1　(4) 4
(5) 3　(6) 2

2 (1) early　(2) different
(3) expensive　(4) aunt

3 (1) player　(2) since
(3) taught　(4) can

4 (1) 2
(2) the lives that are taken before
(3) 4　(4) 2

数学解答

1 (1) $-\frac{1}{12}$　(2) $6a^3b^2$
(3) $-\frac{11\sqrt{2}}{4}$　(4) $3(a-2)(a-4)$

2 (1) $x=-2,\ y=3$　(2) $x=\frac{7\pm\sqrt{17}}{2}$
(3) $\frac{10}{21}$　(4) 20時間

3 (1) $(-4,\ 4)$　(2) $y=-\frac{1}{2}x+2$
(3) 5

4 (1) $\sqrt{3}$　(2) $\sqrt{2}$　(3) $\frac{2\sqrt{2}}{3}$

国語解答

一 問1　投棄　問2　こうむ
問3　ア　問4　エ　問5　ウ

二 問1　生物の進化には「目的」があると考える点。
問2　エ　問3　ウ　問4　イ
問5　ア
問6　DNAに突然変異が起きて生まれた個体が，与えられた環境で，さらに生存競争に打ち勝っていくこと。〔突然変異によって生まれた新タイプの変異体が，与えられた環境で，さらに個体間競争の中を生き延びること。〕
問7　しかし，視　問8　イ

2020 年度 日本大学豊山高等学校

【英　語】（50分）〈満点：100点〉

〔注意〕 1 はリスニングテストです。放送をよく聴いて，それぞれの設問の選択肢から解答を選び，その番号を解答用紙に記入しなさい。なお，放送される内容は，メモをとってもかまいません。

■放送問題の音声は，当社ホームページ（https://www.koenokyoikusha.co.jp）で聴くことができます。

1 【リスニングテスト】

これから，５つの文章を放送します。それぞれの文章のあとに質問が放送されます。その質問に対する答えとして最も適当なものを，１～４の中から１つ選び，番号で答えなさい。文章と質問は２度ずつ読まれます。放送される内容は，メモをとってもかまいません。

(1)　1．Hokkaido.　2．Hawaii.　3．Bali.　4．Okinawa.

(2)　1．The restaurant is famous for its pasta and ice cream.
　2．The line for the restaurant is so long.
　3．She will come back on Saturday.
　4．The restaurant is so busy.

(3)　1．Two years ago.　2．Three years ago.　3．In the afternoon.　4．Full-time.

(4)　1．The convenience store.　2．The park.
　3．The supermarket.　4．The post office.

(5)　1．Comedy.　2．Documentary.　3．Action.　4．Horror.

※<**リスニングテスト放送原稿**>は英語の問題の終わりに付けてあります。

2 次の対話文を完成させるために（　）に入る最も適当なものを，１～４から１つ選び，番号で答えなさい。

(1)　A： Excuse me, I want to go to *Gokokuji Temple*.　Am I on the right bus ?
　B： I'm afraid I'm on this bus for the first time.　(　　　　)
　A： That's very kind of you.
　B： No problem.
　1．Let me look it up on my smartphone.
　2．The subway is over there.
　3．You are on the right bus.
　4．Go straight and turn left at the first corner.

(2)　A： How was your math test on Monday ?
　B： I tried my best, dad.　I spent the whole weekend studying.
　A：(　　　　)
　B： Not yet, dad.
　1．By the way, did you study for the test ?
　2．Why don't you study math with me ?
　3．Have you received the result ?
　4．Have you already studied for the test ?

(3)　A： I have never had dinner in such an expensive restaurant.　I'm very nervous.

B : (　　　　) All you have to do is enjoy your meal.

A : Wow! It costs $10 for a glass of orange juice!

B : I tried it last time. It's so fresh and tasty.

1. Check, please.　　2. Are you still open?

3. What do you recommend?　　4. Just take it easy.

(4) A : Thank you for calling ABC Mobile Services. How may I help you today?

B : I'm calling because I received the wrong bill. My number is 080-1234-5678.

A : I'm sorry for the trouble, madam. (　　　　)

B : J-A-N-E-T G-R-E-E-N, Janet Green.

1. May I have your name, please?　　2. Do you have green phone?

3. Please forgive me.　　4. That's not a big problem, though.

(5) A : Hi, John. How have you been?

B : Um . . . , I've been good, thank you. (　　　　)

A : Yes. You're John Smith, right? Don't you remember me?

B : What? I'm not John Smith. I'm John Taylor.

1. How about you?　　2. Do you have the time?

3. Have you heard of John Taylor?　　4. Have we ever met before?

3 次の英文の(　)に入る最も適当な語(句)を，１～４から１つ選び，番号で答えなさい。

(1) Please remember (　　) this postcard on your way to school tomorrow.

1. mail　2. to mail　3. mailing　4. mailed

(2) Did Kyle say (　　) he was late this morning?

1. where　2. what　3. which　4. why

(3) It was raining yesterday, so my father gave me a (　　) to school.

1. speech　2. ride　3. chance　4. plan

(4) Jun was with you at the beach, (　　) he?

1. aren't　2. wasn't　3. didn't　4. can't

(5) Mr. Bing is a teacher (　　) by everyone.

1. loved　2. loves　3. love　4. loving

4 次の日本文の意味に合うように，空所に指定された文字で始まる適当な１語を書きなさい。ただし，(　)内に与えられた文字で始め，**解答は単語のつづりをすべて書きなさい**。

(1) あの曲り角で事故がよく起こります。

Accidents often (h　　) at that corner.

(2) 法廷は彼に有罪の判決を下すだろう。

The court will (j　　) him guilty.

(3) 昼食後にゲームの続きをやろう。

Let's (c　　) the game after lunch.

(4) 傘を持っていきなさい。

Carry an (u　　) with you.

(5) 彼は息子たちみんなに公平です。

He is (f　　) to all his sons.

5 次の日本文の意味を表すように( )内の語(句)を並べかえ，英文を完成させなさい。ただし，文頭に来るものも小文字にしてある。

(1) これは私が普段食べているチョコレートの２倍の値段だ。
This chocolate (expensive / as / is / one / twice / as the) I usually eat.

(2) その赤ちゃんは両親にジョージと名づけられた。
(George / his / named / the baby / was / by) parents.

(3) 私の母は私に部屋の掃除をしてほしいと思っている。
My mother (clean / me / room / wants / to / my).

(4) メールで地図を送ってくれませんか。
(the map / by / me / you / can / send) email ?

(5) このリュックサックはハワイ旅行用に十分な大きさだ。
This (enough / big / is / for / our / backpack) Hawaii trip.

6 次の英文の意味が通るように(A)～(E)に入る最も適当な語を【語群】から１つずつ選び，番号で答えなさい。ただし，それぞれ１度しか使えないものとする。

Baseball players are some (A) the most famous names in the USA. Babe Ruth, Joe DiMaggio, Willy Mayes, and Mickey Mantle are big names in America from an early age. In 1927, Ruth, who played first for the Boston Red Sox team and later (B) the New York Yankees, could hit up to sixty home runs in one season. Sometimes a really good batter can hit the ball out of the ball park.

Two teams with nine players play on the playing field (C) one time. The pitcher throws the ball fast and the batter tries to hit it. When he does, he runs to first base, but if a player on the other team catches the ball and touches the base before the batter gets there, he is out. If the other team is still running for the ball, the batter runs to second base, and third base. When he gets back to home plate, he scores a point for his team. The team who scores the most points wins.

The World Series is the game played every year (D) the two best baseball teams in the country. Traditionally, the winning team visits the White House in Washington, D.C. and meets the president. The team gives the president a team T-shirt with his name (E) it.

【語群】
1. at　　2. of　　3. between　　4. on　　5. for

7 次の英文の(A)～(E)に入る最も適当なものを，１～５から１つずつ選び，番号で答えなさい。ただし，それぞれ１度しか使えないものとする。

*Once upon a time, a city mouse went to visit his cousin in the country. "Thank you for inviting me, Cousin. The air is so nice, and the trees are so green," said the city mouse. The country mouse smiled and said, "I have dinner ready at home. Please come !"

On the table of the country mouse's home, there were plates of *wheat stalks, *roots and *acorns. "I found the best acorns for you," said the country mouse. The city mouse was surprised at the simple food, but he smiled and said, "Oh, this looks nice. Thank you, Cousin." (A)

But he soon asked for something to drink. "I'm sorry. Please wait !" said the country mouse and ran out. The city mouse thought he was going to get some wine, but his cousin came back with a cup of water. "This is *spring water. It's really sweet." The city mouse just smiled.

After dinner, the city mouse talked of his life and how wonderful it was. "Cousin, you have to come to the city with me. (B) And the food is amazing! Your acorns are tasty, but they are nothing compared to the meat and desserts you can eat in my house!"

The city mouse talked with such a *sparkle in his eyes that the country mouse agreed to go to the city with him. That night, the two slept peacefully in the country mouse's *cozy bed.

Early the next morning, the two mice started off to the city and arrived late in the evening. At the city mouse's house, people had just finished a great dinner. There were many plates of fine food left on the table.

"Look! There's beef and cheese! Oh, and look at that dessert!" (C) But the city mouse said, "Not too loud, Cousin. They might hear us." "What do you mean?" asked the country mouse. Just then, they heard a cat, "Meow!"

The two mice quickly ran off to hide in a hole in the wall. The city mouse said, "Don't worry. (D) We just have to keep quiet." The country mouse was really scared, but he was quiet. "I think the cat is gone. Let's go eat!" said the city mouse, and the two mice ran to the dining table again. But before they could eat, the door opened. *Servants were coming into the room.

The city mouse said, "Hide!" But the country mouse said, "Goodbye!" (E) "Why are you leaving? You haven't eaten anything!" said the city mouse. But the country mouse said as he was running away, "It is better to eat simple food in peace than delicious desserts in danger!"

*once upon a time 「昔々」 *wheat stalk 「小麦の茎」 *root 「根」
*acorn 「ドングリ」 *spring water 「湧き水」 *sparkle 「輝き」
*cozy 「心地よい」 *servant 「使用人」

1. He was tired of being scared.
2. The country mouse was so excited.
3. There are so many places I want to show you.
4. And he started to eat.
5. She always goes away in a while.

8 次の英文を読んで，あとの問いに答えなさい。

"The goal should be communication, not perfection. I don't even think perfect English *exists," says Chris, an English teacher from Canada.

Certainly, most Westerners' Japanese skills are ①**far from** perfect. And most Westerners aren't *embarrassed at all about making mistakes in Japanese!

Chris, who is also studying Japanese, explains: "I'm just so happy if I can communicate. Grammar is the last thing on my mind."

However, Chris doesn't like one thing: "Japanese people never tell me when I make a mistake. I think they don't want to embarrass me. But I wouldn't be embarrassed! I want to improve. And the only way to improve is to learn from your mistakes. As a teacher, I know that!"

He also wonders: "If Japanese people are so worried about perfection, why don't they expect Westerners to speak [X] Japanese? Why do they think it is okay for us to speak [Y] Japanese, but not okay for them to speak imperfect English? It doesn't make any sense! Why are they harder on themselves than on us?"

Chris often hears stories from his students who go to foreign countries. "They have to repeat themselves once, and then they feel like a failure. I have to repeat myself all the time in Japanese. It's actually good practice! Too many people treat going overseas like 'show time.' It's not show time. It is still practice. ②It is always going to be practice."

Chris worries that his students get too nervous, and that *affects their ability to communicate. Chris thinks his students need to do more role-playing in class. But his students hate role-play! "It's strange. When I studied French in school, the role-plays were my favorite part," says Chris. "It was fun to play different characters and act silly."

Chris also worries that his students are too *stiff. He thinks this causes more communication problems than grammar mistakes cause. This is why he thinks so: "English is a more polite language than you think. It is a different kind of politeness from that of Japanese. There are no special *verbs to learn in English. But there is a special *attitude, and that is important," explains Chris. "Start every situation with a 'hi' and a smile. This is the way to be polite. And make eye contact, too. In Western culture, making eye contact shows *sincerity. You'll be surprised how much smoother things go: at *customs, at the rental car counter, at McDonalds. It can be hard at first. But once you *get used to it, it becomes natural," he says, adding: "Pretty girls can come up to me and practice anytime they like!"

*exist「存在する」 *embarrass「～を恥ずかしくさせる」 *affect「～に影響する」
*stiff「堅苦しい」 *verb「動詞」 *attitude「態度」
*sincerity「誠意」 *custom「税関」 *get used to「～に慣れる」

(1) 下線部①を言い換えるとき，最も意味が近い語を下から１つ選び，番号で答えなさい。

1. always 2. just 3. perhaps 4. never

(2) 本文中の X と Y にそれぞれ入る語の組み合わせとして，最も適切なものを下から１つ選び，番号で答えなさい。

1. X = perfect Y = perfect
2. X = imperfect Y = imperfect
3. X = perfect Y = imperfect
4. X = imperfect Y = perfect

(3) 下線部②が指すものは何か，本文中から２語で抜き出しなさい。

(4) 本文の内容と一致するものを下から２つ選び，番号で答えなさい。

1. Chrisは文法よりも意思疎通のほうが大切だと考えている。
2. 日本人は西洋人の日本語の間違いを指摘する。
3. 西洋人は日本人の英文法の間違いをよく指摘する。
4. Chrisは日本人が英語を間違えるのは海外に行かないからであると思っている。
5. Chrisが担当する日本人の生徒はロールプレイに積極的に取り組む。
6. Chrisは相手を見て微笑みながら挨拶することが礼儀だと考えている。

<リスニングテスト放送原稿>

1 のリスニングテストを始めます。

これから，５つの文章を放送します。それぞれの文章のあとに質問が放送されます。その質問に対する答えとして最も適当なものを，１～４の中から１つ選び，番号で答えなさい。文章と質問は２度ずつ読まれます。放送される内容は，メモをとってもかまいません。

それでは始めます。

(1) Man　: No. (1)

Woman : Jennifer went on vacation to Hawaii two years ago. She wants to go there again this year, but her brother wants to go snowboarding. Jennifer hasn't been snowboarding in a long time, so she agreed.

Man　: Question : Where will Jennifer and her brother go on vacation ?

(2) Man　: No. (2)

Woman : This restaurant is so busy on weekends ! I want to eat here, but the line is so long. I may have to wait for an hour to get inside. It is famous for its delicious pasta and ice cream. Oh no, it started raining ! I will come back on a weekday.

Man　: Question : Which sentence is FALSE ?

(3) Man　: No. (3)

Woman : Jim has worked at North High School for three years. First he worked as a part-time history teacher, but two years ago, he became a full-time teacher. In the afternoon, he coaches the volleyball team. Jim is very busy.

Man　: Question : When did Jim start working at North High School ?

(4) Man　: No. (4)

Woman : My apartment is in a convenient place. There is a supermarket only three minutes away on foot. There is a post office and a bank seven minutes away. If I ride my bike for 10 minutes, I can go to a big park.

Man　: Question : Which place is closest to her apartment ?

(5) Man　: No. (5)

Woman : Ken's favorite movies are action movies. Sometimes he likes to watch movies with fast cars. He especially likes movies with superheroes. He thinks superheroes who can fly are very cool.

Man　: Question : What kind of movies does Ken like ?

これで，リスニングテストを終わります。続いて 2 へ進みなさい。

【数　学】　(50分)〈満点：100点〉

〔注意〕　1．定規，コンパス，分度器，計算機などを使用してはいけません。

2．答えが分数のときは，約分して最も簡単な形で答えなさい。

3．根号の中はできるだけ小さい自然数になおしなさい。

1　次の問いに答えよ。

(1)　$(-5)^2 \div \dfrac{5}{2} - \dfrac{4}{15} \times \left(\dfrac{3}{2}\right)^2$ を計算せよ。

(2)　$\dfrac{(\sqrt{3}-1)(1+\sqrt{3})}{2\sqrt{2}}$ を計算せよ。

(3)　$\left(-\dfrac{2b}{3a^2}\right)^2 \times 3a \div \left(\dfrac{b}{3a}\right)^3$ を計算せよ。

(4)　$\dfrac{3a-b}{4} - \dfrac{2a+3b}{6}$ を計算せよ。

(5)　$(x-2)^2 - 2(x-2) - 3$ を因数分解せよ。

2 次の問いに答えよ。

(1) 連立方程式 $\begin{cases}(x+1):(y-3)=2:1 \\ 3x-y=-1\end{cases}$ を解け。

(2) $\sqrt{3}$ の整数部分を a，小数部分を b とするとき，$ab+a+b+1$ の値を求めよ。

(3) ある40人のクラスで80点以上を合格とした数学と英語の小テストを行った。数学と英語の両方に合格した生徒は15人で，両方とも不合格の生徒はクラス全体の25％であった。また，数学の合格者は英語の合格者より1人少なかった。このとき，数学の小テストに合格した生徒の人数を求めよ。

(4) [1]，[2]，[3]，[4] の4枚のカードから3枚を取り出し，1列に並べて3桁の整数をつくるとき，4の倍数となる確率を求めよ。

(5) 下の図は，あるクラスの生徒が12月に図書室で借りた本の冊数と人数の関係を表したものである。このとき，借りた本の冊数の平均値を小数第1位まで求めよ。

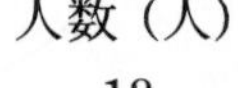

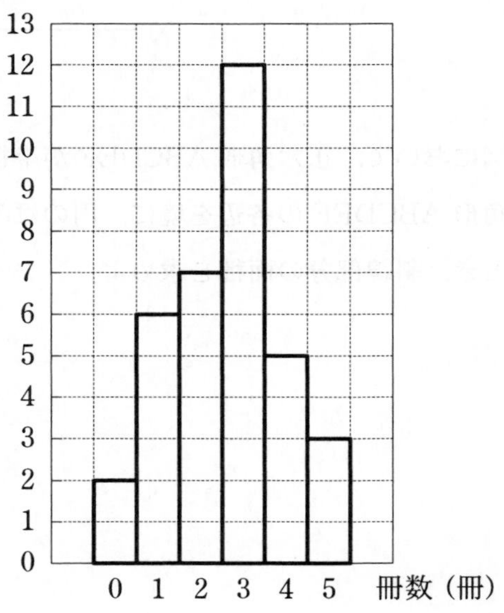

3 次の問いに答えよ。

(1) 下の図の▱ABCDにおいて，線分BEは∠ABCの二等分線である。
AB∥EF，AB＝5，BC＝7のとき，xの長さを求めよ。

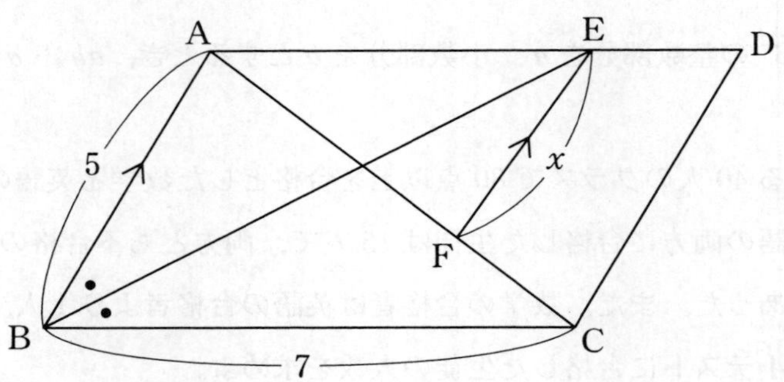

(2) 下の図のように，円Oは点Pで線分XYと接している。また，AC∥XYである。
このとき，∠xの大きさを求めよ。

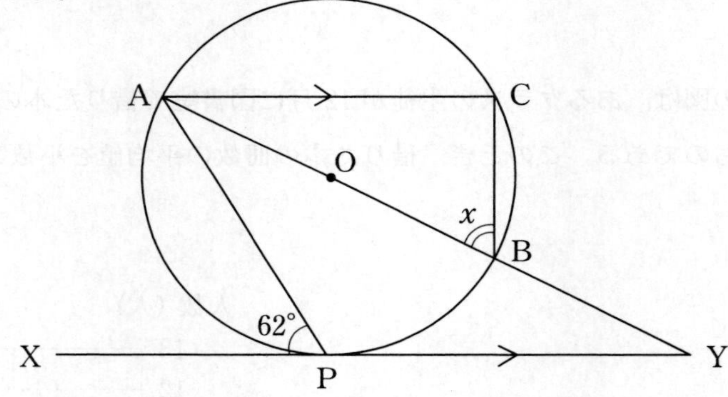

(3) 下の図において，正六角形ABCDEFが半径4の円に内接している。
正六角形ABCDEFの各辺を境に，円のはみ出ている部分を内側に折り曲げた。
このとき，斜線部分の面積を求めよ。

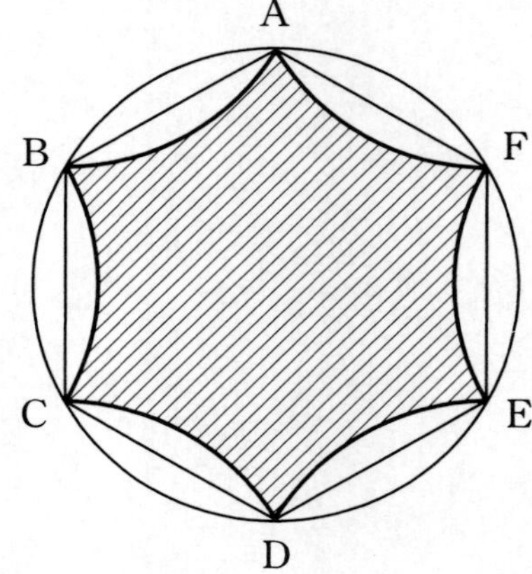

4 放物線 $y=x^2$ と直線 $l:y=ax+2$ が2点 A$(-1,\ 1)$，B$(t,\ t^2)$ で交わっている。また，直線 OA と直線 l は垂直に交わっている。このとき，次の問いに答えよ。

(1) 定数 a の値を求めよ。

(2) △OAB の面積を求めよ。

(3) 点 B を通り，線分 OA と平行な直線と x 軸の交点を C とするとき，点 C の x 座標を求めよ。

(4) △OAB を辺 AB を軸にして折り返し，△ODB をつくるとき，直線 DB の式を求めよ。

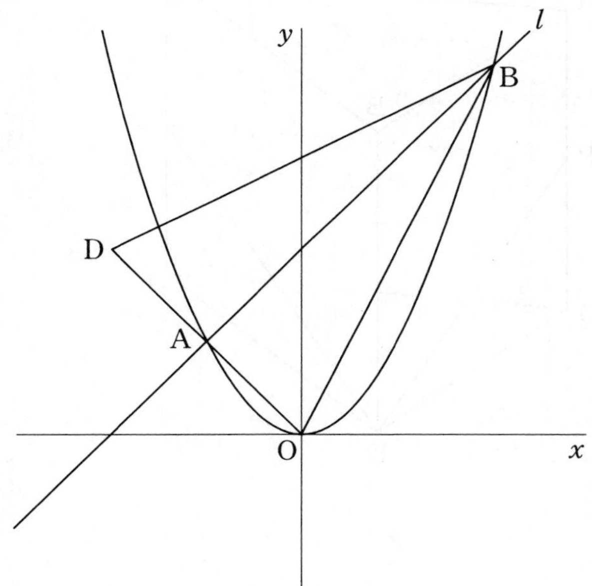

5 底面が $DE = EF = 4$，$\angle DEF = 90^\circ$ の直角二等辺三角形で，高さが 6 の三角柱 $ABC - DEF$ がある。2 辺 AD，CF の中点をそれぞれ P，Q とする。このとき，次の問いに答えよ。

(1) 三角柱 $ABC - DEF$ の表面積を求めよ。

(2) $\triangle PEQ$ の面積を求めよ。

(3) 3 点 E，P，Q を通る平面で三角柱 $ABC - DEF$ を切り，2 つの立体に分ける。頂点 A を含む立体の体積を X，頂点 D を含む立体の体積を Y とするとき，X：Y を最も簡単な整数の比で表せ。

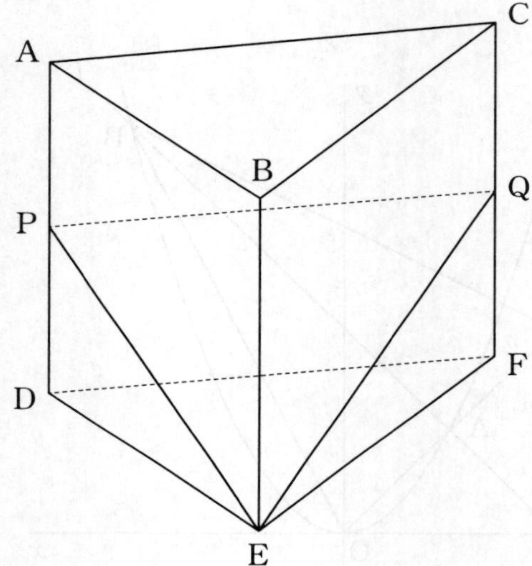

衰退を食い止めるという心構えのない者には仲間意識を持つことができないから。

ウ　今回の会社説明会で聞いた話をそのまま信じてしまっては、後になって話が違うと言われた時に説明担当者が困ってしまうから。

エ　すべての仕事内容を明らかにしておかないと良い面も悪い面もきちんと理解できず就職の決め手に欠けるため、人数が集まらないから。

問8　次に示すのは、本文を読んだ後に、四人の生徒が話し合っている場面です。本文の内容として適切でないものを、次から選びなさい。

ア　生徒A―僕はまず、本が物語の作者だけではなく、編集者やデザイナー、さらに印刷会社や製本会社など、色々な人たちが関わってできているということに驚いたんだ。

イ　生徒B―そうだね。今回、なかでもクローズアップされたのは印刷会社のことだったけれど、同じ営業として働いている人たちでも意見が分かれてしまうことが興味深かったな。

ウ　生徒C―どちらの意見が正しいのかはわからないけれど、先輩である仲井戸さんの意見を全て否定してまで自分の意見を言った浦本さんを応援したいと思ったよ。

エ　生徒D―僕は意見が違っていたとしても、仲井戸さんも浦本さんも印刷会社の未来のことを考えているという点では共通していることに感動したんだ。

問1　本文中からは、次の一文が抜けています。入る場所として最も適切なところを、本文中の【1】～【4】から答えなさい。

物語に〝本〟という身体を授け、お似合いの服を着せて世に送り出すのだ。

問2　══線「供給」の対義語を、漢字二字で書きなさい。

問3　――線①「仲井戸の回答に困惑の色を隠せない」とありますが、なぜですか。その理由として最も適切なものを、次から選びなさい。

ア　仲井戸の回答は、緊張する学生が勇気を振り絞って質問したにも関わらず、学生の気持ちを無視した、質問自体をはぐらかすようなものだったから。

イ　仲井戸の回答は、学生たちに豊澄印刷が夢や希望のある会社という印象を与えるものではなく、新卒採用に力を入れたい会社側の意図に反するようなものだったから。

ウ　仲井戸の回答は、事前の打ち合わせにあった会社のことを知ってもらうようなものではなく、豊澄印刷の本来の姿を隠してしまうようなものだったから。

エ　仲井戸の回答は、社内でトップセールスを取るほどに情熱を持って仕事に臨んでいるにも関わらず、普段の行動とはそぐわない、思い付きで述べたようなものだったから。

問4　――線②「何人かの学生がペンを走らせる」とありますが、この時の学生たちの心情として最も適切なものを、次から選びなさい。

ア　自分達の言葉につられて気持ちを高ぶらせた人への興味。

イ　自分達の抱いていた考えを代弁してくれたことへの満足感。

ウ　自分達の求めていた将来の希望を感じさせる話への期待。

エ　自分達の勉強不足を実感させるような回答に対する焦り。

問5　――線③「私は違うと思います」とありますが、仲井戸は「印刷業」をどのような仕事だと考えていますか。「創造」という言葉を用いて解答欄に合うように説明しなさい。

問6　――線④「すんなり受け入れられない」とありますが、なぜですか。その理由を本文中の言葉を用いて具体的に説明しなさい。

問7　――線⑤「止めておいたほうがいい」とありますが、なぜ、このように言ったのですか。その理由として最も適切なものを、次から選びなさい。

ア　本が売れなくなってきている状況があるにも関わらず現状を知らずに就職されてしまっては、会社にとっても利益にならないから。

イ　沈みかけた船と表現される印刷業界において、自分の力で

ていたことだと分かったんです」

印刷会社は決められたものを刷って複製するだけではない。

【4】

「仲井戸さんの仰ることは、間違っていません。ただ夢とはいわないまでも、学生さんたちに使命のようなものは伝えられるのではないでしょうか」

「印刷機の稼働率を上げることが、営業の使命だろう。受注を切らさないこと、社員約二百人が食べていくために何をすべきかを考えるのが最優先ではないのか」

逐一正論だ。だが④すんなり受け入れられない。

「それにもっとシビアな話、この先本が売れなくなるのは火を見るより明らかで、印刷業界は客観的に見れば斜陽産業、沈みかけた船だ」

広野麻衣が「言い過ぎではないですか」と諫めるが、仲井戸は淡々と続ける。

「下手な希望を持って入ってくる新規採用者は、長続きしませんよ。⑤止めておいたほうがいい」

本が売れなくなっていることなど分かっている。それでも、浦本は本造りに携わりたくて豊澄印刷を選んだ。

「じゃあ仲井戸さんは、なぜ沈みかけた船に乗っているんですか」

「沈ませないためだよ」

トップセールスである仲井戸の言葉には、説得力がある。

でも夢は目の前の仕事を手違いなく終わらせることだと言い切ってしまったら、寂しすぎはしないか。本のため、あるいは本を読む人や本造りに携わる人のために印刷会社ができることは、まだまだあるのではないか。

証明する手段はひとつ。仕事で仲井戸を超えるしかない。

（『本のエンドロール』安藤祐介）

＊矜持…自信と誇り。

司会席の広野と目が合った。彼女はにっこり笑いながら大きく頷(うなず)いた。

「はい、それでは、他にご質問のある方」

男子学生が手を上げた。自信ありげな立ち居振る舞い。サークルでリーダーを張っていそうなタイプだ。

「浦本さんの『印刷会社はメーカーだ』というお話にすごく共感しました。これに対して仲井戸さんは、どのようにお考えですか」

男子学生は挑戦的な眼差(まなざ)しで仲井戸に問いかけた。

仲井戸は眉ひとつ動かさずマイクを手にとる。

③「私は違うと思います」

ざわめいた。

「印刷会社はあくまで印刷会社です。メーカーではありません」

【2】

浦本は硬直(こうちょく)した。シャツの下に脂汗(あぶらあせ)が滲(にじ)む。

「では『印刷はものづくりではない』という理解でよろしいでしょうか」

「はい。文芸作品の中身を作っているのは作家や編集者です。私たちは、それを書籍という大量生産可能な形式に落とし込み、世の中へ供給するための作業工程を請け負っています。その作業工程におけるプロとしての立場に徹するべきです」

他にご質問は？　広野が促しても、もう学生たちからの質問は出なかった。

学生たちが退出し、会議室には社員だけが残った。戻り支度をする仲井戸に広野が詰め寄った。

「仲井戸さん、どういう意図であのようなコメントを」

豊澄印刷は今年、新卒採用にいつになく力を入れている。三人は採用する予定だと聞いた。

今回の採用から解禁月の三月にいち早く会社説明会を開催、内容も大幅に刷新(さっしん)したのだった。文京区音羽(おとわ)の本社を見学した後、バスで埼玉のふじみ野工場へ移動。最後に工場の会議室で各部署の先輩社員が日頃の業務について語り、学生からの質問に答える。

手間もコストもかかるが、これも就活生に会社のことを知ってもらうための努力だ。

【3】

「せっかく説明会に参加してくれた学生さんたちに対して、不誠実じゃないですか」

「本心を言ったまでです。実情にそぐわないことを思い付きで述べるほうが不誠実でしょう」

仲井戸は浦本に目を遣(や)りながら言った。

「思い付きではありません」

「浦本君から『印刷会社はメーカーだ』なんて＊矜持(きょうじ)は聞いたことがなかったけど」

「確かに言ったことはありませんでしたし、頭の中でも言語化されていませんでしたよ。でも、咄嗟(とっさ)に口に出して、これが自分の思っ

三 次の文章を読んで、後の問いに答えなさい。

「夢をお聞かせいただきたいのですが」

質問に立った女子学生は、両手でマイクを握り締め、緊張した面持ちで訊ねた。

豊澄印刷株式会社営業第二部のトップセールス・仲井戸光二は座ったままマイクを手に取った。

「夢は、目の前の仕事を毎日、手違いなく終わらせることです」

真新しいスーツに身を包んだ学生たちに、戸惑いの表情が浮かぶ。

仲井戸の隣で、浦本学は膝の上に載せた拳を握り締めた。

間もなく社会へ出ようとする就活生を前に、この回答はあんまりだ。夢も希望もない。

「そういった日々の心構えの他に、将来の夢などについてお聞かせいただけたら……」

質問者の女子学生がマイクを通して食い下がった。

「私たちの仕事は印刷業です。注文された仕様を忠実に再現する仕事。夢は何かと訊かれて、強いて言うなら今お答えしたとおり、目の前の仕事を毎日、手違いなく終わらせることです」

仲井戸はそう答えて、マイクを浦本に差し出した。

会社説明会の司会を務める人事部の広野麻衣と目が合った。採用担当のベテランだが、①仲井戸の回答に困惑の色を隠せない。

この気まずい雰囲気を払拭しなければならない。

【1】

「仲井戸と同じ営業第二部で主に文芸書を担当しております、浦本と申します」

浦本は頭をフル回転させ、挽回のコメントを考えた。

「私の夢は……印刷がものづくりとして認められる日が来ることです」

話しながら、就活生たちに少しでも夢を感じてもらえる言葉を、頭の中で模索する。

「本を刷るのではなく、本を造るのが私たちの仕事です」

言葉につられて、気持ちが熱を帯びる。

「印刷会社は……豊澄印刷は、メーカーなんです」

思ってもみなかった言葉が口を衝いて出た。②何人かの学生がペンを走らせる。

「作家さんが原稿を書き、編集者さんが出版の企画を立て、デザイナーさんと相談されて本の仕様が決まります。それを弊社のような印刷会社が製品化します。物語が完成しただけでは、本はできない。印刷会社や製本会社が本を造るのです」

印刷会社はメーカーだ。

日頃から漠然と抱いていた使命感のようなものが、初めて言語化された。

「精魂込めて書かれた物語を本というカタチにするのが私たちの使命です。仲井戸も申し上げましたとおり、手違いは絶対に許されない、夢と責任のある仕事です」

ア　形容詞は、すべての感情を繊細に表現することができるものではなく、多くのものにあてはまる一般的な意味を担っている言葉であるということ。

イ　形容詞は、自分の気持ちを表現するときに使われるものであり、人は形容詞を使うことでしか自身の感情を相手に正確に伝えることができないということ。

ウ　形容詞とは、短歌においてなくてはならない重要な言葉であり、出来のよい言葉を選ばなければ、相手にはしっかりと伝わらないことが多いということ。

エ　形容詞とは、一語で誰にでも同じように状態や感情を伝えられるものではなく、表現する人の組み合わせ方によって成り立つ言葉であるということ。

問5　――線③「彼に、母の死を詠んだ一連がある」とありますが、筆者が考える斎藤茂吉の二つの短歌の特徴を説明したものとして最も適切なものを、次から選びなさい。

ア　茂吉の心情を表現した言葉を限りなく少なくすることによって、母親への思いを強調している。

イ　茂吉の見た情景のみが描かれているにもかかわらず、母親の心情を感受できるものになっている。

ウ　遠くから聞こえる蛙や鳥の鳴き声などで茂吉の悲しみを聴覚的に心情に訴えている。

エ　茂吉の感情を表現した言葉がまったく書かれておらず、事実のみを淡々と詠んでいる。

問6　斎藤茂吉の作品を例に挙げて筆者が述べようとした短歌の本質とはどのようなものですか。説明しなさい。

問7　――線④「一企業を主体的に担うに足る人材」とはどのような「人材」であると筆者は考えていますか。「言葉」という語を用いて、説明しなさい。

問8　本文の内容に合致するものとして、最も適切なものを次から選びなさい。

ア　若者言葉はすぐに一般化するため、積極的に使用して世の中の動きに対応していくべきである。

イ　私たちは幅広い年代と交流していくためにも、使い方を誤っている表現がないかを学ぶべきである。

ウ　若者言葉の通用する社会を卒業した後、実社会へ出て言い慣れない言葉を使う若者は痛々しく見える。

エ　普段は若者言葉を使っている人であっても、ときにはマニュアル通りの言葉を使用していく必要がある。

材とは、そんなものではないはずである。

（『知の体力』永田和宏）

＊云々…そのことについて色々言うこと。

＊大野晋氏の言葉…この文章よりも前の部分で「一生に一度しか出あわないような単語を蓄えていることが大事」だと述べている。

＊符牒…仲間だけに通用する言葉や印。

＊写生…実際の景色や物をありのままに写しとること。

問１　――線①『ヤバイ』だけではヤバクない？」とありますが、「ヤバイ」という言葉を筆者はどのようなものと考えていますか。その説明として最も適切なものを、次から選びなさい。

ア　言葉とは時代と共に変化するものなので、若者の言葉として発展すべきものであると考えている。

イ　意味の異なる感覚や感情を「ヤバイ」の一語で言い換えることは様々な表現を失うため、よくないものと考えている。

ウ　多くの意味を内包する「ヤバイ」の一語を「ら抜き言葉」と同じような言葉の乱れとしてよくないものと考えている。

エ　本来の意味とは異なる意味でも使用できる言葉なので、言葉の可能性を広げるものであると考えている。

問２　[A]に漢字一字をあてはめると「ものごとのよしあし」という意味の二字熟語ができます。[A]に入る漢字一字を書きなさい。

問３　[B]に入る語として適切なものを、本文中から三字で書き抜きなさい。

問４　――線②「形容詞も一種の出来合いの符牒なのである」とありますが、どのような意味ですか。その説明として最も適切なものを、次から選びなさい。

死に近き母に添寝のしんしんと遠田のかはづ天に聞ゆる

のど赤き玄鳥ふたつ屋梁にゐて足乳根の母は死にたまふなり

誰もが知っている歌であろう。一首目は「死に近き母」をはるばる陸奥の実家に見舞い、添い寝をしている場面である。普段は気にもならない蛙の声が天にも届くかと思われるほどに聞こえてくる。決して騒がしい声ではなく、しんしんと天にも地にも沁みいるような声である。一首が言っているのはそれだけのこと、まことに単純な事実だけを詠っている。二首目も、母がもう死のうとしている枕元、ふと見上げると喉の赤い燕が二羽、梁に留まっていた。ただそれだけである。

ここには「悲しい」とか「寂しい」とか、そのような茂吉の心情を表わす言葉は何一つ使われていないことに注意して欲しい。にもかかわらず、私たちはそのような形容詞で表わされる以上の、茂吉の深い内面の悲しみを感受することができる。考えてみれば不思議な精神作用である。文章の上では何も言われていない作者の感情を、読者はほとんど何の無理もなく感受することができているのである。

もしこれらの歌のなかに、茂吉の感情として「悲し」「寂し」などの形容詞が入っていたとするならば、一般的な感情としては理解できるが、それだけではけっしてその時の茂吉の悲しさ、寂しさを表現したものにはならないだろう。悲しい、寂しいという最大公約数的な感情の表現でしかないからである。「決して甲の特殊な悲しみをも、乙の特殊な悲しみをも現しません」と赤彦の言う通りである。

短歌では、作者のもっとも言いたいことは敢えて言わないで、その言いたいことをこそ読者に感じ取ってもらう。単純化して言えば、短詩型文学の本質がここにあると私は思っている。

これはかなり高度な感情の伝達に関する例であるが、私たちは自分の思い、感じたこと、思想などを表現するのに、できるだけ〈出来あいの言葉〉を使わずに、自分の言葉によって、自分の思いを、人に伝える。この大切さをもう一度確認しておきたいものだと思う。

ヤバイ、カワイイだけで通用していた社会は、すぐに卒業ということになり、いよいよ実社会へ出ることになる。就職という課題が目の前にちらつきだすと、途端に言葉遣いが変わってくる。「オンシャは」などと言い慣れない言葉が飛び出すようになるのを見ているのは痛々しいことだ。

これもマニュアルなのだろうが、もし私が会社側の面接官だったら、「オンシャ」などという出来あいのマニュアル通りの言葉を使うような若者は、イの一番に刎ねてしまうだろうと思うのだが、どうだろう。すでにできてしまっている言葉の世界で、みんなが使う言葉でしか自分を表現できない若者に、いったい独創性とか個性とかを期待できるものなのだろうか。④一企業を主体的に担うに足る人

「まろやかだ」「コクがある」「とろけるようだ」などなど、どのように「旨い」かを表わすために、私たちの先人はさまざまに表現を工夫してきた。それが文化であり、民族の［B］である。

いつも、もってまわった高級な表現を使えというのではまったくないが、必要に応じて、自分自身が持ったはずの〈感じ〉を自分自身の言葉で表現する、そんな機会は、人生において必ず訪れるはずである。そんなときのために、私たちは普段は使わなくともさまざまな語彙を用意しているのである。語彙は自然に増えるものではなく、読書をはじめとするさまざまな経験のなかで培われていくものである。すでに*大野晋氏の言葉を紹介したように、ひょっとしたら一生に一度しか使わないかもしれないけれど、それを覚悟で一つの語彙を自分のなかに溜め込んでおくことが、生活の豊かさでもあるはずなのだ。

すべてが「ヤバイ」という*符牒で済んでしまう世界は、便利で効率がいいかもしれないが、その便利さに慣れていってしまうことは、実はきわめて薄い文化的土壌のうえに種々の種を蒔くことに等しいのであるかもしれない。

特殊な悲しみ

「ヤバイ」は多くの形容詞の凝縮体であると考えることができる。「ヤバイ」一語で済ませるのではなく、それを自分の側からもっと細かいニュアンスを含めた表現によって深めたいという話をしてきた。

しかし、先にあげたさまざまの状態や感情を表わす言葉は、それでも一般的な、最大公約数的な意味を担った形容詞なのである。必ずしも、その人独自の表現というわけではなく、誰にも通用する表現法であることからは、「ヤバイ」とそんなに違ったものではないという反論も可能である。

話が飛躍するようだが、近代の歌人に島木赤彦がいる。彼はアララギ派の歌人であり、アララギは「*写生」をその作歌理念に掲げていた。なぜ写生が必要なのか。赤彦は『歌道小見』という入門書の中で、「悲しいと言えば甲にも通じ乙にも通じます。しかし、決して甲の特殊な悲しみをも、乙の特殊な悲しみをも現しません。歌に写生の必要なのは、ここから生じて来ます」と述べる。

短歌は、自分がどのように感じたのかを表現する詩形式である。歌を作りはじめたばかりの人の歌には、悲しい、嬉しいと形容詞で、自分の気持ちを表わそうとするものが圧倒的に多い。作者は「悲しい」と言うことで、自分の感情を表現できたように思うのであるが、これでは作者が「どのように」悲しい、うれしいと思ったのかが一向に伝わってこない。赤彦の言う作者の「特殊な」悲しみが伝わることがない。②形容詞も一種の出来合いの符牒なのである。

斎藤茂吉は島木赤彦と同時期に「アララギ」を率いた近代短歌の巨匠であるが、③彼に、母の死を詠んだ一連がある。歌集『赤光』中の「死にたまふ母」一連である。

＊孔子…中国の春秋時代の思想家。儒教の開祖。「子」は〈先生〉という意の敬称。

＊洛陽…当時の中国の都の名。

（1）——線「童あひぬ」の読み方を、すべて現代仮名遣いのひらがなで答えなさい。

（2）本文の内容に合致するものとして、最も適切なものを次から選びなさい。

ア　童は孔子に道を尋ねたが、はっきりとした回答は得られなかった。

イ　孔子は自分自身の経験に基づいて意見を述べる童に、感心した。

ウ　孔子は童からの問いにとんちを利かせて答えたが、童は納得しなかった。

エ　人々は孔子の言うことに意見した童に対して、反感を持った。

二　次の文章を読んで、後の問いに答えなさい。

①「ヤバイ」だけではヤバクない？

何を今ごろと言われそうだが、いわゆる若者言葉で、ヤバイという言葉の意味を聞いたときは正直驚いた。私たちが使ってきたニュアンスとはまったく逆。「あの試験どうもヤバイなあ」と言えば、落っこちそうだということだったはず。いつの間にか「このコーヒー、めっちゃヤバイ」が、すごく旨い（うま）というニュアンスになっていた。

言葉が時代とともに変わっていくのはやむをえないことであり、とどめようもないところがある。いまとなっては「ら抜き言葉」の是［A］を＊云々（うんぬん）すること自体、どこか間が抜けていると感じるほどに、わずか20年ほどのあいだに「ら抜き言葉」が一般化してしまった。

私自身はいまもはかない抵抗を続けていて、どうしても「見れる」とか「食べれる」などの「ら抜き言葉」は使えないし、使うつもりもないが、若者たちの「ヤバイ」にはそれとは違った違和感と危惧を抱いている。「ヤバイ」が「旨い」「おもしろい」「かっこいい」「素敵だ」「気持ちいい」など、ほんらいかなりニュアンスの違った感覚、感情をすべてひっくるめて一語で代弁してしまうというところにまず引っかかる。

ある感動を表現するとき、たとえば「good!」一語で済ませてしまうのではなく、そこにニュアンスの異なったさまざまな表現があること自体が、文化なのである。「旨い」にしても、「おいしい」

二〇二〇年度 日本大学豊山高等学校

【国語】（五〇分）〈満点：一〇〇点〉

〔注意〕 解答する際、句読点なども一字と数えること。

一 次の問いに答えなさい。

問1 ――線を漢字に直しなさい。ただし、送りがなの必要なものは、それも含めて書きなさい。

① 暑いので、風呂で水をアビル。

② フンソウ地帯に立ち入らないでください。

問2 ――線の漢字の読みを、ひらがなで書きなさい。

① 手を合わせて哀願する。

② 人を欺くのはよくないことだ。

問3 次の四字熟語の空欄と同じ漢字の入る四字熟語を、後から選びなさい。

□死回生

ア □想天外　　イ 心□一転

ウ 意□投合　　エ 一念発□

問4 次の□に漢字一字を入れて、類義語を完成させなさい。

切実―□刻

問5 『一握の砂』の作者として正しいものを、次から選びなさい。

ア 正岡子規（まさおかしき）　　イ 与謝野晶子（よさのあきこ）

ウ 石川啄木（いしかわたくぼく）　　エ 中原中也（なかはらちゅうや）

問6 次のやりとりから連想される語句として最もふさわしいものを、後から選びなさい。

A君――僕たちはみんな勉強を頑張ってきたと思う。

B君――うん。寝る間を惜しんで問題を解いた時もあったよ。

C君――今日は頑張ってきた成果を出そう。

D君――よし、自信を持ってやるぞ。

ア 蛍雪の功　　イ 呉越同舟

ウ 四面楚歌　　エ 他山の石

問7 次の文章を読み、後の問いに答えなさい。

今は昔、唐（もろこし）に、*孔子、道を行き給ふに、八つばかりなる童（わらは）あひぬ。孔子に問ひ申すやう、「日の入る所と*洛陽（らくやう）と、いづれか遠き」と。孔子いらへ給ふやう、「日の入る所は遠し。洛陽は近し」。童の申すやう、「日の出で入る所は見ゆ。洛陽はまだ見ず。されば、日の出づる所は近し。洛陽は遠しと思ふ」と申しければ、孔子かしこき童なりと感じ給ひける。

「孔子には、かく物問ひかくる人もなきに、かく問ひけるは、ただ者にはあらぬなりけり」とぞ人いひける。

（『宇治拾遺物語』）

英語解答

1 (1) 1　(2) 3　(3) 2　(4) 3
(5) 3

2 (1) 1　(2) 3　(3) 4　(4) 1
(5) 4

3 (1) 2　(2) 4　(3) 2　(4) 2
(5) 1

4 (1) happen　(2) judge
(3) continue　(4) umbrella
(5) fair

5 (1) is twice as expensive as the one
(2) The baby was named George by his
(3) wants me to clean my room
(4) Can you send me the map by
(5) backpack is big enough for our

6 A 2　B 5　C 1　D 3
E 4

7 A 4　B 3　C 2　D 5
E 1

8 (1) 4　(2) 3
(3) going overseas　(4) 1, 6

1〔放送問題〕解説省略

2〔対話文完成―適文選択〕

(1)A：すみません，護国寺に行きたいのですが。このバスで合っていますか？／B：あいにく，私はこのバスに乗るのが初めてなんです。スマートフォンで調べさせてください。／A：ありがとうございます。／B：どういたしまして。//乗車中のバスに乗るのが初めてだというBにAが感謝しているので，BはAに対して親切な行為をしているとわかる。　look ～ up「～を(辞書などで)調べる」

(2)A：月曜日の数学のテストはどうだった？／B：がんばったよ，父さん。週末ずっと勉強して過ごしたんだ。／A：結果は受け取ったのか？／B：いや，まだだよ，父さん。//Not yet「まだです」と答えていることから，「もう～したか」と尋ねる現在完了('have/has＋過去分詞')の'完了'用法が適する。テストはもう終わっており，その結果を尋ねたのである。

(3)A：こんなに高いレストランで夕食を食べたことは一度もないよ。すごく緊張するな。／B：気楽にして。食事を楽しみさえすればいいのさ。／A：わあ！　オレンジジュースが1杯10ドルもするよ！／B：前回試してみたよ。すごく新鮮でおいしいよ。//高級レストランでの初めての食事に緊張するというAにかける言葉なので，緊張をやわらげる言葉が適する。　take it easy「気楽にする」

(4)A：ABCモバイル・サービスにお電話いただきありがとうございます。今日はいかがされましたか？／B：間違った請求書を受け取ったので，お電話しました。私の電話番号は080-1234-5678です。／A：ご迷惑をおかけして申し訳ございません，お客様。お名前をいただけますか？／B：J-A-N-E-T G-R-E-E-N，ジャネット・グリーンです。//Bは名前を伝えているので，Aは名前を尋ねたのだとわかる。

(5)A：やあ，ジョン。元気かい？／B：ああ…，元気です，ありがとう。僕たちは前に会ったことがありますか？／A：ああ。君はジョン・スミスだろう？　僕を覚えていないのかい？／B：何ですって？　僕はジョン・スミスではありません。僕はジョン・テイラーです。//後半の内容から，Aが人違いをしていることがわかる。BはAを知らないので，今までに会ったことがあるかを確認したのである。

3〔適語(句)選択・語形変化〕

⑴remember to ～ で「(これから)忘れずに～する」，remember ～ing で「(今までに)～したことを覚えている」。tomorrow があるので，remember to ～ を用いる。　「明日，登校途中でこのはがきを忘れずに投函してください」

⑵カイルは(　　)自分が今朝遅れたか言ったか，という内容なので，理由を尋ねる why が適切。「カイルはなぜ今朝遅刻したのか言いましたか」

⑶'give＋人＋a ride' で「(人)を車で送る」。　「昨日は雨が降っていたので，父は私を学校まで車で送ってくれた」

⑷'主語＋動詞 ～, 動詞の否定形＋代名詞?' という付加疑問の形。ここでは'動詞' が was なので，その否定形を用いる。　「ジュンは君とビーチにいたよね？」

⑸直後に by everyone とあるので，「～によって愛されている先生」という文になるとわかる。「～されている…」という受け身形のまとまりは，形容詞的用法の過去分詞で表せる。　「ビング先生は皆に愛されている教師だ」

4〔和文英訳─適語補充〕

⑴happen「起こる」

⑵judge「判決を下す，判断する」

⑶continue「続きをやる，続ける」

⑷umbrella「傘」

⑸be fair to ～「～に公平，公正だ」

5〔整序結合〕

⑴「2倍の値段だ」を「2倍高価だ」と読み換え，'倍数＋as＋形容詞＋as' で表す。one は chocolate を指す代名詞である。

⑵'name＋*A*＋*B*'「*A* を *B* と名づける」を，*A* を主語にして 'be動詞＋過去分詞＋by ～'「～によって…される」という受け身形で表せばよい。

⑶「〈人〉に～してほしいと思う」は 'want＋人＋to ～' で表せる。

⑷「～してくれませんか」は Can you ～?,「〈人〉に〈物〉を送る」は 'send＋人＋物' で表せる。ここでは '人' に me, '物' に the map を当てはめる。「(通信手段)で」は 'by＋通信手段'。

⑸「十分な大きさ」は enough「十分に」を形容詞 big「大きい」の後に置き，big enough とする。

6〔長文読解─適語選択─説明文〕

≪全訳≫❶野球選手の名前には，アメリカで最も有名なものがいくつかある。ベーブ・ルース，ジョー・ディマジオ，ウィリー・メイズ，それにミッキー・マントルは初期のアメリカの大物だ。ルースはまずボストン・レッド・ソックスで，後にニューヨーク・ヤンキースでプレーしたが，1927年，1シーズンで最高60本ものホームランを打つことができた。ときどき，本当によいバッターは球場の外までボールを打つことができる。❷9人の選手がいる2チームが一度に球場でプレーする。ピッチャーは速球を投げ，バッターはそれを打とうとする。バッターはボールを打つと一塁に走るが，もしバッターが一塁に着く前に，相手チームの選手がボールを捕り，ベースにタッチすると，バッターはアウトになる。もし，相手チームがまだボールを追いかけていれば，バッターは2塁，3塁に走る。彼がホームベースに戻ると，そのチームには1点入る。最も多い点数を取ったチームが勝利する。❸ワールド・シリーズは毎年アメリカの最強の2チーム間でプレーされる試合だ。伝統的に，勝利チームはワシントンD.C.のホワイトハウスを訪れ，大統領に面会する。そのチームは大統領の名前が書かれたチームのTシャツを大統領に渡す。

A．some of ～ で「～の中のいくつか」。　B．直前の for the Boston Red Sox team「ボスト

ン・レッド・ソックスで〔のために〕」を参考にして，for the New York Yankees とすればよい。 C．at one time で「同時に，一度に」。 D．後に the two best baseball teams とあるので，between「(２つのもの)の間で」が適する。 E．「Tシャツの上に大統領の名前がある」と考え，on「〜の上に」で表す。

7 〔長文読解―適文選択―物語〕

≪全訳≫❶昔々，都会のネズミが田舎のいとこを訪ねていった。「いとこさん，私を招待してくれてありがとう。空気はとてもいいし，木々は緑にあふれているね」と都会のネズミは言った。田舎のネズミはほほ笑んで「家に夕飯の準備ができているんだ。おいでよ！」と言った。❷田舎のネズミの家のテーブルには，小麦の茎，根，それにドングリが乗ったお皿があった。「君に最高のドングリを見つけたよ」と田舎のネズミは言った。都会のネズミは質素な食事に驚いたが，彼はほほ笑んで「わあ，これはおいしそうだね。ありがとう，いとこさん」と言った。Aそして彼は食べ始めた。❸しかし，すぐに彼は飲み物を求めた。「ごめんね。待ってて！」と田舎のネズミは言って走り出した。都会のネズミはいくらかワインをもらおうと思ったが，いとこは水を１杯持って戻ってきた。「これは湧き水だよ。本当に甘いんだ」 都会のネズミはただほほ笑んだ。❹夕食後，都会のネズミは自分の生活について，それがいかにすばらしいかを話した。「いとこさん，君は僕と都会に行かなくちゃ。B君に見せたい場所がとてもたくさんあるよ。それに食事がすごいんだ！ 君のドングリはおいしいけど，僕の家で食べられる肉やデザートにはかなわないよ！」❺都会のネズミは目を輝かせて話したので，田舎のネズミは彼と一緒に都会に行くことに同意した。その晩，２匹は田舎のネズミの心地よいベッドで静かに眠った。❻翌朝早く，２匹のネズミは都会に向けて出発し，夜遅く到着した。都会のネズミの家では，人々がちょうど豪勢な夕飯を終えたばかりだった。テーブルの上にはおいしそうな食べ物が残ったお皿がたくさんあった。❼「見て！ 牛肉とチーズだ！ わあ，それにあのデザートを見てよ！」C田舎のネズミはとても興奮していた。しかし，都会のネズミは「あまり騒がないで，いとこさん。やつらに聞こえちゃうかもしれない」と言った。「どういう意味？」と田舎のネズミは尋ねた。ちょうどそのとき，２匹はネコが「にゃん！」と言うのを聞いた。❽２匹のネズミはすばやく走って壁の穴に隠れた。都会のネズミは「心配しないで。D彼女はいつもすぐにいなくなるから。僕たちはただ静かにしていればいいんだ」と言った。田舎のネズミはすごく怖かったが，静かにしていた。❾「ネコはいなくなったと思う。食べに行こう！」と都会のネズミは言って，２匹のネズミはもう一度ダイニングテーブルに走っていった。でも，２匹が食べる前に，ドアが開いた。使用人が部屋の中に入ってくるところだった。❿都会のネズミは「隠れて！」と言った。しかし，田舎のネズミは「さようなら！」と言った。E彼はおびえるのにうんざりした。「なんで行っちゃうんだい？ 君は何も食べていないじゃないか！」と都会のネズミは言った。でも田舎のネズミは走って逃げながら「危険にさらされておいしいデザートを食べるより，安心して質素な食事を食べる方がいいよ！」と言った。

A．直前には，田舎のネズミが都会のネズミに食事を出している様子が描かれているので，感謝の気持ちを述べた後，食べ始めたのだとわかる。 B．直前の文で，都会のネズミは都会に来るように田舎のネズミを誘っている。これに続けて，都会に来たらあちこちを案内したいとつけ足したのである。 C．直後で，都会のネズミは田舎のネズミに Not too loud と言っている。田舎のネズミが興奮して大声を出したので，これを注意したのである。 D．ネコが出てきてネズミたちが隠れている場面。都会のネズミは田舎のネズミに，She「彼女」，つまりネコはすぐ行ってしまうから心配ない，と伝えたのである。 E．田舎のネズミが帰ろうとしている理由は，第10段落最終文に書かれている。ここから，田舎のネズミはおびえ続けなければならないことにうんざりしてしまったとわかる。 be tired of 〜「〜にうんざりする，飽きる」

8〔長文読解総合―説明文〕

≪全訳≫❶「目標は意思疎通であり，完璧さではないはずだ。僕は完璧な英語など存在しないとさえ思っている」とカナダ出身の英語教師のクリスは言う。❷確かに，ほとんどの西洋人の日本語力は決して完璧ではない。それに，ほとんどの西洋人は日本語で間違えることを全く恥ずかしがらない。❸クリスは日本語も勉強しているが，次のように説明している。「もし意思疎通ができれば，僕はそれだけで幸せだ。文法は最終的なことだと思う」❹しかし，クリスには1つ気に入らないことがある。「日本人は僕が間違えても絶対に僕に教えてくれない。僕を恥ずかしがらせたくないからだと思う。でも，僕は恥ずかしがらないよ。僕は上達したいんだ。それに，上達の唯一の方法は，間違いから学ぶことだ。教師として，僕はそれを知っている」❺彼はまた不思議にも思っている。「もし日本人が完璧さについてそんなに心配するなら，どうして西洋人が完璧な日本語を話すことを期待しないのだろうか。なぜ僕たちが不完全な日本語を話すのはよくて，日本人が不完全な英語を話すのはよくないと考えるのだろうか。おかしなことだ。なぜ日本人は僕たちより自分たちに厳しいのだろうか」❻クリスは外国に行く生徒からよく話を聞く。「彼らは一度，同じことを繰り返して言わなければならず，失敗したように感じる。僕は日本語でずっと同じことを繰り返さなければならない。それは実にいい練習だよ。外国に行くことを『ショータイム』のように扱う人が多すぎる。それはショータイムではない。それはやはり練習だ。それはいつも練習になる」❼クリスは自分の生徒が緊張しすぎると心配し，それが意思疎通の能力に影響すると考えている。クリスは，生徒が授業中にもっとロールプレイをする必要があると考えている。しかし，彼の生徒はロールプレイが大嫌いだ。「それはおかしい。僕が学校でフランス語を勉強したとき，ロールプレイは大好きな時間だった」とクリスは言う。「違う人物を演じて，ばかなまねをするのは楽しかったよ」❽クリスは生徒たちがあまりにも堅苦しいとも心配している。彼は，このことが文法的な間違いが引き起こすよりももっと多くの意思疎通の問題を引き起こすと思っている。だから彼はこう考える。「英語はあなた方が考えるよりももっとていねいな言語だ。それは日本語のていねいさとは違う種類のていねいさだ。英語には学ばなければならない特別な動詞はない。しかし，特別な態度があり，それが重要だ」とクリスは説明する。「どんな状況も『こんにちは』と笑顔で始めること。これがていねいなやり方だ。それにアイコンタクトもすること。西洋の文化では，アイコンタクトをすることが誠意を示す。あなたは，税関や，レンタカーのカウンターや，マクドナルドで物事がどれほどスムーズに進むか驚くだろう。最初は難しいこともあるだろう。しかし一度それに慣れてしまえば，それが自然になる」と彼は言う。そしてこうつけ加えた。「かわいい女の子なら，いつでも好きなときに僕のところに来て，練習していいよ」

(1)<語句解釈>far from ～ は「～にはほど遠い，決して～ではない」という意味を表す。

(2)<適語選択>Yを含む部分は，その後の but 以下と対比されており，them「彼ら(日本人)」が不完全な英語を話すのはよくないのに，us「僕たち(西洋人)」が不完全な日本語を話すのはよいのか，という流れになっている。ここから，その前の疑問が，西洋人が完璧な日本語を話さないのはいいのか，という内容だと判断できる。

(3)<指示語>前の2つの文の It も，同じものを指している。show time ではなく，practice である事柄とは，going overseas「外国に行くこと」である。

(4)<内容真偽>1…○　第3段落と一致する。　2…×　第4段落第1文参照。　3…×　このような記述はない。　4…×　このような記述はない。　5…×　第7段落第3文参照。　6…○　第8段落第7～9文と一致する。

数学解答

1	(1) $\frac{47}{5}$	(2) $\frac{\sqrt{2}}{2}$	(3) $\frac{36}{b}$
	(4) $\frac{5a-9b}{12}$	(5) $(x-5)(x-1)$	
2	(1) $x=1$, $y=4$	(2) $2\sqrt{3}$	
	(3) 22人	(4) $\frac{1}{4}$	(5) 2.6冊
3	(1) $\frac{25}{7}$	(2) 56°	(3) $48\sqrt{3}-16\pi$
4	(1) 1	(2) 3	(3) 6
	(4) $y=\frac{1}{2}x+3$		
5	(1) $64+24\sqrt{2}$	(2) $2\sqrt{34}$	
	(3) 2：1		

1〔独立小問集合題〕

(1)＜数の計算＞与式$=25\div\frac{5}{2}-\frac{4}{15}\times\frac{9}{4}=25\times\frac{2}{5}-\frac{4}{15}\times\frac{9}{4}=\frac{25\times2}{5}-\frac{4\times9}{15\times4}=10-\frac{3}{5}=\frac{50}{5}-\frac{3}{5}=\frac{47}{5}$

(2)＜平方根の計算＞与式$=\frac{(\sqrt{3}-1)(\sqrt{3}+1)}{2\sqrt{2}}=\frac{(\sqrt{3})^2-1^2}{2\sqrt{2}}=\frac{3-1}{2\sqrt{2}}=\frac{2}{2\sqrt{2}}=\frac{1}{\sqrt{2}}=\frac{1\times\sqrt{2}}{\sqrt{2}\times\sqrt{2}}=\frac{\sqrt{2}}{2}$

(3)＜式の計算＞与式$=\frac{4b^2}{9a^4}\times3a\div\frac{b^3}{27a^3}=\frac{4b^2}{9a^4}\times3a\times\frac{27a^3}{b^3}=\frac{4b^2\times3a\times27a^3}{9a^4\times b^3}=\frac{36}{b}$

(4)＜式の計算＞与式$=\frac{3(3a-b)-2(2a+3b)}{12}=\frac{9a-3b-4a-6b}{12}=\frac{5a-9b}{12}$

(5)＜因数分解＞与式$=x^2-4x+4-2x+4-3=x^2-6x+5=(x-5)(x-1)$

≪別解≫$x-2=A$ とおくと，与式$=A^2-2A-3=(A-3)(A+1)$となり，Aをもとに戻すと，与式$=(x-2-3)(x-2+1)=(x-5)(x-1)$となる。

2〔独立小問集合題〕

(1)＜連立方程式＞$(x+1):(y-3)=2:1$……①，$3x-y=-1$……②とする。①より，$(x+1)\times1=(y-3)\times2$，$x+1=2y-6$，$x-2y=-7$……①′　①′－②×2より，$x-6x=-7-(-2)$，$-5x=-5$　$\therefore x=1$　これを②に代入すると，$3-y=-1$，$-y=-4$　$\therefore y=4$

(2)＜式の値＞$\sqrt{1}<\sqrt{3}<\sqrt{4}$より，$1<\sqrt{3}<2$だから，$\sqrt{3}$の整数部分は$a=1$，小数部分は$b=\sqrt{3}-1$と表せる。よって，与式$=1\times(\sqrt{3}-1)+1+\sqrt{3}-1+1=2\sqrt{3}$となる。

(3)＜数の計算＞40人のクラスで，数学と英語の両方とも不合格の生徒は，$40\times\frac{25}{100}=40\times\frac{1}{4}=10$(人)だから，数学と英語の少なくとも一方に合格している生徒は，$40-10=30$(人)となる。このうち15人は両方とも合格しているので，数学か英語のどちらか一方だけ合格しているのは，$30-15=15$(人)である。数学の合格者は英語の合格者より１人少なかったので，数学だけ合格したのは，$(15-1)\div2=7$(人)となる。よって，数学に合格した生徒の人数は，数学だけ合格した生徒と両方とも合格した生徒の和で，$15+7=22$(人)である。

(4)＜確率―カード＞４枚のカードから３枚を取り出してつくる３けたの整数は，百の位が４通り，そのそれぞれについて十の位は百の位以外の３通り，一の位は残りの２通りあるから，全部で，$4\times3\times2=24$(通り)ある。このうち，４の倍数となるのは，(十の位，一の位)＝(1，2)，(2，4)，(3，2)となるときである。いずれのときも，百の位はそれぞれ残りの２通りあるから，$3\times2=6$(通り)ある。よって，求める確率は$\frac{6}{24}=\frac{1}{4}$である。

(5)＜資料の活用―平均値＞図より，本を借りた人数の合計は，$2+6+7+12+5+3=35$(人)である。借りた本の合計は，$0\times2+1\times6+2\times7+3\times12+4\times5+5\times3=91$(冊)なので，借りた本の平均値は，$91\div35=2.6$(冊)となる。

3〔独立小問集合題〕

(1)＜図形—長さ＞右図1で，線分 BE は∠ABC の二等分線だから，∠ABE ＝∠EBC であり，AE∥BC より，∠AEB＝∠EBC(錯角)なので，∠ABE ＝∠AEB となる。これより，△ABE は二等辺三角形で，AE＝AB＝5 となる。また，EF∥DC より，∠AEF＝∠ADC，∠AFE＝∠ACD となり，2組の角がそれぞれ等しいから，△AEF∽△ADC である。よって，AE：AD＝EF：DC より，5：7＝x：5 が成り立ち，これを解くと，$7\times x=5\times 5$，$x=\dfrac{25}{7}$ となる。

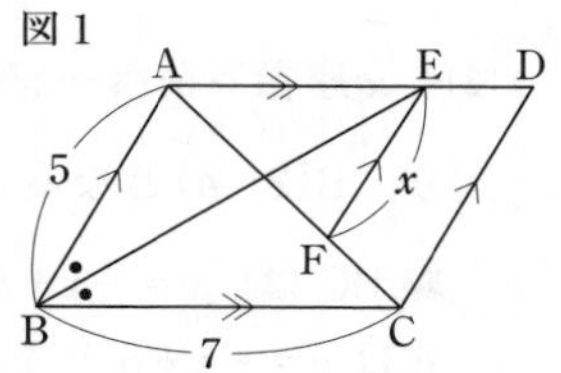

(2)＜図形—角度＞右図2で，接線とその接点を通る半径は垂直に交わるので，∠OPX＝90°となり，∠OPA＝∠OPX－∠APX＝90°－62°＝28°となる。よって，△OAP は，OA＝OP の二等辺三角形だから，∠OAP＝∠OPA＝28°である。また，AC∥XY より錯角は等しいから，∠PAC ＝∠APX＝62°となり，∠CAB＝∠PAC－∠OAP＝62°－28°＝34°である。さらに，線分 AB は直径より，∠ACB は半円の弧に対する円周角だから，∠ACB＝90°となる。したがって，△ABC の内角について，∠x＝180°－∠CAB－∠ACB＝180°－34°－90°＝56°である。

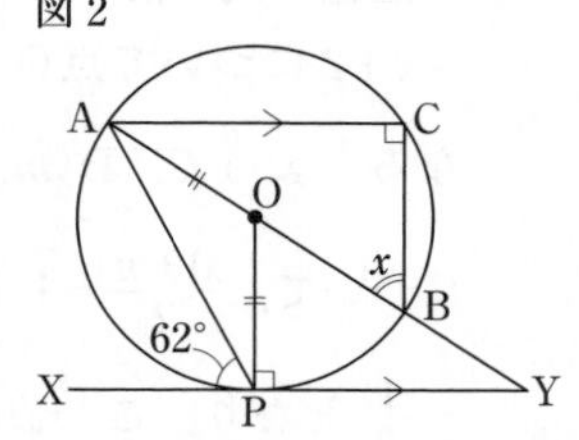

(3)＜図形—面積＞右図3で，円の中心をOとすると，点A～Fは円周を6等分するので，∠AOB＝$360°\times\dfrac{1}{6}$＝60°となり，OA＝OB より，△OAB は正三角形となる。よって，正六角形 ABCDEF は6つの合同な正三角形に，円Oは6つの合同なおうぎ形に分けられる。△OAB で点Oから辺 AB に垂線 OM を引くと，△OAM は，3辺の比が $1:2:\sqrt{3}$ の直角三角形だから，OM＝$\dfrac{\sqrt{3}}{2}$OA＝$\dfrac{\sqrt{3}}{2}\times 4=2\sqrt{3}$ より，△OAB＝$\dfrac{1}{2}\times$AB $\times$OM＝$\dfrac{1}{2}\times 4\times 2\sqrt{3}=4\sqrt{3}$ である。図3で，$\overset{\frown}{\text{AB}}$ と線分 AB で囲まれた図形を S とすると，〔図形 S〕＝〔おうぎ形 OAB〕－△OAB＝$\pi\times 4^2\times\dfrac{60°}{360°}-4\sqrt{3}=\dfrac{8}{3}\pi-4\sqrt{3}$ となる。図形 S を内側に折り曲げたので，△OAB の内部にある斜線部分の面積は，△OAB－〔図形 S〕＝$4\sqrt{3}-\left(\dfrac{8}{3}\pi-4\sqrt{3}\right)=8\sqrt{3}-\dfrac{8}{3}\pi$ となる。したがって，斜線部分の面積は，$\left(8\sqrt{3}-\dfrac{8}{3}\pi\right)\times 6=48\sqrt{3}-16\pi$ となる。

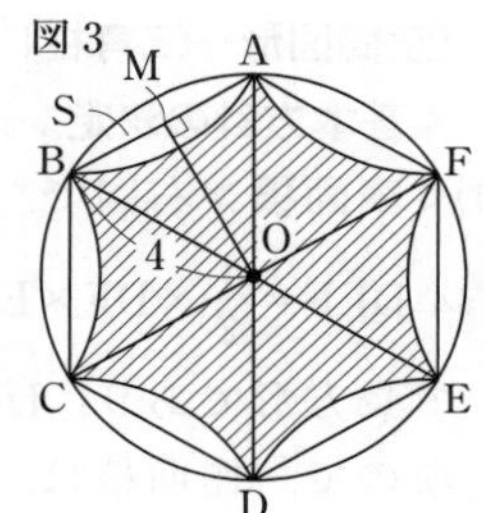

4〔関数—関数 $y=ax^2$ と直線〕

(1)＜比例定数＞右図で，A(－1，1)は直線 $y=ax+2$ 上の点なので，直線の式に $x=-1$，$y=1$ を代入して，$1=a\times(-1)+2$，$1=-a+2$ より，$a=1$ となる。

(2)＜面積＞右図で，(1)より，2点A，Bは，放物線 $y=x^2$ と直線 $y=x+2$ の交点だから，2式から y を消去して，$x^2=x+2$，$x^2-x-2=0$，$(x+1)(x-2)=0$ より，$x=-1$，2となり，点Bの x 座標は $x=2$ となる。また，直線 $y=x+2$ と y 軸との交点をEとすると，E(0，2)で，OE＝2となる。ここで，△OAB＝△OAE＋△OBE と考える。2点A，Bから y 軸に垂線 AH，BI を引くと，△OAE と△OBE で，辺 OE を底辺と見たときの高さはそれぞれ AH，BI となる。よって，点A，Bの x 座標より，AH＝1，BI＝2となるから，△OAB

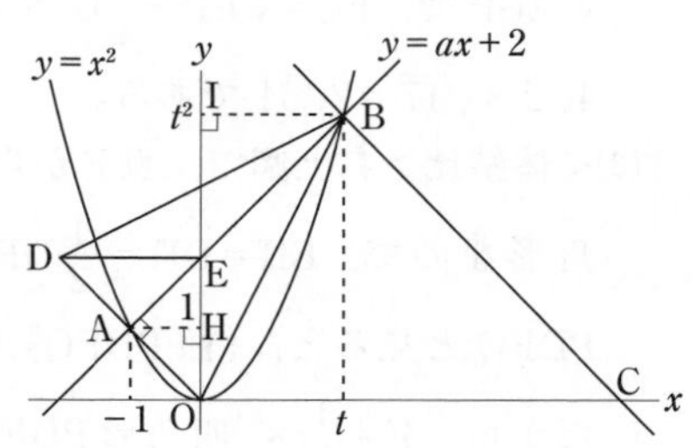

$=\frac{1}{2}\times$OE$\times$AH$+\frac{1}{2}\times$OE$\times$BI$=\frac{1}{2}\times2\times1+\frac{1}{2}\times2\times2=1+2=3$である。

(3)＜x座標＞前ページの図で，点Bは放物線$y=x^2$上にあり，(2)よりx座標は2なので，$y=2^2=4$より，B(2, 4)となる。A(−1, 1)より，直線OAの傾きは$\frac{1}{-1}=-1$だから，線分OAと平行な直線BCは，$y=-x+b$とおける。これがB(2, 4)を通るので，$4=-2+b$，$b=6$より，直線BCの式は$y=-x+6$となる。点Cは，この直線上にあり，y座標は0だから，$0=-x+6$より，$x=6$である。

(4)＜直線の式＞前ページの図で，直線OAと直線$y=x+2$は垂直に交わっているから，点Dは直線$y=x+2$について点Oと対称な点で，DA＝OAである。これより，A(−1, 1)は線分ODの中点となる。よって，D(m, n)とおくと，x座標について，$\frac{0+m}{2}=-1$より，$m=-2$となり，y座標について，$\frac{0+n}{2}=1$より，$n=2$となる。これより，D(−2, 2)だから，直線DBの傾きは$\frac{4-2}{2-(-2)}=\frac{1}{2}$となり，この直線は$y=\frac{1}{2}x+c$とおける。これが，B(2, 4)を通るので，$4=\frac{1}{2}\times2+c$，$4=1+c$，$c=3$より，直線DBの式は$y=\frac{1}{2}x+3$である。

5　〔空間図形―三角柱〕

≪基本方針の決定≫(3)　頂点Dを含む立体は，四角形PDFQを底面と見ると四角錐となる。

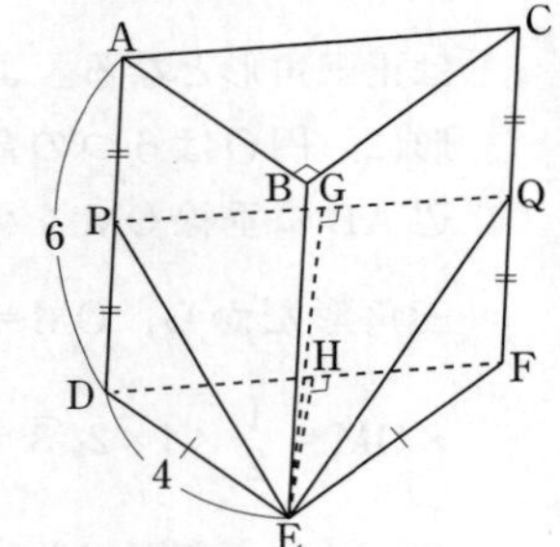

(1)＜表面積＞右図で，△DEFは直角二等辺三角形なので，底面積は，△DEF$=\frac{1}{2}\times$DE$\times$EF$=\frac{1}{2}\times4\times4=8$となる。また，三角柱の側面は全て長方形であり，DE＝EF＝4，DF$=\sqrt{2}$DE$=\sqrt{2}\times4=4\sqrt{2}$，高さは6なので，側面積は，$4\times6+4\times6+4\sqrt{2}\times6=48+24\sqrt{2}$となる。よって，三角柱ABC-DEFの表面積は，$8\times2+48+24\sqrt{2}=64+24\sqrt{2}$である。

(2)＜面積＞右図で，2点P，Qはそれぞれ2辺AD，CFの中点だから，PD＝QF，DE＝FE，∠PDE＝∠QFE＝90°より，2組の辺とその間の角がそれぞれ等しく，△PDE≡△QFEである。PD$=\frac{1}{2}$AD$=\frac{1}{2}\times6=3$より，△PDEで三平方の定理を利用すると，EP$=\sqrt{\text{PD}^2+\text{DE}^2}=\sqrt{3^2+4^2}=\sqrt{25}=5$となるから，△PEQはEP＝EQ＝5の二等辺三角形である。点Eから辺PQに垂線EGを引くと，PG$=\frac{1}{2}$PQ$=\frac{1}{2}\times4\sqrt{2}=2\sqrt{2}$となり，△EGPで，EG$=\sqrt{\text{EP}^2-\text{PG}^2}=\sqrt{5^2-(2\sqrt{2})^2}=\sqrt{17}$である。よって，△PEQ$=\frac{1}{2}\times$PQ$\times$EG$=\frac{1}{2}\times4\sqrt{2}\times\sqrt{17}=2\sqrt{34}$である。

(3)＜体積比＞右上図で，点Eから辺DFに垂線EHを引くと，△DEHは，EH＝DHの直角二等辺三角形なので，EH＝DH$=\frac{1}{2}$DF$=\frac{1}{2}\times4\sqrt{2}=2\sqrt{2}$である。頂点Dを含む立体$Y$の底面を四角形PDFQと見ると，〔面PDFQ〕⊥〔面DEF〕，DF⊥EHより，〔面PDFQ〕⊥EHとなり，高さはEHだから，$Y=\frac{1}{3}\times$〔四角形PDFQ〕$\times$EH$=\frac{1}{3}\times(3\times4\sqrt{2})\times2\sqrt{2}=16$である。また，〔三角柱ABC-DEF〕＝△DEF$\times$AD$=8\times6=48$より，頂点Aを含む立体$X$は，$X=$〔三角柱ABC-DEF〕$-Y=48-16=32$である。よって，$X:Y=32:16=2:1$となる。

国語解答

一 問１ ① 浴びる ② 紛争
問２ ① あいがん ② あざむ
問３ エ 問４ 深 問５ ウ
問６ ア
問７ (1) わらわあいぬ (2)…イ

二 問１ イ 問２ 非 問３ 豊かさ
問４ ア 問５ エ
問６ 作者の最も言いたいことはあえて言わないで，その言いたいことを読者に感じ取ってもらうというもの。
問７ できるだけ出来合いの言葉を使わずに，自分の言葉によって，自分の思いを人に伝えることができる人材。

問８ ウ

三 問１ ４ 問２ 需要
問３ イ 問４ ウ
問５ ［印刷業とは］本の中身の創造に関わるものではなく，作品を書籍という大量生産可能な形式に落とし込み，世の中へ供給することに徹する仕事。
問６ 浦本は本のため，本を読む人や本づくりに携わる人のために印刷会社ができることはまだあると信じていて，仲井戸の意見は寂しく感じられたから。
問７ ア 問８ ウ

一〔国語の知識〕

問１＜漢字＞①音読みは「入浴」などの「ヨク」。　②「紛争」は，個人や集団の間でもつれて争うこと。

問２＜漢字＞①「哀願」は，人の同情心に訴えて願うこと。　②音読みは「詐欺」などの「ギ」。

問３＜四字熟語＞「起死回生」は，今にもだめになってしまいそうなものを立て直すこと。「奇想天外」は，普通では考えもつかないほどに奇抜なこと。「心機一転」は，ある動機をきっかけにして，すっかり気持ちが変わること。「意気投合」は，互いの気持ちや考えがぴったり合っていること。「一念発起」は，考えをあらためて，あることを成し遂げようと決意すること。

問４＜語句＞「切実」は，心にさし迫り，深く感じ入る様子。「深刻」は，問題の重大さに心が深くとらわれること。

問５＜文学史＞『一握の砂』は，明治43(1910)年に発表された石川啄木の歌集。

問６＜故事成語＞「蛍雪の功」は，苦労して勉学に励むこと。「呉越同舟」は，仲の悪い者や敵どうしが，同じ場所にいること。「四面楚歌」は，助けがなく，周りが敵だらけであること。「他山の石」は，自分の役に立つ他人の失敗や間違いのこと。

問７≪現代語訳≫昔，中国で，孔子が，道を行きなさっていたとき，八歳ほどの子どもと会った。(子どもは)孔子に「日の沈むところと洛陽と，どちらが遠いの」とおききした。孔子は「日の入る所は遠い。洛陽は近い」と答えなさる。子どもが「日の出入りするところは見える。洛陽はまだ見たことがない。だから，日の出るところは近い。洛陽は遠いと思う」と申すと，孔子は賢い子どもだと感心なさった。／「孔子には，このように物事を問いかける人もいないので，このように問いかけるというのは，ただ者ではないなあ」と人々は言った。

⑴＜**歴史的仮名遣い**＞歴史的仮名遣いの語頭以外のハ行は，現代仮名遣いでは原則として，「わいうえお」となるため，「わらはあひぬ」は「わらわあいぬ」となる。　⑵＜**古文の内容理解**＞日の出入りするところは見えるが，洛陽は見えないのだから，洛陽の方が遠いと考える童の意見は，仮に間違っているものであったとしても，自分の経験を根拠としている点では評価できると孔子は感心した。

二〔**論説文の読解―芸術・文学・言語学的分野―日本語**〕出典；永田和宏『知の体力』。

≪本文の概要≫ある感動や心情を表現するときに，ニュアンスの異なる言葉をさまざまに使い分けるのが，文化の豊かさである。しかし若者言葉の「ヤバイ」は，「おもしろい」，「かっこいい」などのさまざまなニュアンスを，たった一語で片づけてしまう。「ヤバイ」のような言葉は，便利ではあるが，文化を貧しいものにするかもしれない。とはいえ「ヤバイ」に限らず，そもそも形容詞は，人の感情を誰にも通用する言葉で表したものであり，個人の心の動きまでは表現できない。そうした個人の心情を表現しようとする詩形式こそが，短歌である。短歌は，「悲しい」，「寂しい」などの形容詞を使うことなく，具体的な事実や情景を描くことで，人間の内面を表現する。短歌は，出来合いの言葉を使わずに，作者の最も言いたいことを，あえて言わないことで成立する詩なのである。そして出来合いの言葉を使わずに自分自身の言葉で考えを表現するこの姿勢こそが，企業や社会を担う人材にも，求められるべきなのである。

問１＜文章内容＞「ヤバイ」という言葉は，「おもしろい」や「かっこいい」といったそれぞれ違った意味合いを持つ感覚や感情を，ひとまとめにしてしまう。そのため，この言葉は，便利ではあるかもしれないが，文化の中で育まれた多様な表現を失わせるかもしれないのである。

問２＜語句＞「是非」は，良いことと悪いこと。「ら抜き言葉」が良いか悪いかについて語ることが，「どこか間が抜けていると感じる」ほどに，「ら抜き言葉」は，一般化しているのである。

問３＜文章内容＞「旨い」ことを示すために「おいしい」や「まろやかだ」といったさまざまな表現が生み出されているように，生活における感動を言い表す言葉の多さは，そのまま文化や民族の豊かさを表しているのである。

問４＜文章内容＞形容詞は，人が一般的に抱く状態や感情などを，誰にも通用する言葉で表したものである。そのため，形容詞では，個人が抱く感情などを細かく表現することはできないのである。

問５＜文章内容＞斎藤茂吉の短歌は，カエルの鳴き声やツバメがとまっている姿などの実際の出来事の情景が単純に描写されているだけであり，「寂しい」のような心情表現は用いられていない。しかしだからこそ，その出来事に身を置いている斎藤茂吉の心情が，ありありと想像できる短歌となっている。

問６＜文章内容＞斎藤茂吉の作品は，作者が一番伝えたい「悲しい」，「寂しい」という心情を，「悲しい」や「寂しい」という言葉をわざと使わないことによって表現することに成功している。一般的に広く使われている表現に頼らずに，自分自身の言葉で自らの思いや感情を言い表すことが，短歌においては重要なのである。

問７＜文章内容＞企業に求められている個性や独創性のある人材とは，すでに使われている言葉を借りて，表面的な意見を述べるような人ではなく，自分の生み出した言葉によって，自らの思いを表現できる人のことである。

問８<要旨>「ヤバイ」のような，一語で何でも表現できる言葉に頼っていた若者たちは，実社会に出る段階になって，「オンシャ」などという使い慣れない出来合いの言葉を使い始めてしまう。しかしそれでは，自分自身の考えを，自らの言葉で表現することはできないのである。

三 〔小説の読解〕出典；安藤祐介『本のエンドロール』。

問１<文脈>浦本は，ただ決められたものを刷るだけではなく，物語を本という形で世に生み出すことが，印刷会社の仕事だと考えている。

問２<語句>「供給」は，必要に応じて物を与えること。「需要」は，必要があって物を求めること。

問３<文章内容>説明会の司会を務める広野は，目の前の仕事を手違いなく終わらせることが夢であるという仲井戸の発言が，印刷会社が機械的で魅力のない仕事だという印象を就活生に与え，新卒採用の妨げになりかねないと感じ，戸惑った。

問４<心情>本を刷るのではなく，つくることが印刷会社の仕事だという浦本の話を聞き，就活生たちは，印刷会社に希望や魅力を感じ，メモを取ろうとした。

問５<文章内容>仲井戸は，本を創造するのが印刷会社であるという浦本の立場とは違い，あくまで物語を本という商品として大量生産する「プロとしての立場」に徹することが重要だと考えている。

問６<文章内容>仲井戸は，本を大量生産する「プロとしての立場」に徹し，今後の見通しが厳しい印刷業界の中で，どのように利益を上げ，生き抜いていくかを重視している。浦本は，その意見に正しさを感じつつも，それだけでは仕事は機械的でつまらないものでしかなく，印刷会社は本をつくるということに夢や使命を抱くべきであると考えている。

問７<文章内容>仲井戸は，本が売れない今の時代に印刷会社が生き抜いていくことは難しく，そこで働く人間には覚悟が必要であると考えている。そのため，就活生に下手な希望を抱かせ，彼らがすぐに辞める結果になるよりは，あえて現実を突きつけることで，覚悟ある若者だけが残る方が，豊澄印刷のためになるという立場をとるのである。

問８<要旨>本が売れず出版会社が生き抜いていくには厳しい時代にあって，豊澄印刷の仲井戸と浦本の二人は，それぞれ違った立場で自分たちの仕事に使命を感じていた(イ…○)。仲井戸は，プロとして，印刷会社で働く者は作品を本という大量生産可能な商品にすることに徹底するべきという意見を持ち，会社の存続のために何をすべきか，シビアに考えている(エ…○)。浦本は，そんな仲井戸の意見に正しさを感じつつも(ウ…×)，本が作家だけでなく，編集者やデザイナー，印刷会社，製本会社などが関わってつくられている以上(ア…○)，自分たち印刷会社も「メーカー」であると考え，本や本づくりに携わる人々のために，もっと創造的なことができる可能性があると信じているのである(エ…○)。

●要点チェック●　図形編―相似と平行線

◎相似な図形

相似……一方の図形を拡大または縮小して，他方の図形と合同となるとき，２つの図形は相似である。

・相似な図形の性質

1．対応する線分の長さの比はすべて等しい。
2．対応する角の大きさはそれぞれ等しい。

・三角形の相似条件

２つの三角形は次のどれかが成り立つとき相似である。

1．３組の辺の比がすべて等しい。
2．２組の辺の比とそのはさむ角がそれぞれ等しい。
3．２組の角がそれぞれ等しい。

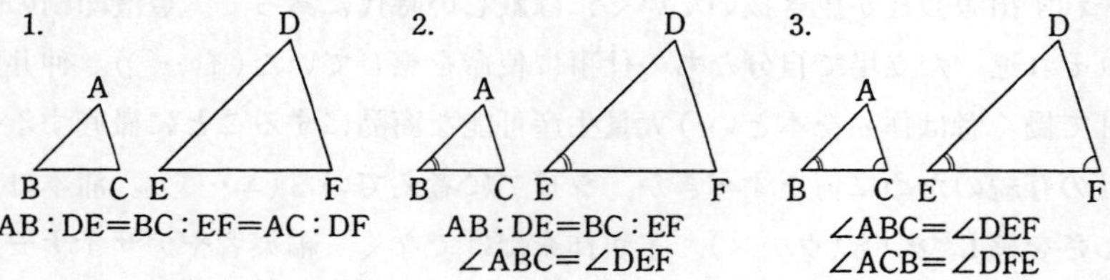

1.　AB：DE＝BC：EF＝AC：DF

2.　AB：DE＝BC：EF
∠ABC＝∠DEF

3.　∠ABC＝∠DEF
∠ACB＝∠DFE

・平行線と線分の比

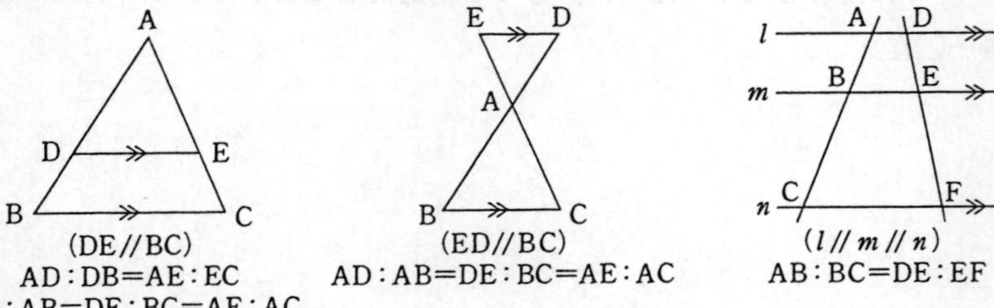

(DE//BC)
AD：DB＝AE：EC
AD：AB＝DE：BC＝AE：AC

(ED//BC)
AD：AB＝DE：BC＝AE：AC

(l // m // n)
AB：BC＝DE：EF

●要点チェック●　図形編―合同

◎図形の合同

合同……一方の図形を移動させて(ずらしたり〔平行移動〕，回したり〔回転移動〕，裏返したり〔対称移動〕して)，他方の図形に重ね合わせることのできるとき，この２つの図形は合同である。

・合同な図形の性質

1．対応する線分の長さは等しい。
2．対応する角の大きさは等しい。

・三角形の合同条件

２つの三角形は次のどれかが成り立つとき合同である。
1．３組の辺がそれぞれ等しい。
2．２組の辺とそのはさむ角がそれぞれ等しい。
3．１組の辺とその両端の角がそれぞれ等しい。

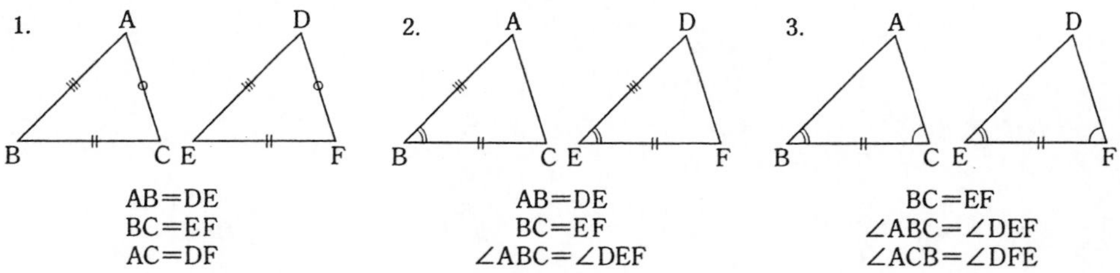

・直角三角形の合同条件

２つの直角三角形は次のどちらかが成り立つとき合同である。
1．斜辺と１鋭角がそれぞれ等しい。
2．斜辺と他の１辺がそれぞれ等しい。

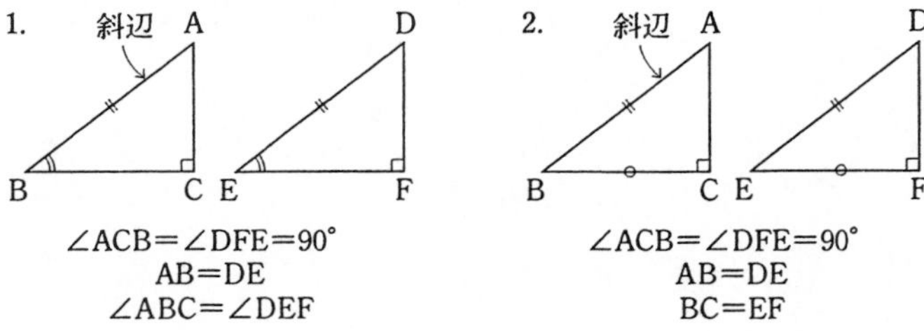

Memo

高校を受験する生徒とご父母のための…

高校合格資料集

■首都圏有名書店にて今秋発売予定！

※表紙は昨年のものです。

内容目次

定価1430円（税込）

当社発行物の無断使用は固くお断りいたします。御使用の前はまずご相談ください。

当社発行物には500点余の首都圏中・高過去問をはじめ、6点の学校案内、そのほかいくつかの情報誌などがございます。その多くが年度版で、限られたスタッフが来るべき受験シーズン前に余裕を持って受験生へ届けられるよう、日夜作業にあたり出版を重ねております。

最近、通塾生ご父母や塾内部からの告発によって、いくつかの塾が許諾なしに当社過去問を複写（コピー）し生徒に配布、授業等にも使用していることが発覚し、その一部が紛争、係争に至っております。過去問には原著作者や管理団体、代行出版等のほか、当社に著作権がございます。当社としましては、著作権侵害の発覚に対しては著作権を有するこれらの著作権関係者にその事実を開示して、マスコミにリリースする場合や法的な措置を取る場合がございます。その事例としましては、毎年当社過去問の発行を待って自由にシステム化使用していたＡ塾、個別教室でコピーを生徒に解かせ指導していたＢ塾、冊子化していたＣ社、生徒の希望によって書籍の過去問代わりにコピーを配布していたＤ塾などがあります。

当社発行物の全部もしくは一部を無断使用することは固くお断りいたします。

当社コンテンツの中にはリーズナブルな設定で紙面の利用を許諾している塾もたくさんございますので、ご希望の方は、お気軽にご相談くださいますようお願いします。同時に、当社発行物を無断で使用している会社などにつきましての情報もお寄せいただければ幸いです。

株式会社 声の教育社

スーパー過去問の **解説執筆・解答作成スタッフ（在宅）募集！** ※募集要項の詳細は、10月に弊社ホームページ上に掲載します。

2025年度用

高校スーパー過去問

■編集人 声の教育社・編集部

■発行所 株式会社 声の教育社

〒162-0814 東京都新宿区新小川町8-15

☎03-5261-5061㈹ FAX03-5261-5062

https://www.koenokyoikusha.co.jp

公立高校過去問シリーズ

- ●東京都立高校
- ●神奈川県公立高校
- ●千葉県公立高校
- ●埼玉県公立高校
- ●茨城県公立高校
- ●栃木県公立高校
- ●群馬県公立高校

掲載全問に
わかりやすい解説つき
各教科の
出題傾向と対策

定価1100円（税込）

都立独自高校 公立高校過去問シリーズ

- 251 都立日比谷高校
- 252 都立西高校
- 253 都立八王子東高校
- 254 都立国立高校
- 255 都立戸山高校
- 256 都立国分寺高校
- 257 都立立川高校
- 258 都立新宿高校
- 259 都立青山高校

定価2090円（税込）

高校ベスト10シリーズ

出題形式別、入試によく出る順!!

ベスト10Neo **国語** 読解問題

ベスト10Neo **数学** 図形問題

英語 文法問題ベスト10

定価990～1100円（税込）

高校受験面接ブック

別冊がウリ!! 首都圏の各高校の面接内容

本体 質問回答例ベスト150
面接ワークシート
自己PR書の書き方とワークシート

別冊 首都圏の私国立高校などの面接方法、時間、質問具体例
推薦・一般入試の面接内容
主要校の面接会場のようす
（各校図示）

小冊子 試験場に持って行けるチェックBOOK
など面接対策がつまった１冊

定価1320円（税込）

図解でわかる!! 作文・小論文

本体（88P） **合格作文の書き方**
①7日間で仕上げる基礎編
②4日間で仕上げる応用編

別冊（52P） 首都圏の各高校の作文課題、制限時間、文字数の具体例調査
①首都圏の作文課題2000例を代表的な15パターンに分類（書き易くするため）
②着眼点、キーワード、ポイントを各パターンごとにコメント
③推薦と一般入試の作文出題校と課題例を一挙公開!!
④首都圏公立高校4年間課題調査

定価1100円（税込）

公立の漢字

公立高校の試験によく出る漢字

1. 漢字は全都道府県で出題!!
2. 公立の漢字の配点は高い!!
3. 10年間の頻度をデータ化!!
4. 最頻出漢字を5段階評価!!

定価748円（税込）

声の教育社 〒162-0814 東京都新宿区新小川町8-15
TEL.03(5261)5061 FAX.03(5261)5062

日本大学豊山高等学校

別冊解答用紙

丁寧に抜きとって、別冊としてご使用ください。

★教科別合格者平均点＆合格者最低点

一般

	英語	数学	国語	合格者最低点
2024 年度	69.8	56.4	52.5	151
2023 年度	68.5	65.1	68.5	184
2022 年度	74.5	72.8	69.2	196
2021 年度	84.4	73.3	68.1	209
2020 年度	68.6	75.8	67.9	190

注意

○ 解答用紙は、収録の都合により縮小したものや、小社独自に作成したものもあります。
○ 学校配点は学校発表のもの、推定配点は小社で作成したものです。
○ 無断転載を禁じます。
○ 解答用紙を拡大コピーする場合、表示した拡大率に対応する用紙サイズは以下のとおりです。
101%～102%＝B5　103%～118%＝A4　119%～144%＝B4　145%～167%＝A3
（タイトルと配点表は含みません）

２０２４年度　日本大学豊山高等学校　推薦

英語解答用紙

番号		氏名		評点	／40

1	(1)		(2)		(3)		(4)	
	(5)		(6)					

2	(1)		(2)	
	(3)		(4)	

3	(1)		(2)	
	(3)		(4)	

4	(1)	~, he played with　　in his work, ~.		
	(2)	→ →		
	(3)		(4)	

（注）この解答用紙は実物大です。

学校配点	1～3　各２点×14　　4　各３点×４	計 40点

２０２４年度　日本大学豊山高等学校　推薦

数学解答用紙

番号		氏名	

評点	／40

1	(1)	(2)
	(3)	(4)

2	(1)	(2)
	(3)	(4)

3	(1)	(2)	(3)

4	(1)	(2)	(3)

（注）この解答用紙は実物大です。

学校配点		計
	1, 2　各３点×８ 3　(1), (2)　各３点×２　(3)　２点 4　(1), (2)　各３点×２　(3)　２点	40点

二〇二四年度　日本大学豊山高等学校　推薦

国語解答用紙

番号		氏名	

評点	／40

一

問1

問2　る

問3

問4

問5

二

問1

問2

問3

問4

問5

問6

問7　眼の前の事物だけでなく、（20字）という考え。

問8

（注）この解答用紙は実物を縮小してあります。A4用紙に118％拡大コピーすると、ほぼ実物大で使用できます。（タイトルと配点表は含みません）

学校配点		計
	一　各2点×5 二　問1　3点　問2　2点　問3，問4　各4点×2 問5　5点　問6～問8　各4点×3	40点

２０２４年度　日本大学豊山高等学校

英語解答用紙

番号		氏名	

評点	／100

1

(1)		(2)		(3)		(4)		(5)	

2

(1)		(2)		(3)		(4)		(5)	

3

(1)		(2)		(3)		(4)		(5)	

4

(1)		(2)		(3)	
(4)		(5)			

5

(1)	English .
(2)	been to Kyoto?
(3)	This baby soon.
(4)	I .
(5)	.

6

A		B		C		D		E	

7

A		B		C		D		E	

8

(1)		(2)		(3)	
(4)					

(注) この解答用紙は実物を縮小してあります。Ａ３用紙に147%拡大コピーすると、ほぼ実物大で使用できます。(タイトルと配点表は含みません)

学校配点	1～4　各２点×20　5～8　各３点×20	計 100点

２０２４年度　日本大学豊山高等学校

数学解答用紙

番号		氏名		評点	／100

1	(1)	(2)	(3)
	(4)	(5)	
2	(1)	(2)	
	(3)	(4)	
3	(1)	(2)	
	(3) ①	②	
4	(1)	(2)	
	(3)		
5	(1)	(2)	
	(3)		
6	(1)	(2)	

（注）この解答用紙は実物を縮小してあります。A４用紙に114％拡大コピーすると、ほぼ実物大で使用できます。（タイトルと配点表は含みません）

学校配点		計
	1，2　各６点×９　　3　(1)，(2)　各５点×２　(3)　①　３点　②　４点 4　(1)　５点　(2)，(3)　各３点×２　　5　(1)　５点　(2)　４点　(3)　３点 6　各３点×２	100点

二〇二四年度　日本大学豊山高等学校

国語解答用紙

番号　氏名　評点　／100

一
問1 ①②
問2 ①②
問3 誤→正
問4 記号　漢字
問5 ①②
問6

二
問1
問2
問3
問4
問5
問6
問7
問8

三
問1
問2
問3
問4
問5
問6
問7
問8

（注）この解答用紙は実物を縮小してあります。A3用紙に147%拡大コピーすると、ほぼ実物大で使用できます。（タイトルと配点表は含みません）

学校配点	計
一 問1，問2　各2点×4　問3，問4　各3点×2　問5，問6　各2点×3 二 問1　7点　問2　3点　問3　5点　問4　4点　問5　6点 問6～問8　各5点×3　三 問1，問2　各4点×2　問3　5点 問4　7点　問5　3点　問6　6点　問7　5点　問8　6点	100点

２０２３年度　日本大学豊山高等学校　推薦

英語解答用紙

番号		氏名	

評点	／40

1	(1)		(2)		(3)		(4)
	(5)		(6)				

2	(1)		(2)	
	(3)		(4)	

3	(1)		(2)	
	(3)		(4)	

4	(1)	It　　　　there.		
	(2)			
	(3)		(4)	

（注）この解答用紙は実物大です。

学校配点	1～3　各２点×14　4　各３点×４	計 40点

２０２３年度　日本大学豊山高等学校　推薦

数学解答用紙

番号		氏名	

評点	／40

	(1)	(2)
1		
	(3)	(4)

	(1)	(2)
2		
	(3)	(4)

	(1)	(2)	(3)
3			

	(1)	(2)	(3)
4			

(注) この解答用紙は実物大です。

学校配点		計
	1, 2　各３点×８ 3　(1), (2)　各３点×２　(3)　２点 4　(1), (2)　各３点×２　(3)　２点	40点

二〇二三年度　日本大学豊山高等学校　推薦

国語解答用紙

番号		氏名	

評点	／40

一

問1　問2（る）　問3　問4　問5

二

問1　問2　問3　問4

問5　（16）という特徴

問6　日本人は「いいえ」という言葉を発することに対し、（30）から。

問7　問8

（注）この解答用紙は実物を縮小してあります。A4用紙に118%拡大コピーすると、ほぼ実物大で使用できます。（タイトルと配点表は含みません）

学校配点	一　各2点×5 二　問1，問2　各3点×2　問3　4点　問4　2点 問5　4点　問6　6点　問7，問8　各4点×2	計 40点

２０２３年度　日本大学豊山高等学校

英語解答用紙

番号		氏名		評点	／100

1

(1)		(2)		(3)		(4)		(5)	

2

(1)		(2)		(3)		(4)		(5)	

3

(1)		(2)		(3)		(4)		(5)	

4

(1)		(2)		(3)	
(4)		(5)			

5

(1)	Thank	my homework.
(2)	I'd like	take.
(3)	There is	.
(4)	New York	in the world.
(5)	I will	in the US.

6

A		B		C		D		E	

7

A		B		C		D		E	

8

(1)			(2)		(3)	
(4)						

(注) この解答用紙は実物を縮小してあります。Ａ３用紙に147％拡大コピーすると、ほぼ実物大で使用できます。(タイトルと配点表は含みません)

学校配点		計
	1～4　各２点×20　　5～8　各３点×20	100点

２０２３年度　日本大学豊山高等学校

数学解答用紙

番号		氏名	

評点	／100

	(1)	(2)	(3)
1			
	(4)	(5)	

	(1)	(2)
2		
	(3)	(4)

	(1)	(2)
3		
	(3)	
	①	②

	(1)	(2)
4		
	(3)	

	(1)	(2)
5		

	(1)	(2)	(3)
6			

（注）この解答用紙は実物を縮小してあります。A４用紙に114％拡大コピーすると、ほぼ実物大で使用できます。（タイトルと配点表は含みません）

学校配点	1, 2　各６点×９　　3　各４点×４ 4　(1), (2)　各５点×２　(3)　３点　　5　各３点×２ 6　(1)　５点　(2), (3)　各３点×２	計 100点

二〇二三年度　日本大学豊山高等学校

国語解答用紙

| 番号 | | 氏名 | | 評点 | ／100 |

（一）

問7		問6	問3	問2	問1
②	①			①	①

問4

② ②

問5

す　な

（二）

問4	問3	問2		問1
		最後	最初	

（二）

問8	問7	問5

問6

（三）

問7	問6	問5	問3	問1

問4	問2

点

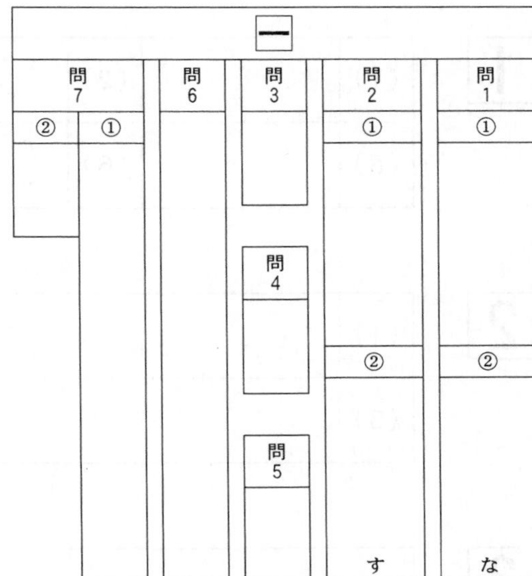

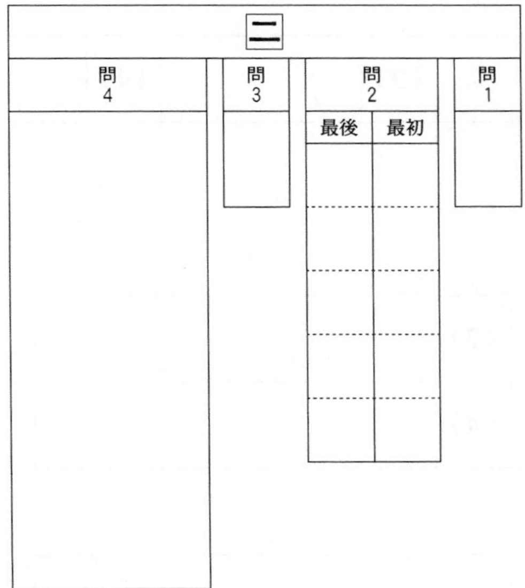

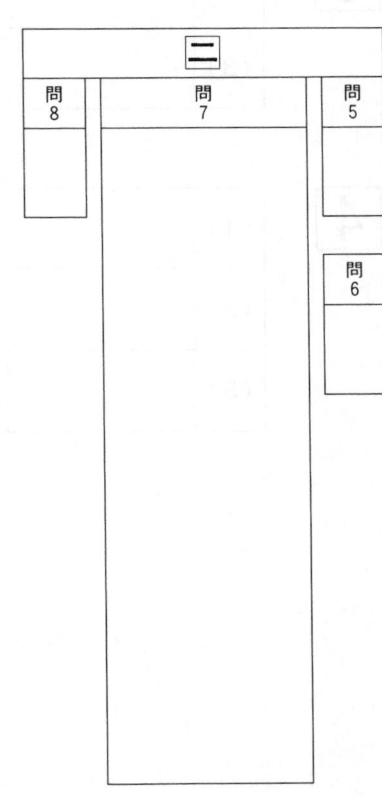

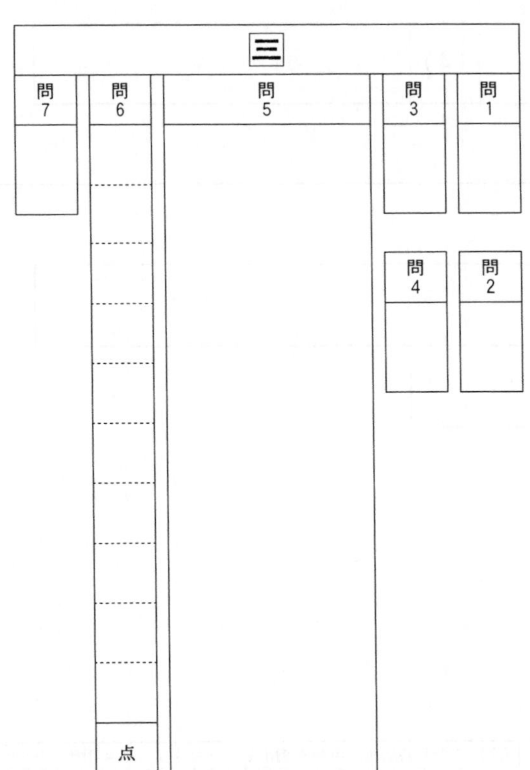

（注）　この解答用紙は実物を縮小してあります。A3用紙に147％拡大コピーすると、ほぼ実物大で使用できます。（タイトルと配点表は含みません）

学校配点	（一）　各2点×10　　　　　　　　　　　　　　　　　　　　　　計
	（二）　問1，問2　各4点×2　問3　2点　問4　8点
	問5，問6　各4点×2　問7　8点　問8　6点　　　　100点
	（三）　問1　2点　問2，問3　各6点×2　問4　5点
	問5　8点　問6　6点　問7　7点

２０２２年度　日本大学豊山高等学校　推薦

英語解答用紙

番号		氏名	

評点	／40

1

(1)		(2)		(3)		(4)	
(5)		(6)					

2

(1)		(2)	
(3)		(4)	

3

(1)		(2)	
(3)		(4)	

4

(1)			
(2)			
(3)		(4)	

（注）この解答用紙は実物を縮小してあります。Ａ４用紙に109%拡大コピーすると、ほぼ実物大で使用できます。（タイトルと配点表は含みません）

学校配点	1～3　各２点×14　4　各３点×４	計 40点

２０２２年度　日本大学豊山高等学校　推薦

数学解答用紙

番号		氏名	

評点	／40

	(1)	(2)	(3)	(4)
1				

	(1)	(2)	(3)	(4)
2	$x =$	$x =$	個	

	(1)	(2)	(3)			
3	$a =$		①		②	(,)

	(1)	(2)
4		

（注）この解答用紙は実物大です。

学校配点		計
	1，2　各３点×８ 3　⑴，⑵　各３点×２　⑶　①　３点　②　２点 4　⑴　３点　⑵　２点	40点

二〇二二年度　日本大学豊山高等学校　推薦

国語解答用紙

番号		氏名		評点	/40

一

問1

問2

問3

問4

問5

二

問1

問2

問3

問4

問5

問6

問7

（注）この解答用紙は実物を縮小してあります。B4用紙に123％拡大コピーすると、ほぼ実物大で使用できます。（タイトルと配点表は含みません）

学校配点	計
一　各2点×5 二　問1、問2　各3点×2　問3～問5　各4点×3 問6　8点　問7　4点	40点

２０２２年度　日本大学豊山高等学校

英語解答用紙

番号		氏名	

評点	／100

1

(1)		(2)		(3)		(4)		(5)	

2

(1)		(2)		(3)		(4)		(5)	

3

(1)		(2)		(3)		(4)		(5)	

4

(1)		(2)		(3)	
(4)		(5)			

5

(1)	They　　　the car.
(2)	very beautiful.
(3)	I was　　　front of the library.
(4)	The letter　　　.
(5)	Do you know　　　in Europe?

6

A		B		C		D		E	

7

A		B		C		D		E	

8

(1)		(2)		(3)		(4)		

(注) この解答用紙は実物を縮小してあります。Ａ３用紙に147%拡大コピーすると、ほぼ実物大で使用できます。(タイトルと配点表は含みません)

学校配点		計
	1～4　各２点×20　　5～8　各３点×20	100点

2022年度　日本大学豊山高等学校

数学解答用紙

番号		氏名		評点	／100

1	(1)	(2)	(3)
	(4)	(5)	

2	(1)	(2)
	(3)	(4)

3	(1)	(2) ①	(2) ②

4	(1)	(2)
	(3)	

5	(1)	(2)	(3)

6	(1)	(2) 回数	頂点

（注）この解答用紙は実物を縮小してあります。Ａ４用紙に108％拡大コピーすると、ほぼ実物大で使用できます。（タイトルと配点表は含みません）

学校配点		計
	1 (1) 4点 (2) 6点 (3) 4点 (4) 6点 (5) 4点 2 (1) 6点 (2) 5点 (3) 6点 (4) 4点 3 (1) 6点 (2) 各3点×2　4 (1), (2) 各6点×2 (3) 5点 5 (1) 6点 (2), (3) 各4点×2　6 (1) 6点 (2) 各3点×2	100点

二〇二三年度　日本大学豊山高等学校

国語解答用紙

番号		氏名		評点	/100

一

問1 ①　②

問2 ①　い　②

問3

問4

問5

問6

問7 (1)　(2)

二

問1

問2

問3

問4　〜

問5

問6

問7

問8

三

問1

問2

問3

問4

問5

問6

問7

問8

（注）この解答用紙は実物を縮小してあります。A３用紙に147％拡大コピーすると、ほぼ実物大で使用できます。（タイトルと配点表は含みません）

学校配点	計
一 各２点×10 二 問１　４点　問２　６点　問３〜問５　各４点×３　問６　８点 問７　４点　問８　６点 三 問１、問２　各４点×２　問３　８点　問４、問５　各４点×２ 問６　６点　問７　４点　問８　６点	100点

2021年度　　日本大学豊山高等学校　推薦

英語解答用紙

番号		氏名	

評点	／40

1

(1)		(2)		(3)		(4)	
(5)		(6)					

2

(1)		(2)	
(3)		(4)	

3

(1)		(2)	
(3)		(4)	

4

(1)	.		
(2)			
(3)		(4)	

(注) この解答用紙は実物を縮小してあります。Ａ４用紙に109%拡大コピーすると、ほぼ実物大で使用できます。(タイトルと配点表は含みません)

学校配点		計
	1～3　各２点×14　　4　各３点×４	40点

２０２１年度　日本大学豊山高等学校　推薦

数学解答用紙

番号		氏名	

評点	／40

	(1)	(2)	(3)	(4)
1				

	(1)	(2)	(3)	(4)
2	$x=$　　　，$y=$	$x=$		時間

	(1)	(2)	(3)
3	(　　，　　)		

	(1)	(2)	(3)
4			

（注）この解答用紙は実物大です。

学校配点		計
	1, 2　各３点×８ 3　(1), (2)　各３点×２　(3)　２点 4　(1), (2)　各３点×２　(3)　２点	40点

二〇二一年度　日本大学豊山高等学校　推薦

国語解答用紙

番号　　氏名　　評点　／40

一

問1

問2　う

問3

問4

問5

二

問1

問2

問3　12

問4

問5

問6　5

問7　30

問8

（注）この解答用紙は実物を縮小してあります。A4用紙に111%拡大コピーすると、ほぼ実物大で使用できます。（タイトルと配点表は含みません）

学校配点	計
一　各2点×5 二　問1～問6　各3点×6　問7　8点　問8　4点	40点

２０２１年度　日本大学豊山高等学校

英語解答用紙

番号		氏名		評点	／100

1

(1)		(2)		(3)		(4)		(5)	

2

(1)		(2)		(3)		(4)		(5)	

3

(1)		(2)		(3)		(4)		(5)	

4

(1)		(2)		(3)	
(4)		(5)			

5

(1)	come?
(2)	well in my class.
(3)	?
(4)	We　join us.
(5)	The news　happy.

6

A		B		C		D		E	

7

A		B		C		D		E	

8

(1)				
(2)	I think　together.			
(3)		(4)		

（注）この解答用紙は実物を縮小してあります。Ａ３用紙に147％拡大コピーすると、ほぼ実物大で使用できます。（タイトルと配点表は含みません）

推定配点		計
	1～4　各２点×20　　5～8　各３点×20	100点

２０２１年度　日本大学豊山高等学校

数学解答用紙

番号		氏名		評点	／100

1	(1)	(2)
	(3)	(4)

2	(1)		(2)
	(3)	(4)	(5)

3	(1)	(2)	(3)

4	(1)	(2)

5	(1)	(2)
	(3)	

6	(1)	(2)
	(3)	

（注）この解答用紙は実物を縮小してあります。Ａ４用紙に112％拡大コピーすると、ほぼ実物大で使用できます。（タイトルと配点表は含みません）

学校配点		計
	1～6　各５点×20	100点

二〇二二年度　日本大学豊山高等学校

国語解答用紙

番号　　氏名

評点　/100

一

問1 ①　②

問2 ①　②　う

問3　問4　問5　問6

問7 (1)　(2)

二

問1　問2　問3　問4　問5

問6　と考えている。

問7

問8 (20)

問9

三

問1

問2 (20)(25)

問3

問4　〜

問5　問6　問7　問8　問9

(注) この解答用紙は実物を縮小してあります。A3用紙に147%拡大コピーすると、ほぼ実物大で使用できます。(タイトルと配点表は含みません)

学校配点	計
一 各2点×10 二 問1、問2 各4点×2 問3 5点 問4、問5 各4点×2 問6 5点 問7 4点 問8、問9 各5点×2 三 問1 4点 問2、問3 各5点×2 問4〜問7 各4点×4 問8、問9 各5点×2	100点

２０２０年度　日本大学豊山高等学校　推薦

英語解答用紙

番号		氏名	

評点	／40

1

(1)		(2)		(3)		(4)		(5)	
(6)									

2

(1)		(2)		(3)	
(4)					

3

(1)		(2)		(3)	
(4)					

4

(1)	
(2)	It's good to think about　　　　　　　　　　we eat.
(3)	
(4)	

（注）この解答用紙は実物を縮小してあります。Ｂ４用紙に128％拡大コピーすると、ほぼ実物大で使用できます。（タイトルと配点表は含みません）

学校配点	1～3　各２点×14　　4　各３点×４	計 40点

２０２０年度　　日本大学豊山高等学校　推薦

数学解答用紙

番号		氏名	

評点	／40

	(1)	(2)	(3)	(4)
1				

	(1)	(2)	(3)	(4)
2	$x=$　　　　，$y=$	$x=$		時間

	(1)	(2)	(3)
3	(　　　，　　　)		

	(1)	(2)	(3)
4			

（注）この解答用紙は実物大です。

学校配点		計
	1 各２点×４　2 各３点×４ 3 (1) ４点 (2), (3) 各３点×２ 4 (1) ４点 (2), (3) 各３点×２	40点

二〇二〇年度　日本大学豊山高等学校　推薦

国語解答用紙

番号　　氏名　　評点 /40

一

問1

問2 （る）

問3

問4

問5

二

問1 20

問2

問3

問4

問5

問6

問7

問8

（注）この解答用紙は実物を縮小してあります。A4用紙に112%拡大コピーすると、ほぼ実物大で使用できます。（タイトルと配点表は含みません）

学校配点	計
一 各2点×5 二 問1、問2 各4点×2 問3～問5 各2点×3 問6 8点 問7、問8 各4点×2	40点

２０２０年度　日本大学豊山高等学校

英語解答用紙

番号		氏名	

評点	／100

1

(1)		(2)		(3)		(4)		(5)	

2

(1)		(2)		(3)		(4)		(5)	

3

(1)		(2)		(3)		(4)		(5)	

4

(1)		(2)		(3)	
(4)		(5)			

5

(1)	This chocolate　　　I usually eat.
(2)	parents.
(3)	My mother　　　.
(4)	email?
(5)	This　　　Hawaii trip.

6

A		B		C		D		E	

7

A		B		C		D		E	

8

(1)		(2)		(3)		
(4)						

（注）この解答用紙は実物を縮小してあります。Ａ３用紙に147%拡大コピーすると、ほぼ実物大で使用できます。（タイトルと配点表は含みません）

推定配点		計
	1～4　各２点×20　　5～8　各３点×20	100点

2020年度　　日本大学豊山高等学校

数学解答用紙

番号		氏名	

評点	／100

1	(1)	(2)	(3)
	(4)		(5)

2	(1)		(2)
	(3)	(4)	(5)

3	(1)	(2)	(3)
	$x=$	$\angle x=$	

4	(1)	(2)
	$a=$	
	(3)	(4)

5	(1)	(2)
	(3)	

（注）この解答用紙は実物を縮小してあります。Ａ４用紙に106％拡大コピーすると、ほぼ実物大で使用できます。（タイトルと配点表は含みません）

学校配点		計
	1～5　各５点×20	100点

二〇二〇年度　日本大学豊山高等学校

国語解答用紙

番号　　氏名　　評点　/100

一
問1 ①　②
問2 ①　②　く
問3
問4
問5
問6
問7 1　2

二
問1
問2
問3
問4
問5
問6
問7
問8

三
問1
問2
問3
問4
問5 印刷業とは
問6
問7
問8

（注）この解答用紙は実物を縮小してあります。Ａ３用紙に147%拡大コピーすると、ほぼ実物大で使用できます。（タイトルと配点表は含みません）

学校配点	計
一 各2点×10 二 問1 5点　問2、問3 各4点×2　問4、問5 各5点×2　問6、問7 各6点×2　問8 5点 三 問1、問2 各4点×2　問3、問4 各5点×2　問5、問6 各6点×2　問7、問8 各5点×2	100点

Memo